한국의 시간

한국의 시간

제2차 대분기 경제 패권의 대이동
FIRST MOVER TAKES ALL

김태유·김연배 지음

쌤앤
파커스

일러두기
본문 중 책 제목은 《 》로, 신문·잡지·논문은 〈 〉로, 영화·드라마·노래 제목, 기사 제목 등은 ' '로 표기했습니다.
책 제목은 한국어판 제목으로 표기했고, 한국어판이 없는 경우 원제를 직역하고 병기했습니다.

터럭만큼도 병통이 들지 않은 곳이 없는 바
지금이라도 고치지 않으면
반드시 나라가 망할 것이다.

- 다산 정약용, 《경세유표》의 서문 '방례초본' 중에서

4차 산업혁명 시대의 일표이서

"김 보좌관, 우리 계급장 떼고 토론해 봅시다."

나는 '정책'을 연구하는 학자였지 '정치'에는 관심이 없었다. 청와대 입성 전까지 노무현 대통령을 단 한 번 만난 일도 없었다. 그런데 1기 초대 정보과학기술수석보좌관직을 맡게 되었다. 2003년 참여정부의 주요 선거 공약 중 하나가 '과학기술중심사회'를 만들자는 것이었기 때문이다.

노무현 대통령과 독대 후 바로 과학기술중심사회 만들기에 착수했다. 당시에는 4차 산업혁명이란 용어도 없었지만 산업사회를 지식기반산업사회로 바꾸는 작업이었으므로, 실질적으로는 그때 이미 4차 산업혁명에 착수한 것과 같았다. 국가발전이란 화두로 평생 공부해왔더니 드디어 하늘이 기회를 준 것이라 생각했다. 그래서 난 4차 산업혁명을 통해 대세 하락을 거듭하고 있는 한국의 경제성장률을 반전시켜 보겠노라 결심했다.

긴급한 일과 중요한 일

4차 산업혁명을 위해서는 정부조직의 개편이 시급했다. 동북아 1차 산업혁명 당시 중국은 양무운동洋務運動으로 기술만 혁신하려다 실패했고, 일본은 메이지유신으로 제도혁신을 통해 산업과 기술을 정책적으로 지원했기 때문에 성공했다. 그래서 먼저 공직사회 제도부터 개편에 착수했다.

우리나라 경제가 성장동력을 잃게 된 가장 큰 이유 중의 하나는 기획재정부가 단기정책과 장기정책 모두를 총괄하는 원톱 체제로 운영되기 때문이다. 단기정책은 수출, 고용, 물가, 환율과 같이 당장 대처해야 할 '긴급한 일'이었고, 장기정책은 과학, 기술, 산업, 자원, 정보, 통신 등과 같이 미래 경제성장의 핵심동력을 제공하는 '중요한 일'이다.

중요한 일과 긴급한 일 중 대부분의 경우 발등에 떨어진 불, 즉 긴급한 일부터 처리하게 된다. 경제 정책에서도 예외가 아니다. 국가 백년대계를 책임질 중차대한 미래경제 문제는 늘 당면한 현실경제 문제의 뒷전으로 밀리게 마련이다. 긴급한 문제가 터지면 당장 내일 신문에 나고 곧 정치적 문제로 비화된다. 그러나 중요한 일은 오랜 세월이 지난 후에 문제가 발생한다. 그래서 한국경제가 성장동력을 상실하게 된 것이다.

나는 새로 과학기술부 장관을 부총리로 승격시켜, 기존의 기재부 장관 겸 부총리와 함께 급한 일과 중요한 일을 나누어 담당케 하는 투톱 체제를 추진했다. 그러면 두 부총리가 자신이 맡은 일에 제각기 최선을 다할 것이기 때문이었다. 수석보좌관회의와 각료회의의 반대에 부딪혔지만 그들을 한 사람 한 사람 모두 설득할 수는 없는 노릇이었다. 다행히 노무현 대통령이 내 제안을 받아들여 과학기술부총리 제도를 신설할 수 있었다.

문제는 예산이었다. 디지털, 바이오, 나노 등등 4차 산업혁명에 대한 배경지식이 부족한 예산실 사무관들이 난도질하듯 쪼개서 배분한 예산으로는 미래산업과 과학기술을 제대로 발전시킬 수 없었다. 그래서 과학기술부 산하에 가칭 '기술혁신본부'를 설치하고 과학기술과 연구개발에 관련된 예산을 통째로 이관시켰다. 그러자 기획재정부를 비롯한 공직사회 곳곳으로부터 거센 반발이 터져 나왔다. 그렇다고 여기서 멈출 수는 없었다. 개혁이란 전격적으로 추진하지 않으면 절대로 성공할 수 없는 속성을 가지고 있기 때문이다.

예산을 이관하자 이번엔 부족한 예산을 적재적소에 배분하고 효율적으로 집행할 전문 관료가 필요했다. 한강의 기적의 주역이었던 한국의 엘리트 공무원은 일반행정 관료 즉 제너럴리스트generalist였다. 독일과 일본의 성공사례를 벤치마킹하는 일에는 유능했다. 하지만 아직 아무도 가보지 않은 세상, 미래 지식산업사회로 가는 4차 산업혁명에는 단순 모방능력이 아닌 전문성과 새로운 사고로 창의적인 정책을 만들어낼 수 있는 '정책전문 관료'가 필요했다.

당시 기술고시를 통해 선발된 기술직 공무원이 고위공직자로 승진하는 경우는 매우 드물었으며 그들조차도 지식산업사회와 미래 첨단 신기술에 대한 이해가 부족했다. 그래서 기존의 행정고시와 기술고시를 통합하고 4차 산업혁명을 제대로 이해할 수 있는 이공계 박사 50명을 특채해 관련 부처에 사무관으로 전진 배치했다.

사무관 특채 소식이 알려지자 고시촌에서 항의 데모가 일어났다. 행정자치부와 고시 출신 고위공무원 등 공직사회 전반에서도 심한 반발이 일었다. 하지만 나는 우리의 미래가 과학기술중심사회 구현에 달려 있다는 확신이 있었기 때문에 추호의 망설임도 없었다. 그러나 그들의 불만이 뒷담화에서 언론으로 또 야당과 국회 등 정치권까지 일파만파 번져가기 시작했다. 내가 추진하던 정책보다는 근거 없는 음해, 투서, 중상모략이 난무하기 시작했다. 졸지에 난 그들의 공적이 돼버린 셈이다.

문득 중종 시대 정암 조광조가 떠올랐다. 조선의 관리가 비록 사서오경에는 통달했을지 모르지만 정의감도, 애민심도 없이 사리사욕만 채우는 것을 보고 정암은 '현량과'라는 특별채용 과거제도를 설치했다. 전국에서 덕망과 충심이 깊은 이들을 관리로 등용하기 위해서였다. 내가 이공계 박사를 특채한 것도 어쩌면 이와 같은 맥락에서였다. 그런데 정암은 기득권층의 모함과 누명으로 사임해야 했으며 개혁은 중단되었고 결국 조선은 쇠락을 재촉하게 되었다.

국정감사 증인으로 서다

후폭풍은 만만치 않았다. 급기야 건국 이래 최초로 대통령 수석보좌관 신분으로 국정감사 증인으로 채택되었다. 증인석에 설 때만 해도 개혁

내용을 소상히 설명하면 별문제 없으리라 생각했다. 다들 길어봤자 1시간이면 끝날 것이라고 했다. 그런데 감사는 오전이 지나도록 끝날 줄을 몰랐다. 동행한 직원이 매우 당황한 표정으로 A4 용지 1장을 건네준 것은 그때였다. 기자가 현장에서 올리는 스트레이트 기사였는데 거기에 '국회의원 10명이 보좌관 하나를 못 당해'라는 헤드라인이 크게 실려 있었다.

감사장의 분위기가 험악해지기 시작했다. 증인인 내게 대답할 기회조차 주지 않고 질책이 이어졌다. 오후까지 속개된 국정감사에서도 같은 호통만 들었다. 보좌관은 대통령을 보좌만 해야지 직접 나서서 정책을 추진하는 것은 월권이라는 것이었다.

난 참여정부 1주년 인사에 포함되어 자의 반 타의 반으로 보좌관직을 떠나게 되었다. 어쩌면 세계 최초의 4차 산업혁명이 중도에서 좌초하고만 것인지도 모른다. 나는 절망했다. 제도를 만들고 예산도 인력도 확보해서 이제 4차 산업혁명에 착수만 하면 되는데…. 정기인사 형식을 취했지만, 사실상 정책추진과정에 물의를 일으킨 이유로 경질된 것이나 다름없었다.

예컨대, 4차 산업혁명을 성공시킬 수 있는 컴퓨터의 몸체, 그래픽카드, 메모리카드까지 다 완성했고 이제 데이터만 입력하면 컴퓨터가 작동해서 답을 찾는 것은 시간문제인데, 그만하라는 것이었다. 난 그야말로 공황 상태에 빠졌다.

석담일기의 깨달음

한 3개월 동안 거의 잠을 이룰 수 없었다. 평생 국가발전 원리를 연구했는데 하늘이 준 기회를 놓쳤구나. 두 번 다시 기회가 오지 않을지도 모른다는 생각이 들 때면 자다가도 벌떡 일어났다. 가슴 저 밑바닥에서부터 불길이 치밀어오르는 듯해 옥상에 올라 고함을 친 적도 여러 번이었다. 그럴 때마다 경비가 쫓아와 행여 내가 이상한 행동이라도 할까 봐 뒤에서 팔을 잡아당기곤 했다.

그러던 어느 날 새벽 3시쯤 잠을 깼는데, 불현듯 율곡 선생의 《석담일기石潭日記》한 구절이 떠올랐다.

율곡은 9번의 과거시험에서 모두 장원급제했을 만큼 머리가 뛰어난 사람이다. 조선왕조 500년을 통틀어 그만한 수재가 또 없었다. 그렇지만 난 율곡을 그리 존경하지는 않았다. 개혁을 성공시킨 적은 별로 없었기 때문이다. 두뇌는 좋은데 열정도 사명감도 부족한 천재가 아닐까 생각했다. 그에 비해 정암 조광조는 목숨 걸고 조선을 개혁하려다 사약을 받았다. 가슴이 뜨거운 '행동하는 지성인'이라고 생각했기 때문에 진심으로 존경하고 있었다. 그런데 율곡이 바로 이 정암에 대해 언급한 구절이 섬광처럼 뇌리를 스쳐 갔다. '정암은 학문이 완성되기 전에 세상을 바꾸려 했기 때문에 실패했다'는 그 구절이.

'맞아, 내가 4차 산업혁명에 성공하지 못한 것은 나의 학문이 아직 완성되지 못했기 때문이었어….'

이른 새벽 신선한 바람 한 줄기가 박하향처럼 스쳐 갔다.

'그래. 어느 누구를 탓할 일이 아니었어. 모든 실패는 아직 학문이 완성되지 않았기 때문이었어. 나의 학문이 완성돼 있었다면 관료도, 정치인도, 언론도 모두 설득할 수 있었을 거야. 평생 국가발전에 관한 연구에 정진해왔지만 변변한 저서 하나 완성하지 못한 상태가 아닌가.'

그래서 결심했다. 내 남은 생을 다 바쳐 국가발전과 4차 산업혁명에 관한 이론을 완성하리라.

2006년 1월 1일 아침 7시 30분에 출근하자마자 학교 연구실 책상 머리에 지금부터 절대 하지 않을 일을 20개 정도 써서 붙였다. '모든 사적 모임에 가지 않는다', '결혼식은 부조만 하고 가지 않는다', '취미도, 여가활동도 하지 않는다' 등등. 그리고 입산수도하는 자세로 다시 공부를 시작했다. 점심도 도시락을 싸서 다녔다. 얼마나 두문불출했는지 내가 요양원에 있다는 둥, 이민 갔다는 둥 그런 헛소문까지 나돌 정도였다. 학교로 돌아온 후 아침 7시 30분에 출근해서 저녁 6시 30분에 퇴근할 때까지 화장실 외에는 연구실을 떠나지 않았다. 주중, 주말 할 것 없이 매일 출근해서 연구와 집필에 몰두했다.

과학기술계 대학 총장 제의도 사양했다. 이후로도 세인이 탐낼 만한 공직을 몇 번 제안받았지만 고사했다. 국가발전 이론을 완성하지 못하고 죽으면 결국 내가 실패한 학자라는 사실을 나 스스로 알기 때문이었다. 그렇게 해서 시작한 것이 산업혁명 시리즈다.

산업혁명을 연구하며 집필한 경제 이론서가 《경제성장론Economic Growth》이고 역사적으로 이 성장이론이 과연 사실인지 규명한 것이 《국부의 조건》과 《패권의 비밀》이다. 그리고 정보과학기술수석보좌관직을 수행하면서 현장에서 뼈저리게 느낀 개혁에 대한 필요성과 어떻게 해야 과연 4차 산업혁명에 성공할 것인지에 대한 정부혁신, 사회혁신,

대외혁신의 3대 혁신방안을 담은 책이 《정부의 유전자를 변화시켜라》, 《은퇴가 없는 나라》 그리고 출간예정작인 《한국의 미래, 러시아에 있다》(가제)다.

4차 산업혁명 성공을 위한 일표이서

다산 정약용의 '일표이서一表二書'란 《경세유표》, 《목민심서》, 《흠흠신서》를 가리킨다. '표表'란 신하가 임금에게 올리는 '정책건의서'라는 뜻을 지닌다. 대표적인 글이 제갈공명의 '출사표出師表'다. 당시 죄인으로 유배 중이었던 다산은 임금에게 직접 글을 올릴 수 없었기 때문에, 훗날에라도 전해지기를 간절히 바라는 심정으로 '유표遺表'라고 썼다.

이 3가지 저서 가운데 《경세유표》는 국가 제도의 전반에 대한 개혁안이다. 《경세유표》의 서문 '방례초본'에 보면 '털끝만큼 작은 일 하나 병들지 않은 곳이 없으니, 지금 개혁하지 않으면 반드시 나라가 망하고야 말 것'이라는 말이 나온다. 그러나 안타깝게도 일표이서는 조선이 망한 후 일제 치하에서, 다산 서거 100년 만에 여유당 전서와 함께 세상에 나왔다.

어쩌면 이 글은 4차 산업혁명의 성공을 간절히 바라는 나의 '일표이서'일지도 모른다. 지금 우리는 4차 산업혁명이란 문명사적 대분기를 맞이하고 있다. 그런데 지금 우리나라의 4차 산업혁명 대응방식은 여전히 시대에 한참 뒤떨어진 것이다. 제도혁신 없이 신기술에만 매달리는 태도는 100년 전에 산업혁명에 실패한 중국의 양무운동을 그대로 따라하는 수준에 머물러 있다. 이러다가 이미 도래하고 있는 4차 산업혁명이란 절호의 기회를 또다시 놓칠 수도 있겠다는 절박함이, 다산이 서문에서 밝힌 것처럼 '팔짱을 낀 채 수수방관'만 하고 있을 수 없도록 한 것이다.

이 책은 총 6장으로 구성되어 있다. 1장에서는 동북아의 1차 산업혁명이 중국, 일본, 조선의 운명을 어떻게 바꾸었는지에 관한 이야기를 담고 있다. 2장에서는 뒤늦게나마 1차 산업에 성공했던, 그러나 극약처방으로밖에 성공할 수 없었던 '한강의 기적'의 3가지 비밀을 풀어보았다. 3장에서는 선발산업국이 어떻게 선진국이 될 수 있었는지, 후발산업국은 어떻게 해야 선진국을 추격할 수 있는지를 국가발전원리를 통해 짚어보았다.

4장에서는 '2차 대분기'라는 다시 오지 않을 절호의 기회를 맞이했는데도, 문명사적 무지의 소치로 4차 산업혁명이 지연되고 있음에, 그 오해와 진실이 무엇인지 중점 조명했다. 5장과 6장에서는 4차 산업혁명에 성공하기 위한 구체적이고 실천 가능한 방법론을 제시하였다. 과거 '한강의 기적'에 3가지 비밀이 있었다면 오늘날 대한민국 4차 산업혁명에도 3가지 비책이 있다. 규제문제를 근본적으로 해결하는 정부혁신, 이모작 사회로 적재적소에 인재를 공급하는 사회혁신, 그리고 북극항로 진출과 한러 관계의 획기적 개선을 통한 대외혁신이다. 이 3대 혁신을 통해 우리가 4차 산업혁명에 성공할 수 있음을 논증했다.

'한국의 시간'은 동북아대륙에 등장했던 모든 패권국과 겨루어 국가적 존엄성과 민족적 정체성을 5,000여 년간 온존하게 지켜온 자랑스런 시간이었다. 한순간 산업혁명을 거부하여 망국을 자초한 수치스런 시간도 있었고, 한강의 기적으로 그 아픔을 치유한 시간도 있었다. 이제 우리는 중진국 함정에 안주하느냐, 아니면 선진국으로 도약하느냐 하는 결단의 시간을 맞이하고 있다. 더 이상 주저할 시간이 없다. 선승독식의 시대에 앞선 자는 영원한 승리자로, 또 뒤진 자는 영원한 패배자로 남게 될 것이기 때문이다. 이 같은 4차 산업혁명 시대에 과연 우리가 '지배할 것인가, 아니면 또다시 지배당할 것인가?' 그 여부는 지금 우리가 선택할 '한국의 시간'에 달려 있다.

이 책은 필자의 평생 연구를 집약한 결과물이라고 해도 과언이 아니다. 공저자 김연배 교수는 학문적 동지로서 그 기나긴 여정을 줄곧 함께 해왔다. 필자가 엑셀accelerator을, 공저자가 브레이크brake를 번갈아 밟아온 학문적 가속과 감속의 절묘한 화합이었다. 이 책의 난해한 이론들이 독자 곁으로 다가가는 매 순간 조연희 시인의 애정 어린 조율이 있었다. 또한 역사학도 민정기 군과 문학도 황현석 군의 전문적인 식견, 그리고 최지수 씨의 헌신적인 도움이 함께 했다. 배석두 회장님의 각별한 관심과 배려로 이 책이 출간되기까지 함께 애써준 쌤앤파커스 최세현 대표와 실무진 여러분께 감사를 전한다.

세상에 검을 휘둘러 세상을 평정하는 무사가 있다면, 무사가 휘두른 명검을 만드는 도공刀工이 있다. 비록 내 손으로 4차 산업혁명을 완성할 수 없다 할지라도 이 책이 4차 산업혁명을 성공시킬 어느 무사의 명검으로 빛을 발할 수 있다면, 나는 도공으로서 필생의 소임을 다한 셈이니, 필부의 일생에 그 이상 더 바랄 나위가 없을 것이다.

관악산 기슭에서
김태유

행복의 비밀, 패권의 비밀

우리는 행복하기 위해서 태어났다. 행복하기 위해 먹고, 행복하기 위해 일하고 또 행복하기 위해 살고 있다. 그것은 농업시대나 산업시대에도, 수백 수천 년 전이나 지금 이 순간에도 마찬가지다. 그렇다면 행복이란 과연 무엇일까?

국가는 행복의 필요조건

많은 이들이 '주관적 안녕감(subjective well-being)'이 행복이라는 데 대체로 동의한다. 여기서 '안녕安寧'이란 즐거움보다는 특별한 사건이 없는 평안한 상태를 의미한다. 문제는 가난과 폭력이 난무하는 나라에서, 또 외풍에 휘둘리며 우리가 '안녕'할 가능성은 매우 희박하다는 것이다. 그래서 우리의 행복은 좋든 싫든 국가와 관계를 맺지 않을 수 없다.

32세에 산화한 안중근, 24세에 순국한 윤봉길, 만 17세에 비참하게 세상을 떠난 유관순…. 꽃다운 나이에 행복의 '행' 자도 맛보지 못한 채 이들 의로운 젊은이가 비참하게 생을 마감해야 했던 이유도 결국 조선의 국력이 쇠락해서가 아니던가.

개인의 '주관적 안녕'이 행복의 충분조건이라면, 국가의 '객관적 안녕'이야말로 행복의 필요조건인 셈이다. 우리가 가난과 착취에 고통받기 위해 또는 외적의 침탈에 시달리기 위해 태어난 것이 아니라면 말이다.

미국 칼럼니스트 로웬스타인Roger Lowenstein은 행복이란 사람들의 삶이 계속 더 좋아지는 것이라고 했다. 시카고대학 경제학과 교수 리처드 탈러Richard H. Thaler는 '즐기기에 충분한 돈을 벌 수 있는 행운을 누리는 것'이라고 했다. 미국 월스트리트 점거 운동 활동가 카란 가슈샤 Karanja Gacuca는 '모두가 여유로운 사회, 힘들게 일하거나, 청구서나 고지서를 내려고 2~3개의 일을 하지 않아도 되는 것'이라고 했다. 2007년 노벨경제학상을 수상한 에릭 매스킨Eric Maskin이 말한 행복이란 '자신의 결정을 스스로 내리는 기회'라고 했다. 내가 생각하는 행복이란 '의식주에 큰 불편 없이 본인이 하고 싶은 일을 할 수 있고 적어도 오늘보다 나은 내일을 꿈꿀 수 있는 상태'이다. 물론 그 행복은 일회성 행복이 아니라 다음 세대까지 이어질 수 있는 지속가능한 행복이어야 한다.

행복에 관한 정의는 시대환경과 개인의 주관에 따라 서로 다를 수 있다. 그러나 이 모든 행복이 '국가'라는 울타리 안에서 함께 시작된다는 점을 절대로 간과해서는 안 될 것이다. 물론 국가가 부강하다고 온 국민의 삶이 풍요롭고 행복한 것은 아니다. 그러나 선진국 실리콘밸리에서 태어난 사람과 개발도상국 빈민가에서 태어난 사람이 한평생 대등한 수준의 행복을 누릴 가능성은 거의 없다. 그런 의미에서 국가는 발전해야 하고 경제는 성장해야 한다. 국가라는 기초 위에서 비로소 개인은 저마다 원하는 행복의 열매를 마음껏 수확할 수 있을 것이기 때문이다.

화승총과 무라다 소총

청년 시절 내가 가졌던 가장 큰 의문 중 하나가 조선의 망국에 관한 것이었다. 대륙의 패권국 수隋, 당唐, 요遼는 물론이고 인류역사상 가장 강력했던 몽골제국과도 30년을 싸울 만큼 강인하고 끈질긴 민족이 아니었던가. 그런데 그들보다 훨씬 작은 섬나라 일본에 왜 그토록 허무하게 멸망, 흡수되어 버렸던 것일까?

우금치 전투의 경우를 살펴보자. 왕궁을 공격한 왜군과 싸우기 위해 동학농민군은 우금치를 넘어 서울로 진입하려고 했다. 농민군은 숫자상으로는 압도적이었지만, 5만여 명이 고작 20분의 1에도 못 미치는 일본군 200여 명과 관군 2,000여 명의 방어선을 뚫지 못한 채 거의 전멸 당한다.[1] 일설에 따르면 일본군 1명이 동학농민군 200여 명을 능히 제압하고도 남았다고 한다.

어떻게 이런 일이 가능했을까.

당시 일본군의 주력 무기는 무라다 소총이었다. 원래 영국에서 개발된 전설의 스나이더 소총을 무라다라는 사람이 160cm도 채 안 되던 일본 병사 체격에 맞춰 작고 가벼우면서도 성능은 비슷하게 개량한 총이다. 이때 우리 동학군은 낡은 화승총과 죽창, 낫 등으로 무장하고 있었다. 무라다 소총의 유효사거리는 약 800m다. 엎드려 쏴 자세에서 총알을 총 뒤로 재장전해가면서 1분에 12발 정도 발사할 수 있었다고 한다. 그런데 화승총은 유효사거리가 약 120m에 재장전 시간이 2~3분 걸렸다고 한다. 특히 화승총은 총구멍으로 화약과 총알을 집어넣기 때문에 서서 재장전해야 하는데 그때 적군의 손쉬운 표적이 되었다.

동학농민전쟁 중 농민군 토벌작전을 벌인 일본군 후비보병 제19대대에 의해 사살된 농민군은 최소 3만 명에서 5만 명. 부상자까지 합하면 30~40만 명으로 추산되고 있다.[2] 그러나 전투 중 후비보병 제19대대 사망 인원은 1명뿐이라는 것이다. 여기서 1대 3만이라는 이야기가 나왔다.[3] 이 정도면 전쟁이라 부르기도 무안한, 일방적인 학살 수준이 아닌가?

어처구니없는 이 사건은 바로 무라다 소총과 화승총의 기술적 차이라는 객관적 사실로 인하여 발생한 것이었다. 근대적 철강산업과 공작기계 기술로 제작한 무라다 소총을, 대장간에서 만든 화승총으로 대적하기란 애당초 불가능했다. 조금 더 심층을 들여다보면 19세기 서양의 산업화 물결이 동양에 물밀 듯 밀려올 때 일본은 산업화에 매진했다. 반면 조선은 산업화를 거부했다. 안타깝게도 이 차이가 바로 무라다 소총과 화승총의 차이였다. 조선이 일본의 식민지로 전락한 것은 조선 백성의 애국심이 부족해서가 아니라 산업혁명에 기반한 과학적, 객관적 전력을 갖추지 못했기 때문이었던 것이다.

이 불행한 역사가 또다시 반복되지 않기 위해서라도 우리는 후손에게 승리자가 되는 방법을 가르쳐야 한다. 패배자의 비겁한 변명만 늘어놓아서는 안 된다. 23전 23승의 신화를 창조한 이순신 장군에겐 2가지 준비가 있었다. '사즉생死即生 생즉사生即死' 정신과 함께 거북선과 함포라는 무기가 있었다. 조선군 주력이 괴멸된 탄금대 전투에서 신립 장군도 사즉생의 정신으로 돌격했을 것이다. 그러나 신무기 조총 앞에서는 추풍낙엽이 되었다. 이순신 장군에게 거북선과 함포가 없었다면 조선 수군도 모두 장렬히 전사하고 말았을지 모를 일이다. 조선이 임진왜란에서는 살아남았는데 일제의 침략에선 끝내 버티지 못한 이유는 객관적 전력, 즉 무기 성능의 차이가 임란 당시에 비해 수십 수백 배 커졌기 때문이다.

그렇다면 그 객관적 전력이란 어디서 온 것일까? 그것을 얻기 위해서는 어떻게 해야 할까? 역사 속에서 찾은 해답은 의외로 간단하고 명료했다.

다윈은《종의 기원》에서 자연의 법칙을 따르고 활용한 종(species)은 크게 번성하였고 그렇지 않은 종은 도태되어 지구상에서 사라졌음을 '자연선택설(theory of natural selection)'로 설명하고 있다. 대자연에 자연의 법칙이 있듯 인간사회에도 사회의 법칙, '사회선택설(theory of social selection)'이 있다.[4] 시대환경에 적응한 국가와 민족은 번성하고 그렇지 못한 국가와 민족은 도태되고 소멸해버렸다.

사회선택설 관점에서 보면 산업혁명이 세계를 지배자와 피지배자로 나누는 분기점이 되었다는 것이다. 산업혁명 이전에는 우연히 등장한 영웅적 인물에 의해 세계 지배질서가 재편되곤 했다. 시저가 등장해서 로마가 유럽을 지배했고, 칭기즈칸 같은 영웅이 나타나 몽골이 세계를 정복했고, 나폴레옹으로 인해 프랑스가 세상을 뒤흔들었다.

그러나 산업혁명이 일어나고부터 달라졌다. 산업혁명의 결과에 따라 세상이 지배자와 피지배로 양분된 것이다. 산업혁명에 성공한 국가는 지배자가 되었고, 산업혁명에 실패한 민족은 모두 노예 민족으로 편입되었다. 혹간 정치적인 독립을 유지한 나라는 몇 있었지만 '경제적 식민지' 상황을 면한 나라는 없었다. 경제적 식민지든 정치적 식민지든 국민대중의 삶이 가난하고 고단한 것에는 별반 차이가 없다.

지배할 것인가? 지배당할 것인가?

선발국인 영국, 미국을 위시하여 뒤늦게 동참한 독일과 일본까지, 산업혁명에 성공한 나라가 선진국의 지위를 누릴 수 있었던 것은 결코 우연이 아니다. 산업혁명에 성공하지 못한 채 국민대중이 행복을 누린 경우는 그 어느 시대, 그 어느 곳에서도 찾아볼 수 없었다. 당장 우리 역사만 보아도 산업혁명을 거부한 조선은 가난한 후진국으로 전락했고, 결국 산업혁명에 성공한 일본의 속국이 되지 않았던가. 이것이 역사가 증명한 국가 간 흥망성쇠와 민족 간 행불행의 기본원리였고 '사회선택설'에 의한 적자생존의 실체였던 것이다.

이 법칙은 동서양을 가리지 않았다. 17세기 무적의 기병대 윙드 후사르Winged Hussar를 앞세워 모스크바를 점령하고 동유럽에 대제국을 건설한 폴란드의 경우도 마찬가지였다. 산업혁명에 무지해 기계화 부대를 육성하지 않은 폴란드는 독일 탱크부대에 전멸당하고 만다. 기병은 기갑을 이길 수 없다. 말 탄 병사가 어떻게 탱크와 맞설 수 있었겠는가. 국토는 분할되어 빼앗기고 국민은 대량학살 당한 폴란드의 슬프고 치욕적인 역사 또한 산업혁명이라는 '사회적 선택'으로부터 비롯된 것이었다.

인류문명은 거대한 강물처럼 도도히 흐르고 흘러 또다시 우리를 '사회적 선택'의 기로에 세웠다. 우리는 지금 1차 산업혁명 당시보다 혁신적이고 더 혁명적인 4차 산업혁명을 눈앞에 두고 있다. 1차 산업혁명이 인류를 지배자와 피지배자로 나누었다면 4차 산업혁명은 다시 한번 세상을 지배자와 피지배자로 재편할 것이다. 우리는 지금 그만큼 중차대한 역사적 기로에 서 있다. 우리가 세상을 지배하지 않으면 또다시 세상이 우리를 지배할지도 모른다.

지배할 것인가? 지배당할 것인가?

지금 이 책을 보는 당신의 선택에 달려 있다.

PART 3

4차 산업혁명, 불사조는 살아 있다

PART 1

산업혁명은 세상을
지배자와 피지배자로 나누었다

과거는 서막에 불과하다.

What's past is prologue.

- 윌리엄 셰익스피어, 《템페스트》 2막 1장 중에서

혁명의 갈림길에서

태백산 꼭대기로 떨어지는 빗방울 하나가 오른쪽으로 떨어지면 동해로, 왼쪽으로 떨어지면 서해로 가듯 우리 민족에게도 그런 갈림길이 있었다. 바로 서양의 산업혁명이 물밀 듯 밀려올 때였다.

같은 인식, 다른 대처

19세기(1853년) 서세동점의 시대. 미국의 페리 제독이 일본에 가서 통상을 요청했다. 그러나 일본 막부는 쇄국을 주창하며 통상을 거절했다. 그러자 페리 제독은 도쿄만에서 함포를 쏘며 화력시험을 보였다. 다시 올 때까지 개국하지 않으면 쳐들어간다는 일종의 무력시위였다. 당시 막부에 올라간 보고서에는 다음과 같은 내용이 있었다.

'일본 포의 사정거리는 800m에 불과하지만 양이의 함포는 우리보다 서너 배 멀리 나갑니다.'[1]

13년 뒤 우리나라에서도 비슷한 일이 발생했다.

프랑스의 함대가 강화도를 점령하여 병인양요(1866년)[2]를 일으켰다. 물론 조선에서 프랑스 선교사가 처형된 것이 표면적인 이유였지만 사실은 통상을 요구하러 온 것이었다. 당시 양헌수 장군은 강화도 정족산성에서 프랑스 수병을 6명 사살하고 격퇴시켰다. 양헌수 장군의 병인일기에는 다음과 같이 적혀 있었다.

'우리 총은 100보를 나가는데 양이의 총은 500보를 나갑니다.'

이 말은 무슨 뜻인가. 무기성능에 압도적인 차이가 있다는 의미가 아닌가. 서양의 제국주의자들이 동양에 물밀 듯 밀려올 때 일본과 조선이 받은 충격은 동일했다. 엄청난 기술의 차이를 인식했지만 그 대처방법은 전혀 달랐다. 일제는 산업혁명을 배우기에 혈안이 되었고 조선은 산업혁명을 무시하고 거부했다. 이 순간 경술국치라는 비극은 이미 시작되고 있었던 것이다.

프랑스와의 전투에서 서양의 우수한 무기성능과 앞선 산업기술문명을 접했으면서도 조선은 수구적인 척화론을 버리지 못했다. 그래서 몇 년 뒤 신미양요(1871년)[3]에서 같은 상황이 반복되었다. 일설에 따르면 조선군은 350명이나 전사했지만 미군은 고작 3명 사살하는 대참패를 당했다. 그래도 조선은 변하지 않았다.

일본에서는 객관적 전력 차이를 무시한 채 무조건 달려드는 사람을 '무대뽀無鐵砲'라고 불렀다. 총도 없이 달려들어서 개죽음당하는 바보가 바로 무대포인 셈이다.

화혼양재냐, 위정척사냐

일본은 이때 요시다 쇼인이라는 선각자가 나타나 대양이大攘夷를 설파했다. '서양 오랑캐攘夷를 이기는 올바른 방법은 양이의 기술을 배워서 양이를 제압하는 것이다. 우리가 더 좋은 총을 만들어 양이와 싸워 이기자'는 것이었다. 요시다 쇼인의 가르침은 한마디로 산업혁명을 하자는 것이었다.

그는 쇼카손주쿠松下村塾라는 자그마한 서당에서 청년들을 교육했다. 교육의 화두는 화혼양재和魂洋才였다. 일본을 바꾸자. 혼만 남기고 다 바꾸자. 여기서 배운 90명의 제자가 일본의 산업혁명인 메이지 유신을 성공시킨다. 그 대표적인 제자가 혁명가 다카스키 신사쿠, 행정가 이토 히로부미 그리고 일본 군대의 아버지 야마가타 아리토모 등이다. 또한 다수의 총리와 대신 등 걸출한 정치인을 배출하여 일본을 근대화했다.

그러나 조선은 홍선대원군이 척화비를 세우고 '양이와 싸우지 않는 것은 화친하는 것이요 양이와 화친하는 것은 나라를 팔아먹는 것'이라며 산업혁명을 배격하고 주자학으로 나라를 지키자는 위정척사衛正斥邪를 주장했다. 교육의 나라 조선에는 당시 성균관을 비롯하여 350여 개의 향교와 400여 개의 서원 등 총 800여 개의 교육기관이 있었다. 그러나 산업혁명을 가르치는 사람도 배우는 사람도 없었다. 조선의 교육은 천년 묵은 '사서오경四書五經'을 암기하고 맹신하는 것이었지 사유도 창의도 허락되지 않았다. 이런 교육만 받은 유생들은 위정척사를 주장했고 지부상소持斧上疏와 영남만인소嶺南萬人疏를 올려 개국과 통상을 결사반대하여 경술국치를 당하는 데 기여하는 치명적인 우를 범한다.

'수신'을 '치국'으로 착각한 조선

똑같은 서구의 충격에 일본과 조선이 이렇게 상반된 반응을 보인 근본적인 원인은 무엇 때문일까? 대한민국의 지성인이라면 누구나 꼭 한 번쯤 갖게 되는 의문이다. 이는 당시 조선 지식인의 문명사적 이해 수준이 일본 지식인보다 훨씬 낮았기 때문이다. 인류문명의 발전과 시대환경 변화에 무지한 나라에서 좋은 정치도, 정책도 나올 리 없었다. 그래서 국가가 쇠퇴할 수밖에 없었고, 그 불행을 백성이 고스란히 떠안을 수밖에 없었던 것이다.

메이지유신 시절 일본엔 후쿠자와 유키치[4]라는 선각자가 있었다. 아무런 관직도 갖지 않은 민간인으로서 1만 엔 지폐에 얼굴이 나온 유일한 사람이기도 하다. 그는 게이오 대학의 설립자이며 주로 봉건 타파와 서구 문명의 도입을 주장했다. 특히 자연과학과 국민계몽의 중요성을 강조하여 일본이 근대로 나아가는 데 큰 역할을 했다. 그의 대표적인 저서 《학문의 권장》과 《서양사정》은 20만 부 이상 팔린 것으로 알려져 있다.[5] 당시 일본 인구가 3,500만 명 정도였고 인쇄술과 도서보급률도 형편없었을 것을 감안한다면 일본의 지식인 대부분이 그 책을 읽었다는 이야기가 아닌가. 메이지유신 시대에 서양의 산업기술문명에 대한 기본적인 이해와 공감대가 지식인 간에 이미 형성되어 있었던 것이다.

비슷한 시기에 우리나라도 서양 문물을 소개한 유길준의 《서유견문록》이 있었다. 그러나 조선 지식인이 읽었다는 기록도, 증표도 찾아볼 수 없다. 그런 면에서 산업혁명을 이해하고 있었던 일본 지식인의 수준이, 사서오경에 집착하고 있었던 조선 지식인의 수준보다 몇백 년 앞서 있었다고 볼 수 있다. 지식인의 수준이 높았기 때문에 서양 문물의 중요성을 알았고 앞선 근대사회의 지식을 받아들일 수 있었다. 그래서 메이지유신이라는 산업혁명을 성공시킬 수 있었고 근대적 강국이 될 수 있었다.

그러나 조선은 《논어》, 《대학》, 《맹자》, 《중용》, 《시경》, 《서경》, 《역경》, 《춘추》, 《예기》 등 사서오경을 외우고 또 외우면서 인간의 도리나 성품을 닦는 데 여념이 없었다. 그들은 주자학으로 이 나라를 굳건히 지키고 저 무지몽매한 서양 오랑캐를 인仁과 덕德으로 교화시키자고 주장했다. 당시 서양인들이 이 말을 들었으면 실소를 참을 수 없었을 것이다.

무릇 지성인이란 학문 연마를 통해 오늘보다 더 나은 내일을 향해 나아갈 방향을 제시할 수 있어야 한다. 그런데 조선의 지식인은 1,000년 전의 편향된 지식으로 무장한 채 조선을 세계열강과 단절된 자폐국自閉國으로 몰아가고 있었다. 그들 덕에 조선은 새로운 시대 환경에 적응하지 못한 채 도태되고 말았다.

그런 의미에서 조선은 '학문의 역할'을 잘못 이해한 사회였다. 수신修身의 학문과 치국治國의 학문을 혼동하고 있었다. 명분에 집착하여 실리를 버리고, 개인적 신념에 충실하여 국가적 이익을 포기하는 등 정치적 성공을 위해 국가와 민족의 실패를 자초했다.

요시다 쇼인과 최익현

최익현 선생은 칠순이 넘은 노구를 이끌고 의병을 일으켜 외세에 맞섰으며 대마도에 유배되어 단식으로 일제에 항거한 애국자였다. 비슷한 시기 일본 산업혁명의 아버지 요시다 쇼인과 견줄 만한 우리나라의 정신적 지도자로 최익현을 들 수 있다. 요시다 쇼인이 화혼양재를 설파했다면 최익현은 1896년 강화도 조약을 맺을 때 위정척사를 내세우며 주자학으로 이 나라를 지키자고 '지부상소'를 올렸다. 지부상소란 도끼를 들고 와서 목을 내놓고 자신의 의견을 왕에게 전달하는 것이다.

최익현이 목숨을 내놓고 지키려던 주자학은 우리의 정신도, 사상도 아니었다. 주변국에 조공을 바쳐 국가 안위를 구걸한 송나라 주희가 만든 사상을 그대로 복제한 것이다. 그러니까 위정척사 속에는 조선도 없고 산업혁명도 없었다. 반면 화혼和魂에는 일본이 있고 양재洋才에는 산업혁명이 있었다. 요시다 쇼인이 일본의 산업혁명을 앞당기는 데 주도적인 역할을 했다면 최익현은 조선이 산업혁명을 거부하는 데 주도적인 역할을 했다. 요시다 쇼인과 최익현의 차이. 그것이 바로 당시 일본과 조선 지식인의 문명사적 수준의 차이였고 산업혁명의 성공과 실패를 가른 차이였다. 바로 이 차이가 일본을 강대국으로 만들고 조선을 식민지로 전락시켰다. 최익현은 개인의 명분과 신념을 지켰을지 모르지만 대신 국가와 민족의 미래를 버린 것이다.

경술국치는 바로 조선 지식인들의 문명사적 무지에 의해 초래된 필연적인 결과 그 이상도 그 이하도 아니었다.

그렇다면 객관적 사실에 근거한 냉철한 판단이란 무엇인가? '양이의 대포는 일본의 대포보다 3배 더 나간다'는 것이 객관적 사실이다. '양이의 기술을 배워 더 좋은 대포를 만들어 양이를 물리치자'는 객관적 사실에 근거한 올바른 판단이었다. 그 결과 메이지 유신은 성공했다. '조선총은 100보 나가는데 양이의 총은 500보 나간다' 또한 객관적 사실이었다. 그런데 '양이와 화친하는 것은 나라를 팔아먹는 것이다'는 정치적 목적에 의한 왜곡된 판단이었다.

조선의 산업혁명 거부는 당대 지식인들의 정치적 명분에 의존한 정책적 실수였다고밖에 볼 수 없다. 몇몇 간신이 숨어서 하는 부정부패는 나라의 일부를 좀먹는 데 그치지만, 무지한 지식인의 정치적 명분과 신념은 나라를 통째로 망하게 한다.

누군가 고속도로를 달리다 사고를 냈으면 뒷사람이 똑같은 사고를 당하지 않도록 위험표지판을 세우고 가야 한다. 아무런 조치도 취하지 않으면 또다시 사고가 날 수밖에 없다. 임진왜란 후 서애 유성룡의 《징비록》이 조선보다 일본에서 더 많이 읽혔다는 사실이 조선의 더 큰 비극이었다. 고난과 치욕의 근대사를 목도한 지성인이라면 후세를 위해 잘못된 역사에 대한 최소한의 위험표지판만큼은 세우고 가야 하지 않을까.

산업혁명을 거부한 나라의 운명

일본은 1853년에 페리 제독의 무력시위에 굴복해서 개국당한 후 미일수호통상조약(1858년)[6]으로 관세 주권을 상실한다. 그러나 화혼양재 정신으로 제도를 개혁해 산업혁명에 성공했다, 그러나 조선 주류사회는 위정척사(1866년)로 산업혁명을 전면적으로 배격하였다. 그 결과 임오군란(1882년) 때 대원군이 청나라에 납치당하는가 하면 김옥균과 청년 개화파가 주도한 갑신정변(1884년)도 청나라 군대에 진압되어 '3일 천하'로 끝났다. 산업혁명을 전면 거부한 조선은, 산업혁명을 완전히 성공시킨 일제의 속국이 되어 36년간 지배를 받게 되었다.

처음에는 고작 한 방울이었을지도 모를 작은 빗방울이 거대한 파고가 되어 우리 근현대사를 덮치기 시작한 것이다.

청나라는 실패하고 일본은 성공하고

⌐━━━━━━━━━━━━━━●━━━━━━━━━━━━━⌐

그렇다면 청나라, 즉 중국의 상황은 어떠했을까?

당시 청나라는 몽골제국의 '팍스 몽골리카Pax Mongolica' 이래 세계에서 가장 강력한 제국이었다. 소위 '강건성세康乾盛世'라 불리는 1661년 강희제로부터 1796년 건륭제에 이르기까지 만주족의 전성시대라는 의미에서 '팍스 만추리아Pax Manchuria'라고 불렸다. 그런데 청나라가 아편전쟁[7]에서 영국에 패하고 만다. 영토만 비교해 보아도 고작 24만km². 한반도와 큰 차이가 없는 영국에게 그보다 약 40배나 넓은 국토를 보유한 청나라가 참패를 당한 것이다.

그들에겐 브라운 베스가 있었다

1841년 1월 전함 네메시스호를 포함해서 영국의 함대 수십 대가 서서히 주강유역 해구를 봉쇄하기 시작했다.[8] 곧이어 청군 군함이 굉음과 함께 연달아 박살 나더니 바다는 금세 파편과 시체로 뒤덮였다. 자욱한 포연 사이로 반파된 군함만이 유령선처럼 몇 척 흔들거리며 떠 있었다. 청나라군 5만 명이 영국군 3,000명에게 대패한 것이다.

일찌감치 산업혁명에 성공한 영국은 제련, 야금 및 공작기계 기술이 발달해서 신식 함포를 비롯해 신형 소총까지 보유하고 있었다. 이에 반해 청나라는 기껏해야 사람이 끄는 수동식 대포와 재래식 무기밖에 없었던 상황. 청나라는 결코 이길 수 없는 싸움에 뛰어든 것이다.

청나라의 주력 함선은 오직 바람의 힘으로만 움직이던 목제 정크선이었다. 그러나 영국의 전함 네메시스호는 세계 최초로 선체 전부를 철판으로 만든 군함으로 60마력에 증기엔진이 2개 장착되어 바람 없어도 스스로 움직일 수 있었다. 이전까지의 함포는 전함 양측에 대포가 장착돼 있어, 선체의 측면이 적선을 향하도록 배를 돌려야 포격할 수 있었지만, 네메시스호는 피벗 마운트pivot mount라는 최첨단 기술을 도입해 전함의 진행 방향에 상관없이 함포를 자유자재로 회전시키며 조준 사격할 수 있었다.

개인 화기 면에서도 청나라는 재래식인 매치락matchlock 머스킷을, 그것도 일부만 보유하고 있었다. 심지에 불을 붙여 발사하는 방식이었는데 비가 오면 화약이 젖고, 화승이 꺼지는 등의 격발 불량이 빈번했다. 그러나 영국군이 보유한 플린트락flintlock 머스킷은 부싯돌을 이용하는 방식이어서 방아쇠를 당기는 순간 격발이 가능했다. 또한 최신형 뇌관식 머스킷인 '브라운 베스Brown Bess'라는 총을 사용했다.

그러니까 아편전쟁은 전력 면에서 도저히 상대가 되지 않는 싸움이었다. 1차 아편전쟁에서 청군 전사자는 3,100명이었는데, 영국군 전사자는 69명이었다고 한다. 2차 아편전쟁 중 1857년 12월에 발생한 광저우 전투에서만 청군의 사상자는 200~650명 정도였는데 영국군 전사자는 고작 11명 정도로 추산되고 있다.[9]

아편전쟁은 영국의 전함 네메시스호와 브라운 베스의 승리였다. 영국의 신무기에 대大 청제국이 무릎을 꿇은 것이다. 아니, 산업혁명이라는 새로운 시대의 패권 앞에 지나간 시대의 패권이 무릎을 꿇은 것이다.

승냥이를 몰아내기 위해 늑대를 끌어들이다

아편전쟁에서 패한 청나라는 서양 기술에 대한 뼈아픈 경험을 교훈삼아 1861년, 양무운동을 추진했다. '중체서용中體西用' 정신으로 중국의 몸체는 그대로 둔 채 서양의 기술만을 받아들이자는 운동이었다.

리훙장李鴻章(이홍장), 쭤쭝탕左宗棠(좌종당) 등을 중용하여 서양의 군사기술을 중심으로 '양무운동'을 적극적으로 펼쳤다. 그래서 제10대 황제 동치제同治帝 시절에는 어느 정도 부국강병을 이룰 수 있었으며 이 시기를 동치제의 이름을 따서 '동치중흥同治中興'이라고 불렀다. 당시 세계의 많은 국가들은 중국이 근대 강대국 중 하나가 되었다고 생각했다. 그러나 청나라는 청불전쟁, 청일전쟁에 연속적으로 패했다. 병든 호랑이가 이빨만 갈아 끼운다고 다시 백수의 제왕이 되는 것은 아니었기 때문이다.

한편, 청일전쟁이 일어나기 전 1892년 4월, 조선의 한 작은 마을 전라북도 고부에 조병갑이라는 새로운 군수가 임명되었다. 그는 부임하자마자 백성들을 동원해 '만석보'라는 저수지를 축조했다. 첫해에는 물값을 물리지 않겠다더니 약속을 어기고 바로 물값을 징수했다. 그렇지 않아도 탐관오리와 일제의 횡포 때문에 민심이 흉흉하던 터였는데 물값까지 내라니…. 분노한 농민들이 봉기하기 시작했다. 이것이 동학농민운동의 시발점이었다.

농민군은 삽시간에 전라도를 점령하고 기세를 몰아 서울로 향했다. 전주성까지 점령하자 위기를 느낀 조정은 동학농민군에겐 화해를 요청하는 제스처를 보내면서 다른 한편에선 청나라에 도움을 요청했다. 청나라는 곧바로 조선에 3,000여 명의 군사를 보냈다. 그러자 일제도 조선에 파병을 했다. 텐진조약[10]의 내용 중 '일제는 조선에 대해 청과 동일한 파병권을 갖는다'는 항목이 있었던 까닭이다.

동학농민군이 관군과 연합군에 의해 전멸되고 난 이후에도 일본군은 본국으로 돌아가지 않았다. 경복궁을 점령하고 조정에 내정간섭을 하더니 급기야 청나라 군대를 기습공격 했다. 조선을 통째로 삼키고 싶은 야욕 때문이었다. 그리고 일제는 모든 이의 예상을 깨고 청일전쟁에서 승리했다. 이는 동북아시아에서 일제의 패권을 알리는 서막이었다.

양무운동은 실패하고 메이지유신은 성공하고

그런데 여기서 의문을 품지 않을 수 없다. '동치중흥'이라고 불릴 만큼 산업화에 성공한 것으로 보였던 청나라는 왜 그보다 7년이나 늦게 산업화를 시작한 일제와의 전쟁에서 패한 것일까? 청나라의 양무운동은 왜 실패한 산업혁명이고, 일본의 메이지유신은 왜 성공한 산업혁명이 된 것인가?

양무운동의 실패는 제도는 바꾸지 않고 기술만 배우려고 한 데 그 원인이 있었다. '중체서용' 정신으로 기존 제도는 유지하되 강병을 위해 서양 기술만 도입한 것이다. 그때까지도 청나라는 자신들의 몸체, 즉 농업제국적 제도와 전통은 서양보다 우월하므로 굳이 바꿀 필요가 없다고 생각했다. 단지 아편전쟁에서 진 것을 보완하기 위해 증기선이나 몇 척 건조하고 서양 대포를 약간 구입하면 강대국이 되리라 생각했다. 하지만 이것은 큰 착각이었다. 신무기를 갖추는 것 이상의 근본적인 제도 혁신이 필요하다는 사실을 그들은 몰랐다. 병든 호랑이는 이빨을 바꾸기 전에 먼저 병을 고쳐야 한다는 사실을 몰랐다. 그래서 국가 운영의 기본 틀은 그대로 두고 오직 신기술만 도입하여 강대국이 되려고 했던 것이다.

하지만 일제는 막부제를 타파하고 입헌군주제를 도입하는 등 기술은 물론 제도까지 국가체제를 전면적으로 바꾸었다. 혼和魂만 빼고 전부 바꾼 것이다. 청나라의 양무운동이나 일제의 메이지유신 둘 다 산업혁명을 추구했지만, 전자는 실패하고 후자는 성공하게 된 원인이 바로 여기에 있었다.

산업혁명이란 기술만 가지고 되는 게 아니며 제도혁신과 함께 추진되어야 한다는 사실을 뒤늦게 깨달은 청나라는 캉유웨이康有爲(강유위), 량치차오梁啓超(양계초) 등을 중심으로 보다 혁신적인 '변법자강운동'을 펼치려 했지만 100일 만에 서태후 일파에게 숙청당했다. 이후 청나라는 산업화의 길에서 좌초하고 만다.

동양 3국의 성패를 가른 산업혁명

동양 3국의 산업혁명에서 우리가 반드시 기억해야 할 중요한 사실이 있다. '동도東道'와 '중체中體', '화혼和魂' 사이의 미묘한 온도 차이다.

조선에도 '동도서기東道西器'라는 말은 있었다. 동양의 도道와 서양의 기술을 합쳐 조선을 강대국으로 발전시키자는 주장이었다. 이 같은 일부 비주류 실학파의 주장은 조선 조정과 기득권자인 사대부 계층으로부터 철저히 외면당했다. 조선의 산업혁명은 시작도 하지 못한 완전한 실패였다.

청나라는 '중체서용' 정신으로 서양의 기술을 도입하긴 했다. 그러나 국가제도는 그대로 두고 서양의 기술만 도입했다. 기술혁신에 걸맞는 제도와 정책이 뒷받침해주지 못하니 청나라의 산업혁명은 결국 실패할 수밖에 없었다. 그래도 청나라의 산업혁명은 절반의 성공이었다.

그에 비해 일본은 '화혼양재', 즉 혼만 남겨놓고 모든 것을 혁신했다. 봉건제도를 타파하고 조세제도를 개혁하고 상공업을 육성했으며 신식교육제도를 도입했다. 기술과 제도를 동시에 혁신하는 근본적인 산업혁명을 시도한 것이다. 그래서 일본의 산업혁명은 완전한 성공이었다.

그 후로도 오랫동안

조선과 일본, 중국은 극동에서 수년 동안 공존하다 산업혁명이라는 대분기大分岐 앞에서 서로 다른 운명의 길을 걷게 되었다.

산업혁명에 제일 먼저 성공한 일본은 러일전쟁에서 이긴 후 진주만을 기습하는 등 대동아공영권을 주장할 만큼 서양 강대국들과 어깨를 나란히 하는 근대 강대국이 되었다. 그러나 원자탄을 맞고 항복한다. 하지만 6·25 한국전쟁이라는 특수 덕에 또다시 화려하게 부활한다. 그래서 일본 총리가 '한국전쟁은 신이 일본에 내린 선물'이라고까지 했다. 만약에 일본이 산업혁명에 성공하지 못했다면 한국전쟁의 특수도 잡을 수가 없었을 것이다. 기술이 있었기 때문에 이런 기회를 잡고 화려한 부활이 가능했다. 전후 일본은 미국, 독일과 함께 3대 경제 강국으로 부상했다.

아편전쟁에서 패한 후 청나라는 반半식민지화 되어 열강의 제국주의적 침탈의 제물로 전락하고 만다. 청나라가 청불전쟁(1884년)과 청일전쟁(1894년)에 연패한 것은 양무운동이 반쪽짜리 산업혁명이었기 때문이었다.

그러나 중화민국의 장개석 총통은 미국의 루스벨트 대통령, 영국의 처칠 수상과 함께 카이로에 모여(1943년 11월) 2차 세계대전과 전후처리 문제를 논의했고, 세계대전의 승전국으로서 국가적 이익을 챙겼다.

이런 중국의 저력은 단지 국토가 넓고 인구가 많았기 때문만은 아니었다. 불완전하나마 양무운동이라는 중국의 산업혁명이 저력을 발휘하고 있었기 때문에 가능한 것이었다. 중국 공산당 정권이 네이멍구, 신장, 위구르, 티베트 등을 무력으로 확보하여 자치구自治区로 병합함으로써 오늘날 국토 960만km², 인구 14억의 거대국가로 존속하게 된 것이다. 그렇게 할 수 있었던 힘의 근원 또한 중국의 산업혁명인 양무운동에 뿌리를 두고 있다.

그러나 산업혁명을 일절 거부한 조선은 대한민국의 독립에 실질적으로 기여한 실적도 없었다. 그래서 신탁통치(1945년)가 결정될 때나, 조국의 허리가 쪼개지는(1948년) 남북분단에서조차 아무런 발언권도 행사할 수 없었다. 경술국치 이래 맨손으로 일제와 맞섰던 3·1운동 등 범민족적 독립운동이나, 안중근·윤봉길 등의 의거 그리고 신흥무관학교가 배출한 독립군의 청산리대첩 같은 쾌거는 민족정기를 살리고 일제에 심각한 타격을 가한 자랑스런 일이다.

그러나 안타깝게도 애국심에만 의존한 민족운동으로는 산업혁명에 기반한 일제의 부국강병을 이겨내기엔 역부족이었다. 36년이라는 기나긴 세월 동안 일본의 속국으로 있었던 우리는 전후 승전국 명단에 이름을 올릴 수 없었다. 조선의 쇠락, 일제의 강점, 한반도 분단, 한국전쟁, 북핵 위기, 그리고 현재 중진국의 함정에 빠진 경제상황에 이르기까지, 이 모든 불행은 조선의 산업혁명 거부와 실패로부터 시작되어 도미노처럼 연쇄적으로 파급된 일들이었다.

메이지유신으로 산업혁명에 성공한 일본, 양무운동으로 산업혁명을 추진했던 중국, 그리고 위정척사로 주자학에 집착하며 산업혁명을 거부하였던 조선, 당시 이들 동양 3국의 선택은 그 후 각국의 근대사에 그대로 투영되어 있다. 동양 3국의 운명과 국민의 행복 수준은 그들이 선택한 산업혁명의 수용 정도에 비례하여 결정되었던 것이다.

성장의 한계

산업혁명에는 크게 2가지 흐름이 있다. 네덜란드의 상업혁명에서 태동해 산업혁명의 원류原流를 이룬 영국과 미국의 산업혁명, 그리고 아편전쟁 이후 서구열강을 따라잡기 위해 치열하게 전개된 동북아시아 후발국의 산업혁명이 그것이다.

사실 개인적으로 내 마음은 동북아 산업혁명을 공부하는 쪽으로 좀 더 기울어져 있었다. 만리장성 이북 땅을 전부 지배했을지도 모를 대제국 고조선으로부터 고구려, 발해, 고려 등 호쾌한 기마민족의 역사와 가장 성공적인 후발국의 산업혁명인 일본의 메이지유신까지 공부하면, 우리나라를 4차 산업혁명 시대의 선진 강대국으로 만들 비결을 찾아낼 수 있으리라는 생각에서였다.

그러던 어느 날 네덜란드의 역사를 읽다가 눈이 번쩍 떠졌다. 한반도

면적의 5분의 1도 채 되지 않는 작은 나라가, 오직 실력으로 유럽의 5강을 제압하고 한때 세계의 패권국이 된 것이었다. 게다가 인류 역사상 최초로 노동자의 식탁까지 풍요로운, 한마디로 '전 국민이 다 함께 잘사는 나라'를 만든 것이다. '이거야 바로! 내가 평생 애타게 찾아 헤매던 패권의 비밀이 바로 여기에 있어! 짝퉁 산업혁명보다는 산업혁명의 원류를 공부해야 해!' 난 그만 네덜란드의 역사와 사랑에 빠져버렸다.

'네덜란드와 영국의 역사에서 성공비결을 배우자. 작은 나라가 큰 나라를 이기는 방법, 특권층만이 아닌 근로대중까지 다 함께 잘사는 나라를 만드는 방법을 배우자. 그것이 미래 대한민국의 성공 비결이다. 그 발전 원리를 알아내야 한다. 그래야 우리 후손들에게 실패한 조선 역사에 대한 반성과 함께 어떻게 하면 성공할 수 있는지 그 비결까지 알려줄 수 있지 않겠는가.' 그래서 난 스페인제국의 실패로부터 네덜란드, 영국, 미국에 이르기까지 그 패권의 비밀을 연구했다.

왜 어떤 나라의 경제는 정체되고, 어떤 나라의 경제는 성장을 지속하는 것일까? 경제가 발전하는 원리와 쇠퇴하는 원리가 있다면 그것은 과연 무엇인가? 나는 농업사회와 산업사회의 비교와 연구를 통해 경제가 왜, 어떻게 성장하는지 그 원리를 찾아낼 수 있었다.

멜서스의 덫

17세기 이전까지 인류는 전 인구의 80% 이상이, 쉼 없이 농업 생산에 전념하면서도 배고픔이라는 원초적 욕구로부터 해방된 적이 없었다. 그 이유는 농업사회가 가진 생태적 한계 때문이었다.

일정한 면적의 토지에서 수확할 수 있는 곡식의 생산량에는 한계가 있다. 농부가 노동력을 추가로 투입해 새로운 농지를 개간한다고 해도 조건이 나쁜 한계농지의 생산효율은 더욱 낮아지게 마련이다. 이를 미국의 농업경제학자 코크란Willard Cochrane은 '농업의 트레드밀 효과'라고 불렀다. 아무리 열심히 뛰어도 제자리를 벗어날 수 없는 트레드밀treadmill에 비유한 것이다. 그래서 농업사회의 생산은 노동력 투입 대비 산출이 체감하고, 그 결과 경제는 성장이 점점 정체한다.

영국의 경제학자 토머스 멜서스Thomas Malthusian는 이런 농업사회의 특징을 '덫trap'으로 표현했다. 아래 그림01와 같이 인구의 증가는 기하급수적인 데 반해 식량 생산은 산술급수적이어서 어느 시점에 이르면

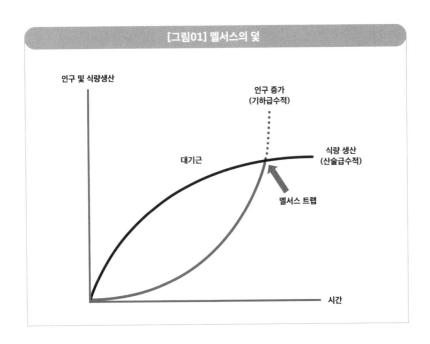

[그림01] 멜서스의 덫

인류는 기아 상태에 접어들 것이라고 말이다. 삶의 질은 최저수준에서 머무르고 인구증가 압력은 끝없이 계속되는 이 사이클의 무한 반복을 '맬서스의 덫'[11]이라고 정의했다.

농업사회에서는 할아버지 때나 아들, 손자 때나 삶의 질 측면에서 거의 변화가 없는 삶을 반복하였다. 겨우 굶어 죽지 않을 정도의 궁핍한 수준을 면하지 못했다. 이렇듯 농업경제의 가장 큰 특징은 성장이 감속하여 결국 정체된다는 것이다.

신분의 탄생

그렇다면 농업사회의 정체되는 경제는 국가와 사회에 어떤 영향을 미쳤을까?

농업사회가 가진 성장의 한계는 먼저 강압적인 지배관계를 탄생시켰다. 앞에서 설명했듯 농업사회에서는 한정된 토지에서 더 많이 일한다고 수확량이 늘어나는 것이 아니었다. 풍년이 드는 등 우연히 생산이 증가한다고 해도 잉여생산을 재투자할 시장이나 기업도 없었다. 또 농산물은 부패하는 등 장기보관이 불가능하여 농민의 증산의욕을 더욱 저하시켰다. 그래서 농업사회는 최소한으로 일해서 생계를 유지하는 '단순재생산'을 반복하는 정체된 사회를 벗어날 수 없었다.

그러나 지배자 입장에서 보면 잉여생산이 없으면 세금을 걷을 수 없고, 세금을 걷지 못하면 국가를 유지할 수 없기 때문에 농업사회의 지배계층은 신분제도를 만들어 피지배계층인 농민을 억압하고 착취하기 시작했다.

그래서 중세 유럽 농업사회는 3계층의 신분으로 구성된 철저한 피라미드 사회를 탄생시켰다. 농민은 노동력을 제공하는 '일하는 자'로, 기사는 채찍으로 농민을 착취하며 전쟁에 나가 '싸우는 자'로, 사제는 착취를 위한 당근을 제공하는 '기도하는 자'로 그리고 그 위에 전제군주로서의 왕이 군림했다.

이 수직적 신분사회에서 사제와 학자는 농민을 착취하기 위한 당근, 즉 도덕적 이론 기반을 제공했다. 첫째로 노동의 신성함을 가르쳤다. 노동이란 신성한 것이다. 그러나 그 신성함의 경제적 해석은 최대한 많이 생산하라는 것이었다. 두 번째로 청빈한 삶에 만족하라고 가르쳤다. 가난하게 사는 게 훌륭한 일이다. 이 말에 숨은 의미는 최소한만 소비하라는 것이었다. 그리고 마지막으로 천국에 가야 비로소 진정한 행복을 얻을 수 있다고 가르쳤다. 즉 살아생전에 보상을 기대하지 말라는 얘기다. 보상은 천국에나 가서 받으라는 의미였다. '너는 네 평생 수고해야 (천국에서) 그 소산을 먹으리라'는 성경 말씀도 같은 맥락에서 이해해야 한다.

이를 경제적으로 재해석하면 '최대한 많이 생산하고 최소한으로 소비하라. 그러나 살아생전에 보상은 절대로 기대하지 말라'는 의미다. 이것이 바로 유발 하라리가 《사피엔스》에서 농업 혁명을 '희대의 사기극'이라고 얘기한 이유이다. 사제와 학자가 종교, 도덕, 윤리, 규범 등의 인문사회적 지식으로 농민을 위로하고 회유했으며 때로는 그 이상의 묵시적인 강압을 자행했다. 이러한 착취경제는 농업사회를 유지·발전시키기 위해서 불가피한 것이었다. 법은 물리적 힘을 수반하며 농민들을 통제했지만, 종교는 농민착취를 정당화하는 도덕적 기반을 제공했다.

그렇다면 문치주의를 표방했던 중국과 조선에서는 농민착취를 누가 담당했을까. 사대부士大夫였다. 유럽에서 종교 지도자가 제공했던 당근처럼, 주자학을 공부한 선비士가 인간의 도리라는 명분으로 착취의 논리를 제공했다. 그리고 기사가 했던 역할을, 과거제도를 통해 등용된 정부관리大夫들이 법과 규정이라는 채찍으로 강요했다. 주자학은 왕과 신하, 부모와 자식, 남편과 아내, 양반과 상민 간의 절대복종 등을 가르쳐 착취를 정당화하며 철저한 수직적 위계질서의 신분사회를 유지시켰다.

농업사회의 황제가 애민정신을 가졌다고 생각하는 것은 착각이다. 흉년이 닥쳤을 때 농민에게 양식을 나눠주는 이유가 지배층이 민중의 굶주림에 진심으로 공감해서라기보다는 이들이 이듬해 농업생산을 담당할 인력이었기 때문이다.

어찌 보면 농업사회의 애민정신은 몽골군의 말에 대한 사랑에 비견될 수도 있다. 몽골에서는 말의 눈이나 머리를 때리는 사람을 사형에 처했다. 숙영지에서 말을 먹이기 전에 취사하는 병사도 엄벌했다. 말을 학대하면 전쟁터에서 사람이 죽기 때문이다. 전쟁을 위한 말에 대한 사랑처럼 농업사회 왕조국가에서 황제가 백성에게 베푸는 애민은 세금을 많이 거두기 위한, 딱 그만큼이었다.

이처럼 동서고금을 막론하고 인종과 문화를 불문하고, 농업사회는 '감속하는 경제'라는 원리로 인해 착취당하는 농민이란 신분제도를 탄생시켰다.

노동량 증가, 영양 결핍, 질병 만연

흔히들 농업사회 하면 인류문명의 시작이라는 인식과 함께 피라미드, 신전, 만리장성, 콜로세움, 사원 등의 찬란한 문화유산을 떠올린다. 그런데 이 찬란한 유산이 모두 농민의 땀과 피를 착취해서 나온 것임을 알고 있을까.

농업사회에 와서 노동시간도 늘었다. 철저히 피라미드 모양의 신분사회였던 농업사회는 국민대중에게 모든 노동을 전담시켰다. 원시 수렵사회에서는 필요에 따라 사냥을 나간 후 며칠씩 휴식을 취했기 때문에 주당 12~19시간[12] 정도 일한 것으로 알려져 있다. 이를 하루 노동시간으로 따지면 한 사람이 1~3시간 정도 일한 것으로 추정된다. 그런데 농업사회에서는 하루 12시간 이상 일한 것으로 알려져 있다. 1980년경부터 이뤄진 유골 정밀분석 결과를 보면 농경민들이 수렵채집인보다 훨씬 힘든 근력활동을 한 것으로 나타난다.

노동량은 증가했는데도 농민은 수렵채집인보다 더 낮은 수준의 칼로리를 섭취했다. 원시 수렵사회에서는 사람이 하루에 평균 약 2,140kcal를 섭취했다. 그러나 농업사회에서는 특권층이 농업 생산물의 대부분을 수탈해 일반 민중은 이전보다 더 낮은 칼로리를 섭취하였다. 특권층과 민중의 섭취 칼로리는 2.4~3.6배[13]에 이를 정도로 차이가 났다. 농민은 권장 칼로리의 절반 정도밖에 먹지 못하고 기아선상을 헤매게 됐다.[14]

낮은 칼로리 섭취와 더불어 영양 부족과 불균형은 농민들의 건강악화를 가져왔다.

수렵채집 사회에서는 육식 40%, 채식 60% 정도의 상당히 균형 잡힌

섭생을 한 것으로 알려져 있다. 채소의 종류만도 120여 종 이상이었다. 그런데 농업사회가 되면서 육식이 10% 이하로 떨어진다. 경작효율이 좋은 쌀, 밀, 옥수수 같은 2~3가지 주식에 의존하다 보니 영양소의 불균형으로 건강도 나빠졌다. 이 같은 영양결핍과 불균형 탓에 농경민들은 신체발육이 불량해졌고 수명도 줄어들었다.

게다가 농업사회는 질병이 만연한 사회였다. 수렵채집 사회에선 사람의 사망원인이 대부분 외상이었다. 사냥하다 다치든가 독버섯을 잘못 먹어서 죽는 정도였다. 기생충이 만연하긴 했지만, 기생충은 숙주와 공생하기 때문에 사람을 사망에 이르게 하는 경우는 그리 많지 않다. 그런데 수렵채집 사회에서 농업사회로 전이하면서 전염병이 폭발적으로 늘었다.

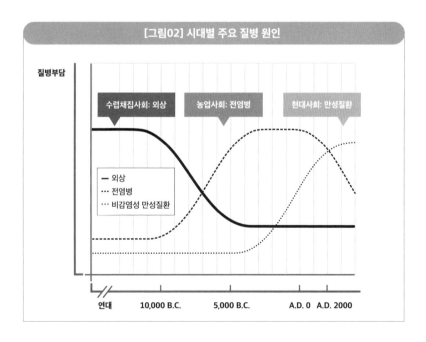

[그림02] 시대별 주요 질병 원인

질병부담

수렵채집사회: 외상   농업사회: 전염병   현대사회: 만성질환

— 외상
··· 전염병
··· 비감염성 만성질환

연대   10,000 B.C.   5,000 B.C.   A.D. 0 A.D. 2000

수렵채집 사회에서는 먹거리를 찾아 거주지를 자주 옮겨야 했기 때문에 전염병이 크게 유행할 수 없었다. 그러나 농업사회는 정주생활을 하면서 염소, 양, 소, 돼지, 닭과 같은 가축을 중간 숙주로 한 전염병이 만연하게 되었다. 대부분의 전염병은 동물로부터 왔기 때문이다. 홍역, 결핵, 천연두 같은 동물성 전염병과 그 외 농사를 지으면서 생기는 수인성 전염병, 콜레라, 장티푸스, 이질 등이 많이 발생했다. 14세기에 흑사병으로 유럽 인구의 절반 이상 사망했으며 16세기에는 천연두로 아메리카대륙에서 2,000만 명 이상 사망했다. 또한 19세기에 콜레라로 약 3만 명 이상 사망한 것도 모두 농업사회에서 일어난 일이었다.[15]

전쟁과 약탈로 점철된 감속사회

그러나 농업사회의 가장 치명적인 폐해는 끊임없는 전쟁과 약탈로 점철된 사회였다는 점이다. 국내의 한정된 토지에서 생산이 정체되면 세금수입도 정체되기 때문에, 세수를 늘리려면 인접국을 상대로 농지를 빼앗거나 약탈을 감행할 수밖에 없었다. 그래서 농민을 강압하여 생산량을 늘린 뒤 이를 착취해서 군비를 증강하여 전쟁으로 영토를 확장했다. 안으로는 착취가, 밖으로는 전쟁이 농업사회의 국가 발전전략이 되었다.

그래서 농업사회의 모든 전쟁은 원교근공遠交近攻, 즉 멀리 있는 나라는 친구로 삼고 인근의 나라를 주로 공격했다. 이웃 나라와 친하고 멀리 있는 나라를 공격해야 하는 것이 도리일 텐데 왜 가까운 이웃 나라를 공격하는가. 멀리 있는 나라의 땅은 빼앗아 농사지을 수 없으니 옆에 있는 나라의 땅을 빼앗아야 했던 것이다.

로마의 경우 이탈리아반도에서 생산이 정체되니까 지중해 연안의 땅들을 점령해 나갔다. 그것도 부족해서 전선을 인근으로 점점 더 넓혀갔다. 그러다 보니 병참선이 길어지고 관리해야 할 병력이 많아졌다. 종국엔 전쟁에서 얻는 수입보다 관리비용이 더 들기 시작했다.

"북으로 라인강과 도나우강, 동으로 유프라테스강, 남으로 북아프리카사막을 넘지 말라."는 당대의 국가전략을 아우구스투스Augustus가 유언으로 남겼다는 말도 있다.[16] 게르만족과 로마 사이의 라인강과 도나우강의 길이는 각각 1,230km와 2,860km로 두 강만을 합쳐도 약 4,000km였다. 그 장대한 강을 지키기 위한 식량 배급만도 보통 일이 아니었을 것이다. 그래서 강을 방어선으로 경계를 넘지 말라는 것이었다. 그러나 로마는 게르만족을 토벌하려고 강을 넘어갔다. 로마의 멸망이 이로부터 시작되었다는 말이 여기서 나왔다.

폴 케네디Paul Kennedy는 《강대국의 흥망》에서 '오버 스트레치over-stretch', 즉 과잉확장이 제국의 멸망을 초래한다고 주장했다. 농업제국은 이처럼 과잉확장 때문에 망했다. 생산이 정체되니 확장하지 않을 수가 없지만, 계속 확장하면 과잉확장으로 인해 망하고 확장을 안 하면 생산이 정체돼서 망한다. 결국 확장하지 않으면 일찍 망하고, 확장을 계속하면 늦게 망한다. 이게 농업제국의 숙명이었다.

유발 하라리의 말을 한 번 더 빌리면 '더욱더 많은 사람을 더욱 열악한 환경에서 살아 있게 만드는 것'이 바로 농업사회의 생존전략이었다. 눈에 보이는 착취와 전쟁은 현상일 뿐이다. 그 뒤에는 바로 '감속성장'

이라는 숨겨진 진실이 있었다. 이 모든 것은 농업사회의 정체되는 성장이 빚어낸 일이었다. 감속경제는 철저한 신분제를 낳았고 그래서 농민 대중의 노동력을 착취할 수밖에 없었으며, 그 병폐는 전반적인 건강상태 약화와 질병, 약탈로 고통받는 사회를 낳았던 것이다. 농업사회는 감속이란 보이지 않는 힘을 결코 벗어날 수 없는 어두운 사회였다. 1%의 행복을 위해 99%의 희생과 불행이 강요된 사회, 기아와 질병이 만연하고 폭력과 신분에 얽매인 굴종과 절망의 사회, 그 이면에는 '성장의 한계'라는 왜소증에 걸린 농업사회의 슬픈 유전자가 자리 잡고 있었기 때문이었다.

신유토피아, 산업사회

그런데 18세기 산업혁명이 일어나면서 인류의 삶이 근본적으로 달라지기 시작했다. 수천 년 동안 인구증가도, 1인당 평균소득의 변화도 거의 없던 인류에게 산업혁명이 일어나면서 갑자기 세계 인구와 1인당 소득이 동시에 폭발적으로 늘어났다![17]

  인구가 10배 이상 늘고 소득이 10배 이상 늘어나서 총생산은 100배 이상 늘었다. 영양 불균형에 허덕이던 인류의 평균 신장이 산업혁명을 거치며 미국, 영국, 한국, 일본 할 것 없이 최소 10cm 이상 커졌다. 서울대 연구팀에 의하면 농업사회였던 조선시대 사람들의 평균 키를 유골과 미라로 조사해본 결과, 남자는 161.1cm 여자는 148.9cm로 조사되었다. 2010년을 기준으로 보아도 적어도 10cm 이상 커진 것을 알 수 있다.[18] 또한 착취에 시달리던 농업시대의 농민에 비해, 현재 국제적으

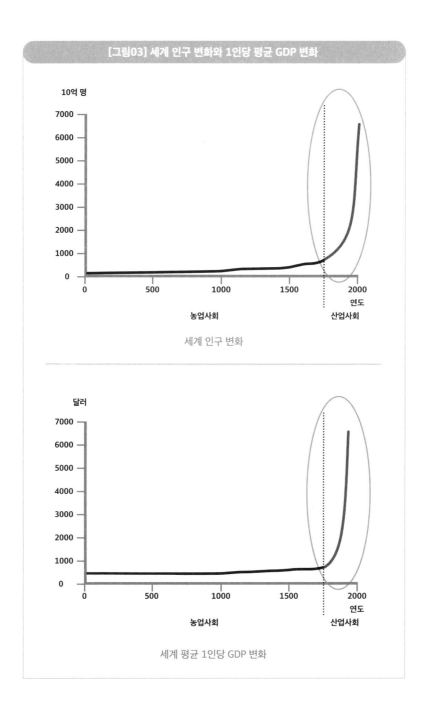

[그림03] 세계 인구 변화와 1인당 평균 GDP 변화

세계 인구 변화

세계 평균 1인당 GDP 변화

로 보면 국가는 75%, 개인은 63% 이상 자유를 향유하고 있다고 한다.[19]

농업사회는 참으로 지루한 사회였다. 그러다 어느 날 8,000여 년의 농업사회가 긴 잠에서 깨어난 거인처럼 벌떡 일어나기 시작했다. 감속하는 농업경제가 가속하는 산업경제로 바뀌기 시작한 것이다!

산업혁명은 인류를 '맬서스의 덫'에서 풀어주었다. 산업혁명 이후 인류는 생존의 한계선을 돌파하고 비로소 기아의 공포에서 벗어날 수 있었다. 맬서스의 이론이 더 이상 적용되지 않는 새로운 사회가 도래한 것이다. 산업혁명이 뭐길래? 어떻게 천지가 개벽한 듯한 이런 혁명적 변화가 일어난 것일까?

감속사회와 가속사회

산업혁명은 인류사회를 농업사회에서 산업사회로 전환시켰다. 그 가장 큰 특징은 감속경제가 가속경제로 변했다는 점이다. 그렇다면 다음 페이지의 그림04처럼 감속하던 곡선이 '가속'으로 바뀌면서 일어난 변화는 무엇일까?

한 여인이 원통형의 물레를 돌리고 있다. 철컥철컥 소리를 내며 8개의 방추에서 동시에 일정한 간격으로 실이 감겨 나온다. 불과 몇 년 전만 해도 일일이 손으로 한 가닥 한 가닥 뽑아내던 일이었다. 덕분에 작업속도가 8배 이상 빨라졌고 생산성이 250배 이상 증가했다. 그뿐인가. 말이나 사람이 실어나르던 짐을 증기기관차가 한 번에 실어 나르면서 운송속도는 수십 배 빨라지고, 운송량은 수백 배 많아졌다.

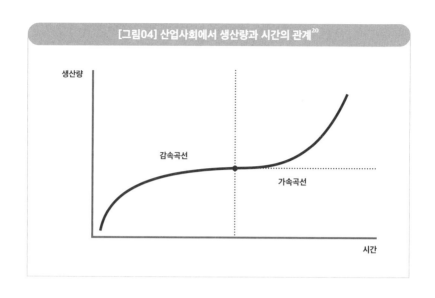

[그림04] 산업사회에서 생산량과 시간의 관계[20]

생산량

감속곡선

가속곡선

시간

이것이 바로 '가속'이다. 물레의 작업속도가 8배 빨라지고, 생산성이 250배나 증가한 것이 바로 '가속'이다. 인간의 노동을 기계로 대체해서 대량생산 체제를 만들어낸 것이 바로 '가속'이다.

18세기 인도의 수직공은 면화 45kg을 면사로 가공하는 데 약 5만 시간이 걸렸다. 반면 1779년 개발된 뮬방적기는 동일 중량의 면사를 가공하는 데 약 2,000시간이 소요돼, 산술적으로 25배의 생산성 향상을 보였다. 게다가 뮬방적기에 증기기관을 결합할 경우 동일한 양의 면사를 가공하는 데 불과 300시간밖에 걸리지 않아 160배 이상 생산성을 높일 수 있었다.[21]

그렇다면 저 '가속'곡선이 의미하는 것은 무엇일까?

산업혁명 전까지는 경제성장이 느렸다. 손으로 물레를 돌리는 것처럼. 그러다 면방적기를 돌리니 생산이 갑자기 증가했다. 그러자 이윤이 생겼다. 이 이윤이 자본으로 축적되자 뮬방적기를 개발했다. 그러자 생산성이 25배 증가했다. 더 많은 자본이 확보되자 이번엔 증기기관을 뮬방적기에 결합하는 기술을 개발한다. 그러자 160배나 생산성을 높일 수 있었다. 이것이 바로 산업사회의 발전방식이다. 이런 경제활동이 한 텀term씩 순환될 때마다 산업사회는 기하급수적으로 발전을 거듭할 수 있었다.

인간은 산업을 창조했다

신이 인간을 창조했다면 인간은 산업을 창조했다. 인간이 자본과 기술과 노동을 결합하여 창조한 '산업'은 천지창조에 비견할 만큼 경이로운 일이었다. 산업사회는 자연의 변방에서 착취당하던 인간을 세상의 중심에 세웠다. 실제로 인간의 삶을 구원하기 시작했다. 발 대신 바퀴를 사용하고 팔 대신 포클레인을 사용하면서 산업혁명은 한계생산 체감의 법칙에 싸여 있던 육체로부터 인간을 해방시켜주었다. 인간의 능력을 무한대로 확장시켰다. 주술적이고 의존적이던 인류는 자신들이 창조한 기술을 통해 비로소 과학적이고 '주체적'이 되었으며 자연을 통제할 수 있게 되었다. 인류는 산업을 '창조'함으로써 인간의 힘으로 유토피아를 향해 오늘보다 더 나은 내일을 만들어가게 된 것이다.

매슬로우의 인간 욕구 5단계 이론을 적용해보면 농업사회에서는 기본적인 욕구에서 벗어날 수가 없었다. 숨 쉬고, 먹고, 자는 생리적 욕구와 안전의 욕구 이상은 갖기 힘들었다. 그 이상의 욕구는 일부 특권층의 전유물이었다. 그러나 산업혁명이 일어난 후 모든 인간은 사회적 욕구와 자기존중 욕구, 자아실현의 욕구를 갖게 됐다. 산업혁명 이후 비로소 근로대중이 자아실현의 가능성과 인간의 존엄성을 획득할 수 있게 된 것이다.

지식산업사회라는 신유토피아

영국의 인문주의자 토머스 모어Thomas More는 1516년에 《최선의 국가 형태와 새로운 섬 유토피아에 관하여》라는 책을 썼다. 이것이 《유토피아 Utopia》로 알려진 그 유명한 책이다. 당시 토머스 모어는 지성인의 상징이었다. 원래 영국의 가톨릭 주교였는데 헨리 8세가 가톨릭에서 탈퇴하고 성공회를 만들자 이에 저항하다 처형당한 것으로 알려져 있다.

유토피아는 ou(없다)와 topos(장소)가 합쳐진 말로 '어디에도 없는 세상'이란 뜻이다. 천당이나 극락과 같은 이상향의 모습을 인간사회에 맞추어 그려본 것이 아닐까 싶다. 그런데 토머스 모어가 알면 무덤에서 벌떡 일어날 일인지도 모르지만, 영원히 오지 않을 줄만 알았던 이상향이 현대 산업사회에서 대부분 그가 꿈꾼 거의 그대로 실현되고 있다.

《유토피아》에서는 '오전에 3시간 일하고 점심 먹고 한숨 자고 오후에 3시간 일해도 충분히 먹고살 것을 생산할 수 있는 사회'를 그리고 있는데, 이미 그러한 사회는 실현된 지 오래다. 우리는 '주 5일 근무'를 하고 있으며 '주 4일 근무제'가 도래할 날도 멀지 않았다. 또한 먹거리가 넘쳐나서 UN에선 비만을 질병으로 분류했을 정도다.

'시민이 각 도시의 시장을 선출'하는 것은 이미 선거권에 의해 보장받고 있으며 유토피아에서 그리던 '종교의 자유' 또한 현재 세계 83%의 국가에서 인정하고 있다. '방어를 위한 전쟁이나 우방을 도울 수 있지만, 침략전쟁은 허용하지 않는 사회' 또한 UN 안보리에서도 논의되고 있는 내용이다. 마지막으로 '배고프거나 굶어 죽는 것을 걱정하지 않으며, 나이가 들거나 힘이 없어져도 노후가 보장되는 사회' 역시 각종 사회복지 제도를 통해 실현되고 있다. 이미 세계 빈곤율은 매년 떨어지고 있으며 극빈층 숫자도 줄고 있다.[22]이 정도면 토머스 모어가 꿈꾸던 '유토피아'는 산업사회에서 대부분 실현되었다고 볼 수 있지 않을까.

산업사회가 토머스 모어가 꿈꾼 유토피아였다면 현재 우리가 꿈꾸는 유토피아는 무엇인가. 나는 감히 4차 산업혁명에 의해 성큼 다가올 '지식기반 산업사회'라고 얘기한다. 그렇다면 지식기반 산업사회는 어떤 사회일까?

4차 산업혁명과 지식산업사회

'산업'[23]이란 인간의 생활을 경제적으로 풍요롭게 하기 위해 재화나 서비스를 창출하는 활동이다. '혁명'[24]이란 기존의 사회체제를 폐기하고 새로운 고도의 사회체제를 세움으로써 사회생활에 근본적인 전환을 가져오는 것이다. 그렇다면 '산업혁명'이란 '산업을 통해 인간사회를 경제적으로 풍요롭고 사회적으로 고도화된, 새로운 사회체제로의 바꾸는 것'이라고 정의할 수 있다. 인간의 경제활동이 농업에 의존하던 농업사회로부터 주로 산업에 의존하는 산업사회로의 대변혁이 바로 '산업혁명'이다.

1차부터 4차까지 산업혁명의 모든 것

산업혁명은 일반개념으로 사용되어 왔는데 영국의 역사학자 아놀드 토인비에 의해 학술용어로 정착되었다. 산업혁명의 주요 특징으로는 급격한 인구의 증가, 상대적인 농촌인구의 감소, 기계의 발명과 공장에 의한 수공업의 대체, 부의 축적과 자본가의 출현, 공장시스템 하에서의 노동자의 지위 약화 등을 들 수 있다. 그런데 산업혁명이 1, 2, 3, 4차로 나누어져 있어 헷갈리는 분들이 있을 것 같아 간단히 짚고 넘어가겠다.

산업혁명을 1차와 2차로 구분한 이는 생물학자 패트릭 게데스Patrick Geddes,[25] 경제학자 데이비드 란데스David Landes[26] 등이다. 일반적으로 1차 산업혁명은 1780년경 영국에서 일어난 석탄, 야금, 직물 혁명을 뜻한다. 2차 산업혁명은 1870년경 독일과 미국에서 시작된 전기, 화학, 강철 혁명이다. 란데스는 2차 산업혁명을 화학과 전기과학의 극적인 발전 및 내연기관과 같은 에너지원에 기반한 새로운 산업의 등장으로 정의했다.

3차 산업혁명은 ICT와 신재생 에너지 기술혁명으로 정의하고 있다. 3차 산업혁명과 관련된 논의는 1970년대 사회학자 다니엘 벨Daniel Bell의 저서 《탈산업사회의 도래》[27]에서 시작되었다. 그는 사회발전 단계를 산업화 이전 사회, 산업사회, 그리고 산업화 이후 사회로 구분했고 산업화 이후 사회를 정보와 지식이 주요 자산인 사회라고 규정했다. 제러미 리프킨은 《3차 산업혁명》에서 3차 산업혁명은 태양광, 풍력 등 친환경 신재생 에너지의 출현과 마이크로그리드 등이 ICT기술과 결합해서 출현한 새로운 경제로의 발전 과정으로 인식했다.

4차 산업혁명은 경제학자 클라우스 슈밥 다보스포럼 회장이 주창한 개념으로 인공지능, 로봇, IoT, 바이오 등의 초지능super intelligence 기술들이 인간과 사물 간에 초연결hyper connectivity 소통 체계를 구축하여 생산과정이 최적화되는 산업혁신을 의미한다.[28] 이러한 기술혁신이 물리적, 디지털, 생물학적 공간에서 상호작용하는 것이 기존의 산업혁명과 구별되는 본질적인 차이점이라고 강조했다.

그러나 인류의 문명사적 대혁신 측면에서 보면, 농업사회를 산업사회로 바꾼 산업혁명과 현재 산업사회를 미래 지식산업사회로 바꾸어 가는 지식산업혁명, 이 2가지 외에는 구별이 무의미하다. 그런데 1780년경 영국에서 시작된 산업혁명이 산업사회로 성숙하는 데 약 150년이나 걸렸다. 학자들이 18세기 후반 영국에서 시작된 산업혁명의 전반부를 1차 산업혁명으로, 독일과 미국이 주도한 산업혁명의 후반부를 2차 산업혁명으로 구분해 불러왔다. 지식산업혁명 역시 또한 기간이 너무 길어지자 전반부를 3차 산업혁명으로, 후반부를 4차 산업혁명으로 통칭해왔을 따름이다.

혁명이 아니라 산업화라고?

그런데 일부 경제학자나 역사학자 중 산업혁명에 대한 회의론을 제기하는 이들도 있다. '혁명'이 아니라 '산업화'일 뿐이라는 것이다. 초반부에 경제성장이 그리 혁명적이지 않았다는 것이다.

흔히 혁명이라고 하면 들불처럼 번져 수년 만에 완성된 프랑스 대혁명 같은 시민혁명을 연상한다. 그래서 100여 년이라는 긴 세월에 걸쳐 이루어진 산업혁명이 혁명적으로 느껴지지 않을 수도 있다. 또한 산업사회의 경제성장은 시간이 지날수록 가속하는 속성이 있기에 초기에는 경제 성장속도가 느리다. 후기에 가서야 기하급수적으로 빨라지기에 초기의 점진적인 변화만 보고 혁명적이지 않다고 생각할 수 있다.

그러나 농업사회의 감속 유전자가 산업사회의 가속 유전자로 바뀌었다는 보다 '근본적이고 원천적인 변화fundamental change'라는 점에서 산업혁명은 분명히 '혁명'이다. 경제성장 동력이 토지와 노동에서 자본과 기술로 바뀐 것이 바로 산업혁명이고, 감속하던 사회가 가속하는 사회로 바뀐 것이 바로 산업혁명이다.

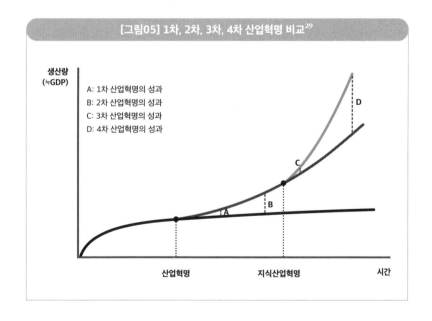

[그림05] 1차, 2차, 3차, 4차 산업혁명 비교[29]

생산량 (≒GDP)

A: 1차 산업혁명의 성과
B: 2차 산업혁명의 성과
C: 3차 산업혁명의 성과
D: 4차 산업혁명의 성과

D

C

B

A

산업혁명   지식산업혁명   시간

1차 산업혁명 회의론을 제기한 대표적인 학자가 존 클레펌John Harold Clapham이다. 그림05의 그래프에서 보듯 산업혁명 초기 A의 크기가 획기적인 변화라고 보기엔 너무 작다는 것이다.

그러나 시간이 갈수록 점점 그래프 기울기가 가팔라져 산업혁명 후기 B의 크기는 혁명적인 변화를 보여주고 있다. 중요한 것은 경제의 양적인 변화가 아니라 질적인 변화다. 감속하던 곡선이 가속하는 곡선으로 바뀌는 순간 이미 혁명적인 변화가 시작된 것이다.

산업혁명에 대해 회의론을 제기하는 이들은 산업혁명이란 문명사적 큰 흐름을 다 본 것이 아니라 경제성장 수치만을 계산해서 그런 것이다. 마치 아기 코끼리와 송아지는 처음엔 크기가 비슷해도 자라면서 체급 차이가 현격하게 나타나는 것과 같다. 이처럼 질적인 변화가 세월이 흐른 후에 양적인 변화로 나타나는 것이 바로 산업혁명이 가진 특징이다.[30]

로버트 고든Robert J. Gordon[31]은 2016년 그의 저서《미국의 성장은 끝났는가》에서 3차 산업혁명의 한계를 설명한다. 2차 산업혁명은 의식주, 교통, 엔터테인먼트, 정보, 통신, 건강, 의료, 근로 조건 등 인간에게 필요한 모든 영역에서 영향을 미쳤지만, 1960년대 이후 본격화된 컴퓨터와 네트워크 기반의 3차 산업혁명은 엔터테인먼트, 정보, 통신 등 몇 가지 부분에서만 혁명을 일으켰다는 것이다. 또한 2차 산업혁명은 반세기(1920~1970년) 동안 총요소생산성 상승(연평균 증가율 1.89%)을 견인했으나, 3차 산업혁명의 황금기(1994~2004년)는 수명도 짧고 규모도 작았다(연평균 증가율 1.03%). 3차 산업혁명 전체 시기(1970~2014년)의 경우 0.64%로 앞 기간의 3분의 1 수준이다.[32]

로버트 솔로우Robert M. Solow[33] 교수 또한 컴퓨터 기술이 생산성을 증가시키는 데 회의적인 입장을 보였다.[34] 〈파이낸셜 타임스〉 수석경제학자 마틴 울프Martin Wolf[35]는 19세기 후반의 기술혁명은 전례 없는 사회적·경제적 변화를 일으켰으며, 그 변화들은 광범위했고, 근본적이었고, 돌이킬 수 없는 변화였음을 강조했다. 또한 지난 10년간 생산성과 사회적·경제적 변화가 크지 않았다는 사실을 근거로 정보기술, 로봇, 인공지능 등으로 대표되는 현재의 기술혁명은 역사적 선례들보다 과대평가되었다고 주장했다.

4차 산업혁명은 더 크게 온다

그러나 이상과 같은 비판은 산업사회의 후반부인 2차 산업혁명과 지식산업혁명의 전반부인 3차 산업혁명을 수평비교하는 오류를 범해 나타난 착각이다. 그림05의 그래프에서만 보면 C가 B보다 작다. 그러나 이러한 비교는 마치 다 큰 황소와 어린 코끼리의 크기를 수평비교하며 코끼리의 존재를 부정하는 것과도 같다.

산업혁명의 전반부인 1차 산업혁명에 의한 경제의 질적 변화가 산업혁명의 후반부인 2차 산업혁명기에 와서 비로소 양적 변화(B)로 나타났다. 마찬가지로 지식산업혁명의 전반부인 3차 산업혁명에 의한 경제의 질적 변화도 지식산업혁명의 후반부인 4차 산업혁명의 성숙기에 도달해서야 비로소 엄청난 양적인 변화(D)로 가시화될 것이다.

4차 산업혁명에 대한 회의론은 산업혁명의 후반부인 2차 산업혁명과 지식산업혁명의 전반부인 3차 산업혁명을 비교한 것들이 대부분이다.

하버드대 역사학과 교수 니얼 퍼거슨Niall Ferguson도 4차 산업혁명은 변화의 속도가 선형적이 아닌 '기하급수적'이라는 데 특이점이 있으며, 우리가 무엇을, 어떻게 하는지(what and how we do things)를 바꿀 뿐 아니라 앞으로 우리가 누구인지(who we are) 또한 바꿀 것이라고 다보스 포럼에서 언급한 바 있다.[36] 결국 4차 산업혁명에 관한 회의론도 1차 산업혁명에 관한 회의론과 마찬가지로, 산업혁명(1, 2차)의 가속하는 속성과 지식산업혁명(3, 4차)의 더 빨리 가속하는 속성에 대한 이해의 부족 때문에 제기된 것이다.

1, 2차 산업혁명이 농업사회를 산업사회로 바꾼 하나의 대변혁으로서 분리할 수 없는 연속적인 변화과정이듯, 3, 4차 산업혁명도 산업사회를 지식기반사회로 바꾸어가는 또 하나의 대변혁으로서 분리할 수 없는 연속적인 변화과정이다. 아톰 인더스트리의 등장에 의한 1차 산업혁명이나, 아톰 인더스트리에 비트 인더스트리가 추가된 4차 산업혁명은 경제의 질적인 변화로서 근본적인 대변혁이라는 점에서 같다. 둘 다 가속하는 변화의 초기단계로서 양적인 변화는 아직 크지 않기 때문에 혁명적인 변화가 아닌 것으로 오인되는 점 또한 같다.

그런데 산업혁명은 완결된 역사적 사실이기 때문에 1차 산업혁명으로 인한 경제의 질적인 변화가 2차 산업혁명에서 경제의 양적 성장으로 이미 현실화되었다. 그러나 지식산업혁명은 진행 중이기 때문에 3차 산업혁명에 의한 경제의 질적 변화가 4차 산업혁명에서는 경제의 양적 성장으로 아직 가시화되지 않았다. 그래서 2차 산업혁명의 존재를 부정하는 사람은 없는데 4차 산업혁명의 존재에 관해서는 아직도 의문을 갖는 사람이 있다.

아톰의 시대에서 비트의 시대로

그렇다면 다가올 미래 사회 즉 지식기반사회는 과연 어떤 사회인가? 산업사회에서 산업이라고 하면 대표적으로 제조업[37]을 의미하며 아톰 인더스트리atom industry[38]라고도 한다. 다가올 지식기반사회knowledge based society[39]는 현대 산업사회에, 컴퓨터와 인터넷으로 대표되는 디지털 산업 혹은 비트 인더스트리bit industry가 추가된 사회다. 비트 인더스트리는 산업사회의 아톰 인더스트리를 자동화, 로봇화, 인공지능화 등을 통해 생산성을 더 높이는 역할을 한다. 뿐만 아니라 비트 인더스트리는 정보 네트워크 산업information network industry처럼 생산함수가 체증[40]하는 새로운 독립된 산업으로 등장한다. 생산성이 높아진 아톰 인더스트리에 새로 비트 인더스트리가 추가된 지식기반사회는 가속하는 산업사회보다 경제성장 속도가 한층 더 빠른 '더 빨리 가속하는 사회faster accelerating society'[41]다.

그렇다면 혹시 지식기반사회는 산업사회의 일부로, 그 후반부에 해당하는 것이 아닐까 하는 의문이 생긴다. 그런데 그렇지 않다. 지식기반사회는 산업사회와는 다른 새로운 사회로 정의되어야 한다. 아톰 인더스트리가 로봇과 인공지능 등 비트 인더스트리에 의해 생산성이 향상된 결과로 경제성장이 빨라진 부분만 있다면, 지식기반사회는 산업사회의 후반부에 해당한다고도 볼 수 있을 것이다. 그러나 다른 한편 지식기반사회에는 생산함수가 체감하는 아톰 인더스트리와는 별도로 생산함수가 체증하는 비트 인더스트리가 독립적으로 존재한다. 이 둘이 함께 지식기반사회의 경제성장을 결정하기 때문에 지식기반사회는 산업사회와는 유전자가 다른 새로운 사회로 정의되어야 한다. 마치 XX염색체를 가진 사람이 여성이고 XY염색체를 가진 사람이 남성인 것처럼 '아톰 인더스트리만 있는 산업사회'와 '아톰 인더스트리와 비트 인더스트리가 공존하는 지식기반사회'는 서로 다른 사회다.

따라서 감속하는 농업사회에서 가속하는 산업사회로의 대변혁이 산업혁명(1, 2차 산업혁명)이었다면, 가속하는 산업사회에서 더 빨리 가속하는 지식기반사회로의 대변혁은 '지식산업혁명(3, 4차 산업혁명)'으로 정의되어야 한다. 지식산업혁명도 3차 산업혁명과 4차 산업혁명으로 분리할 수 없는 하나의 사회적·경제적 현상이다. 지식산업혁명의 전반부가 3차 산업혁명이라면 지식산업혁명의 후반부가 바로 4차 산업혁명인 셈이다. 3, 4차 산업혁명이 나누어진 것 또한 1, 2차 산업혁명이 나누어진 것과 같이 관행적 오류일 뿐만 아니라 지식기반사회에 관한 경제적 사회적 이해의 부족으로 인해 발생한 오해다. 그러나 관행적으로 불러온 이름을 하루아침에 바꾸는 것은 쉬운 일이 아니기 때문에 용어 사용상의 혼란을 피하고자 산업혁명을 1차 산업혁명으로 또 지식산업혁명을 4차 산업혁명으로 불러도 무방하다고 본다.

2차 대분기가 온다

경제성장이 감속을 벗어나 갑자기 가속을 시작하는 지점이 바로 인류 역사를 근본적으로 바꿔 놓은 첫 번째 대분기, 산업혁명이 일어난 지점이다. 그리고 그림06의 그래프에서 보듯 가속을 넘어 더 빨리 가속하는 두 번째 대분기가 다가오고 있다. 바로 지식산업혁명이라 할 수 있는 4차 산업혁명이다. 2차 대분기는 1차 대분기보다 더 빠른 속도로 인류문명을 바꿔놓을 것이다. 지식산업혁명이 일어나는 지점에서 인류의 사회적 유전자는 또 한 번 새로운 유전자로 교체될 것이다.

지난 1차 산업혁명이 감속하는 농업사회를 가속하는 산업사회로 바꾸었다면, 다가올 4차 산업혁명은 가속하는 산업사회를 더 빨리 가속하는 지식산업사회로 바꾸게 될 것이다.

제조업, 즉 아톰 인더스트리로 대표되는 산업사회는 열심히 일할수록 더 큰 보상을 받는 '양적 규모의 경제'가 작용하는 가속하는 사회였다. 그런데 산업사회에 비트 인더스트리가 추가된 지식산업사회는 열심히 일만 한다고 성과가 나는 사회가 아니다. 창의적으로 일해야 비로소 더 더욱 큰 보상을 받는 '질적 지식기반경제'가 작용하는 '더 빨리 가속하

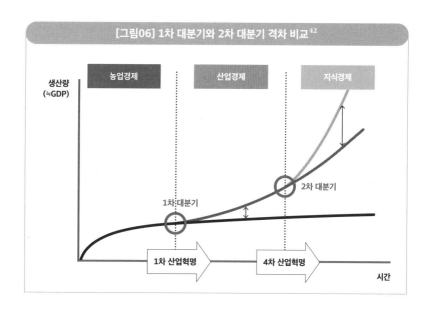

[그림06] 1차 대분기와 2차 대분기 격차 비교[42]

는 사회'다.

이 지식산업혁명을 우리는 4차 산업혁명이라 부르고, 미국에서는 디지털 트랜스포메이션digital transformation, 독일에서는 인더스트리 4.0industry 4.0, 일본에서는 소사이어티 5.0society 5.0, 중국에서는 메이드인 차이나 2025made in China 2025라 부르고 있다. 단지 용어만 다를 뿐 현대 산업사회를 미래 지식기반사회로 바꿀 대혁신이라는 의미에서는 대동소이하다.

중요한 것은 4차 산업혁명에 의한 2차 대분기가 만들어낼 격차는 이전의 1차 산업혁명에 의한 1차 대분기와는 비교가 안 될 만큼 커질 것이란 사실이다. '역사를 잊은 민족은 재생할 수 없다'는 충고는 4차 산업혁명이라는 두 번째 대분기가 우리에겐 마지막 기회가 될 것을 암시하는 것이었는지도 모른다.

그렇다면 4차 산업혁명은 언제, 어떻게 일어나는가? 선발국의 산업혁명이든 후발국의 산업혁명이든 산업혁명은 저절로 일어난 것이 아니라 노력해서 쟁취한 것이었다. 영국에서 최초로 일어난 산업혁명도 그냥 저절로 일어난 것이 아니라 영국인들이 정책적으로 일으킨 것이었다. 4차 산업혁명도 마찬가지다.

많은 이들이 내게 묻는다.

"우리나라에서도 4차 산업혁명이 일어납니까?"

나는 이렇게 답한다.

"절대로 일어나지 않는다. 다만 우리가 일으킬 수 있을 따름이다."

인간을 사회적 동물이라고 한다. 이것은 인간이 동물적 유전자 외에 사회적 유전자를 가지고 있다는 뜻이다. 그럼 사회적 유전자는 어떻게 형성되는가? 당시 그 사람이 처한 사회환경, 즉 인센티브 시스템에 의해 결정된다.

감속사회가 만든 신인류

감속하는 농업사회에서는 노동을 더 투입한다고 해서 생산이 더 증대되지 않기 때문에 아무도 열심히 일할 필요성을 느끼지 못했다. 이 같은 사회환경이 일할 의욕을 꺾는 역인센티브disincentive로 작용하여 일할 동기도 의욕도 없는 게으른 사회를 만들었다. 그러나 감속하는 농업환경에 살던 구인류는 산업혁명 이후 가속하는 산업환경에 의해 부지런한 신인류로 바뀌기 시작했다.

가속하는 산업사회에서는 투입한 만큼, 아니 그 이상의 보상이 주어지기 때문에 기업가entrepreneur[43]는 위험을 무릅쓰고 기업을 확장하고 밤낮을 가리지 않고 일에 몰두한다. 한마디로 더 열심히 일할 인센티브가 있는 것이다. 고용인들 또한 월급이 추가 노력 대비 산술급수적으로 늘어나기 때문에 열심히 일한다. 그러나 기업인의 수입은 기하급수적으로 늘어나기 때문에 고용인보다 더 열심히 일한다. 이 같은 사회환경이 일할 의욕을 고취하는 인센티브로 작용하여 누가 시키지 않았는데도 스스로 '부지런한 인류'로 바뀌기 시작했다.

산업혁명은 단지 농업사회의 농사꾼을 산업사회의 기업인으로 바꾼 것이 아니라, 농업사회의 게으른 사회적 유전자를 산업사회의 부지런한 사회적 유전자로 바꾼 것이다. 이런 현상은 앞서 산업혁명을 경험한 영국, 미국, 독일, 일본 등 모든 나라에서 동일하게 나타났던 일반적 현상이라는 사실이 수많은 역사적 자료와 통계지수에 의해서 증명된 바 있다. 그래서 현재 지구상의 모든 산업국은 부유하게 잘살고 모든 농업국은 상대적으로 가난하고 못살게 된 것이다.

산업혁명이 일어나기 전 17세기 영국에서 세계 최초로 '근면혁명 industrious revolution'이 일어났다. 동서양을 막론하고 농업사회에서는 '근면하고 부지런하라'는 것이 모든 성인의 일괄된 가르침이었다. 그런데 하필 영국에서 왜 그때 '근면혁명'이 처음 일어났을까. 상업혁명으로 경제성장이 가속하게 되어 더 열심히 일할 인센티브가 생기니까 누가 가르치거나 강요하지 않아도 영국인들이 스스로 열심히 일하게 된 것이다. '산업사회'란 Industry와 Society가 합쳐진 말이다. 이처럼 부지런한, 교육받은, 기술을 가진 사람이 모여서 이룩한 현대 산업사회는 결국 가속하는 경제성장의 산물이었다고 할 수 있다.

산업혁명은 사람뿐만 아니라 사회도 바꾸었다. 산업혁명이란 기술적·물질적 변화와 그로 인한 인간적 변화가 서로 영향을 주고받으며 상승작용을 한 결과로서 초래된 총체적인 사회경제적 변혁이기 때문이다. 감속사회는 한정된 농업생산을 두고 경쟁하다 보니 '네가 더 가지면 내가 덜 가질 수밖에 없는' 제로섬 게임zero sum game의 적대적 관계가 형성되었다. 그러나 가속사회는 기술혁신과 산업생산으로 전체적인 파이를 키우니까 '너도 더 갖고 나도 더 가질 수 있는' 포지티브섬 게임 positive sum game이 가능해져 뺏고 빼앗기는 싸움이 없는 동반성장이 가능해졌다.

이처럼 경제성장이 점점 더 느려지느냐, 더 빨라지느냐 하는 속도 변화 속에는 그 사회의 물질적인 변화와 인간적인 변화, 그리고 그 사회의 현재와 미래가 모두 투영되어 있다.

다윈의 진화론에 의하면, 기린의 목이 길어진 이유가 높이 달린 나뭇잎을 먹기 위해서가 아니라고 한다. 목이 긴 새로운 유전자를 가진 기린이 목이 짧은 기존의 유전자를 가진 기린과 생존경쟁에서 이겼기 때문이라는 것이다. 이처럼 가속하는 산업사회의 유전자를 가진 개인이나 국가는 번영하고, 감속하는 농업사회의 유전자를 가진 개인이나 국가는 도태되는 것이 인류사회의 법칙이다.

사회적 유전자가 인간의 행불행에 미치는 영향

그렇다면 정말 동물적 유전자보다 사회적 유전자가 인간의 행불행에 훨씬 더 큰 영향을 미치는 것일까?

산업혁명으로 자본과 기술을 축적한 서유럽인들은 총과 대포로 무장하고 5대양 6대주를 점령하기 시작했다. 사회적 유전자가 덜 진화한 북미 원주민들은 거의 멸족되고 남미 원주민들은 '총, 균, 쇠'에 의해 약 7,500만 중 7,000만 명이 죽은 것으로 알려져 있다. 사회적 유전자가 상당히 진화한 동북아조차도 아편전쟁 이후 열강의 식민지로 전락하고 말았다. 조선의 망국과 일제 강점의 고통도 우리가 농업국의 유전자에 안주하여 산업국의 가속하는 유전자로 진화하지 못한 결과다.

그러나 앞으로 4차 산업혁명에 의해 더 빨리 가속하는 창의적 유전자를 가진 신인류가 등장하면, 기존의 산업혁명 유전자를 갖고 열심히 일하던 인류는 구인류로 전락하게 될 것이다. 과거 산업인류가 농업인류에게 자행했던 만행을 미래 지식산업 인류가 산업 인류에게 하지 않을 것이라는 보장도 없다.

인류문명과 지성의 발달로 제국주의적 만행은 더 없을 것이라는 낙관적인 추측도 있다. 그러나 만행 중의 만행인 인종청소는 코소보 사태, 킬링필드, 동티모르 학살, 로힝야족 학살 등 최근까지 지구촌 곳곳에서 계속되고 있다. 게다가 인구증가, 자원고갈, 환경파괴 등으로 인류의 지속가능성에 의문이 제기되면서 국가 간, 민족 간의 관계는 점점 더 각박해져 가고 있다. 최근 코로나19에 대한 각국의 대응과 미중 간의 헤게모니 쟁탈전이 비관적 우려를 더욱 증폭시키고 있다.

우리의 미래는 4차 산업혁명으로 더 빨리 가속하는 신인류의 사회적 유전자를 어떻게 먼저 만들고 또 후손에게 물려줄 수 있는가에 달려 있다고 해도 과언이 아니다. 사회적 유전자는 빨리 진화해 앞서가지 않으면 우리 모두에게 불행을 초래할 것이기 때문이다.

PART 2

매판자본이 일으킨 기적

우리는 방법을 찾아내거나,
아니면 만들 것이다.
We will either find a way, or make one.

- 한니발 장군

너무 늦은 탑승

───────────●───────────

1차 산업혁명의 기회를 놓친 우리는 36년의 일제 식민통치와 6·25전쟁을 거치면서 세계 최빈국으로 전락했다. 1953년 1인당 GNP(국민 총생산)는 67달러로[1] 태국이나 필리핀의 절반에도 못 미치는 수준이었다. 아프리카의 가나가 우리보다 경제 사정이 더 나을 정도였다.

　일제의 수탈과 전쟁으로 남한은 그야말로 초토화되었다. 경제성장의 3대 요소라고 일컫는 자본, 기술은 물론 천연자원조차도 없었던 우리 경제는 최악의 조건에서 모든 것을 처음부터 다시 시작해야만 했다. 그래도 북한엔 한반도를 병참기지화할 목적으로 일제가 건설한 산업시설이 남아 있어 전후 남한보다 경제성장 속도가 빨랐다. 북한과 남한의 GDP(국내 총생산)는 경제개발이 본격화되고 월남전이 끝날 즈음에야 겨우 비슷해졌다.[2] 그러니까 일본 제국주의가 한국의 산업화를 도왔다는 말은 북한에나 해당되는 얘기다.

우리는 얼마나 못살았나

전쟁 직후 맥아더 장군이 '100년쯤 지나야 이 나라 경제가 제 모습으로 돌아갈 것'이라고 한 것은 그냥 한 말이 아니었다. 원조 없이는 일상을 유지할 수 없는 상태였다. 특히 미국의 원조를 많이 받았다. 경제협조기구, 미공법(미국의 농업수출진흥 및 원조법, 약칭 PL 480), 국제협력처 그리고 한국민간구호(UN, 미국), 한국재건단(UN) 등에서 1953~1960년까지 연평균 약 2.5억 달러를 원조받았다.[3] 당시 정부의 1년치 예산 평균인 약 11억 달러[4]의, 무려 23%에 해당되는 금액이었다.

1960년대 경제개발 5개년 계획(1962~1971년)을 실시하며 막대한 투자가 요구됐지만 우리에게 그런 자금이 있을 턱이 없었다. 물론 차관을 주겠다는 나라도 없었고, 정부가 보유한 외화도 바닥이었다. 간신히 서독에 광부와 간호사를 파견하는 조건으로 약 4,000만 달러의 차관을 받았다. 땅속 수백 수천 미터의 갱도에서 그리고 청소부터 시체 닦는 일까지 도맡아 하며 이들이 고국에 송금한 외화는 연간 약 5,000만 달러로 당시 GDP의 2%에 달했다.[5]

1965년 한일청구권협정을 서둘러 급전을 조달했다. 그렇게까지 했지만 외환보유액은 턱없이 부족했다. 1966년 권투선수 김기수의 대전료 이야기는 아직도 많은 이들에게 회자되고 있다. 한국 프로복싱 역사상 첫 세계 챔피언을 배출한 이 대회는, 외환이 없어서 하마터면 성사되지 못할 뻔했다. 챔피언이었던 이탈리아의 벤베누티가 서울 원정 대전료로 5만 5,000달러를 요구했기 때문이다.[6] 대통령 특명으로 대전료를 달러로 환전해주어 천신만고 끝에 성사됐다.

1964년부터 9년 동안 베트남 전쟁에 파병한 연인원은 약 32만 명.[7] 그들이 목숨을 담보로 벌어들인 돈은 50억 달러의 외화수입 효과를 거둔 것으로 나타났다.[8] 이는 당시 외환보유고를 초과하는 금액으로, 참담한 상황이 아닐 수 없었다.

기간산업key industry 확충을 목표로 한 1, 2차 경제개발 5개년 계획은 3, 4차(1972~1981년)를 거치면서 중화학공업 육성과 수출 주도로 바뀌었다. 1970년대에는 중화학공업단지를 조성하고 태양이 작열하는 중동 사막의 건설 현장에서 눈물과 땀의 대가로 달러를 벌어들였다.

수출 100억 달러 돌파의 의미

그리고 1977년. 마침내 우리나라는 100억 달러 수출을 돌파했다. 수출액이 약 245배, 국내총생산이 7,000배 이상, 1인당 국민소득이 400배 이상 늘었다.[9]

1980년대 저유가·저달러·저금리 시대의 3저 호황(1986~1988년)을 맞으면서 우리나라 경제는 비약적으로 발전했다. 다른 개도국들과 달리 3저 현상을 도약의 발판으로 삼을 수 있었던 이유는 월남전과 중동 진출을 통해 기업과 기술을 육성하여 경제성장의 기반을 마련했기 때문이었다.

당시 우리나라의 발전이 얼마나 경이적이었는지 얼른 감이 오지 않

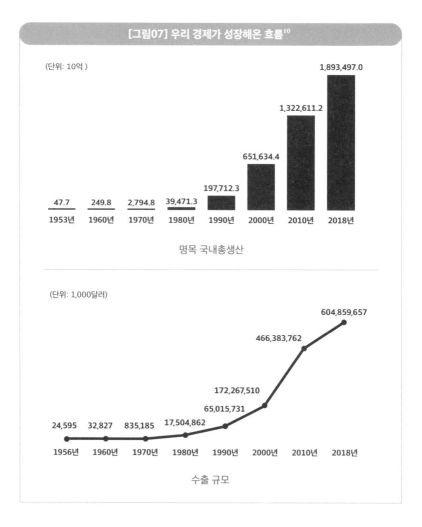

[그림07] 우리 경제가 성장해온 흐름[10]

(단위: 10억)

1953년	1960년	1970년	1980년	1990년	2000년	2010년	2018년
47.7	249.8	2,794.8	39,471.3	197,712.3	651,634.4	1,322,611.2	1,893,497.0

명목 국내총생산

(단위: 1,000달러)

1956년	1960년	1970년	1980년	1990년	2000년	2010년	2018년
24,595	32,827	835,185	17,504,862	65,015,731	172,267,510	466,383,762	604,859,657

수출 규모

을 수도 있다. 그러나 1960년대부터 약 50년간의 GDP 규모와 1인당 GDP의 변화를 나라별로 비교해보면 우리의 성취가 얼마나 독보적인지 알 수 있다. 그림08은 극빈국을 제외하고 2008년 실질 GDP가 100억 달러 이상인 110개 국가를 대상으로 비교해본 것이다. 보다시피 대부분의 국가가 왼쪽 하단에 머물고 있고 우리나라와 대만만이 별처럼 높

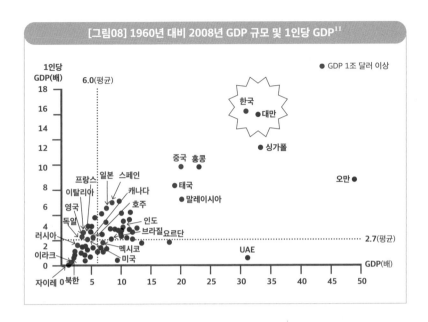

[그림08] 1960년 대비 2008년 GDP 규모 및 1인당 GDP[11]

이 솟아 있다. 한강의 기적은 자화자찬이 아니다. 이처럼 데이터가 보여주는 객관적인 기적이다.

한강의 기적이 진정한 기적인 이유

'한강의 기적'이라는 말은 2차 세계대전 후 독일이 이룬 경이적인 발전을 '라인강의 기적'이라고 부른 데서 비롯되었다. 그러나 그것은 기적이라기보다는 전쟁 전 상태로의 '회복'이었다. 그래서 가능한 일이었다. 서독은 2차 세계대전 이전 우수한 기술력을 보유하고 있었기 때문에 자본만 투입되면 전후 복구는 시간문제였다. 그런데 우리는 경제발전의 3요소라고 하는 자본·기술·자원 어느 것 하나 제대로 갖추지 못한 상태에서 한마디로 무에서 유를 창조한 것이다. 그래서 전후 독일과 일본의 부흥보다는 '한강의 기적'이 훨씬 더 '기적다운 기적'이라고 할 수 있다.

그러나 한강의 기적이 중요한 또 다른 이유가 있다. 한강의 기적은 단순한 수치상의 경제성장만을 의미하지는 않는다. '원조받던' 나라가 '원조하는' 나라가 된 외형적 변화만을 의미하는 것도 아니다. '한강의 기적'이 가진 진정한 의미는, 감속하는 농업국을[12] 가속하는 산업국으로 변화시켰다는 것이다. 이것은 한국인이 자본축적, 기술혁신, 신제품 대량생산, 그리고 수출로 이어지는 새로운 경제 시스템을 이끌어갈 진취적이고 도전적인 신인류로 거듭났다는 의미다.

유인원과 인간과 유전자 차이가 고작 1.2%라고[13] 유인원과 인간이 별반 다르지 않다고 할 수는 없지 않은가. 그래서 앞 장에서도 농업사회와 산업사회의 유전자는 다르다고 했던 것이다. 감속성장에서 가속성장으로 국가 경제의 체질이 변한다는 것은 마치 유인원이 인간으로 진화하는 것만큼이나 힘든 일이기 때문이다.

여기서 강조하려는 것은 우리가 농업국에서 산업국으로 변신하는데는 극약처방 같은 무리수가 불가피했다는 점이다. 약이란 잘못 쓰면 '독'이 된다. 그래서 극약이란 다른 약을 쓸 수 없는 절체절명의 순간에, 최후의 수단으로 위험을 감수하면서 사용하는 것이다. 잘못하면 목숨을 잃을 수도 있기 때문이다.

그 첫 번째 극약처방이 바로 '수출주도 산업화'였다. 수출할 상품도 없는데 수출이 견인하는 산업화를 하겠다는 것이었다. 흑백TV도 만들지 못하면서 컬러TV를 만들어 수출하겠다는 것이었다.

이것이 어떻게 가능했을까?

수출주도 산업화

'수출주도 산업화'라는 말은 하도 많이 들어 어떤 나라든 마음만 먹으면 다 할 수 있는 것처럼 생각한다. 그러나 오토바이도 제대로 못 만들던 나라가 어떻게 자동차를 만들어 수출에 성공할 수 있었는지, 그에 대한 제대로 된 설명은 아직 없었다. 수출주도 산업화가 가능했던 배후에는 분명 어떤 경제적 원리가 작용했을 것이었다.

100달러도 채 안 되던 우리 국민소득을 1만 달러 대로 끌어올린 한강의 기적. 그 기적의 실체는 무엇일까? 물론 수출주도 산업화라는 극약처방에는 약의 효과도 있었고 부작용도 있었다. 경제 외적 부작용은 매우 다양할뿐더러 주관적 해석의 여지도 있기에 여기서는 경제학적 관점에서 어떤 원리가 어떻게 작용했는지를 주로 살펴보려 한다.

지식에도 유효기간이 있다고들 한다. 시대환경이 바뀌면 과거의 지식이 더는 효과를 발휘할 수 없기 때문이다. 그러나 존재의 외형은 바뀌어도 그 근거가 되는 근본 원리는 바뀌지 않는 것처럼 경제성장의 원리를 제대로 안다면 시대가 바뀌어도 새로운 환경에 얼마든지 적용해나갈 수 있다. 그 불변의 법칙이 바로 '감속사회'와 '가속사회'의 원리다.

선택의 갈림길에서

현재 지구상에는 200여 개의 나라가 존재한다. 그중 UN 회원국이 193여 개국 정도. 산유국 등 운 좋은 몇몇 나라와 G7 같은 선진국을 제외한 나머지 150여 국가는 한결같은 문제를 안고 있다. 바로 빈곤 탈출이다. 어떻게 하면 좀 더 부강한 나라를 만들 수 있을까. 어떻게 하면 경제를 성장시켜 국민이 잘살게 할 수 있을까.

오른쪽 페이지의 그림09처럼 농업사회는 성장이 감속하기 때문에 성장이 가속하는 산업사회와의 경제적 격차는 시간이 지날수록 점점 더 벌어진다.

그래서 아직 산업화하지 않은 농업국 지도자는 깊은 고민에 빠진다. 늦었지만 산업화를 시도해 선진국과 경쟁할 것인가? 농업을 건실하게 발전시킬 것인가? 농업을 발전시켜 잘살게 된 나라는 천혜의 자연조건을 갖춘 극소수뿐이다. 대부분의 전통 농업국은 개도국 상태를 벗어나지 못하고 있다. 그래서 일부 국가의 야심적인 지도자들은 산업화를 결심한다. 그러나 산업화를 결심하는 순간 또 다른 선택의 갈림길과 맞닥뜨리게 된다. 농업국이 산업국으로 가는 방법에는 2가지가 있기 때문이다.

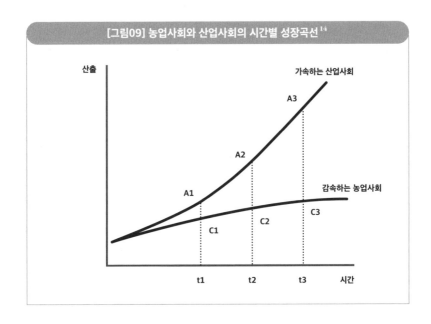

[그림09] 농업사회와 산업사회의 시간별 성장곡선[14]

'수입대체' 산업화를 할 것인가? '수출주도' 산업화를 할 것인가?

이 2가지 산업화 전략에는 커다란 차이점이 있다. 먼저 수입대체 산업화란, 농업국의 소비자가 선진국에서 수입해서 쓰던 기존 제품을 자국에서 생산하여 충당하는 산업화 전략이다. 그에 비해 수출주도 산업화는 선진국 소비자가 쓰는 신제품을 농업국 국내에서 생산하여 선진국으로 수출을 시도하는 산업화 전략이다.

수출만이 살길이라며 정부가 수출주도 산업화를 선언했을 때쯤이었던 것 같다. 학창시절 선생님의 우려에 찬 말씀을 아직도 또렷이 기억하고 있다.

"우리가 잘 만들 수 있는 것이 기껏해야 강화도 화문석이나 한산 모시 정도인데 도대체 무얼 수출하겠다는 것인가?"

그렇다면 당시 화문석이나 한산 모시를 더 잘 만들어 수출하는 것이 옳았을까. 그런 논리는 현재 국제경쟁력이 있는 비교우위 상품을 수출하라는 것이다. 농업국은 농산품을, 산업국은 공산품을 수출하자는 의미다. 그렇다면 자유무역 이론에 근거해서 정말 두 나라가 모두 더 잘살게 될까?

비교우위와 자유무역

수입대체 산업화와 수출주도 산업화에 관한 이해를 돕기 위해 국제무역의 흐름을 간단히 살펴보겠다. 자유무역 이론은 비교우위론을 기본으로 발전했다. 애덤 스미스의 절대우위론 이래, 영국의 경제학자 데이비드 리카도David Ricardo의 비교우위론, 헥셔-오린 이론Heckscher-Ohlin theorem, 신국제무역 이론 등 모두가 비교우위론에 근거하여 무역 당사국 쌍방이 이익을 볼 수 있다는 가정을 전제로 한 것이다. 간략하게 설명하면 각국이 더 적은 비용으로 생산할 수 있는, 비교우위가 있는 상품만을 특화 생산하여 무역으로 교환하면 국제분업에 의해 양국에 모두 이익이 된다는 논리다. 정말 그럴까?

가령 포도주를 생산하기 좋은 조건을 가진 포르투갈과 직물을 생산하기 좋은 조건을 가진 영국을 비교해보자. 포르투갈은 포도주에 비교우위가 있으니까 포도주만 생산하고, 영국은 직물에 비교우위가 있으니까 직물만 생산해서 교환하면 더 많은 포도주와 직물이 생산되고 소비되어 양국이 윈윈할 수 있다는 것이다.

당장 수치상으로는 그럴듯해 보인다. 그런데 항상 그럴까? 포도주는 농산품이기 때문에 생산량 조절이 어렵고 시장에서 마켓 파워market power도 약하다. 그에 반해 모직물은 장기간 보관할 수 있으며 필요에 따라 생산량을 조절할 수도 있다. 마켓 파워가 있으니까 가격도 많이 올릴 수 있다. 포르투갈 입장에서는 포도주를 더 많이 생산하더라도 포도주 가격이 떨어지면 직물 소비를 줄여야 할 수도 있다. 자유무역이 농업국에 불리하고 산업국에 유리한 이유는 그뿐만이 아니다.

포도주는 농업상품이고 면직물은 제조업상품이다. 연도별 통계를 살펴보면 제조업이 농업보다 더 빠른 속도로 발전함을 알 수 있다. 농업은 경작 면적이 20배나 늘어도 생산은 겨우 3배 정도 늘 뿐이다. 이게 바로 부가가치가 낮은 농업국의 노동집약 산업과 부가가치가 높은 산업국의 기술집약 산업의 차이다. 시간이 흐를수록 산업국의 비교우위는 커지고 농업국의 비교우위는 작아진다.

영국이 직물산업에 집중하면 직물을 짜는 기계산업과 함께 염료 화학 산업도 발전한다. 패션 디자인 산업도 발전한다. 이를 전방산업front industry이라고 한다. 직물기계를 만들기 위해 광산이 개발되고 목화 농장이 생긴다. 이를 후방산업rear industry이라고 한다. 영국은 직물산업이라는 제조업에 집중함으로써 기계, 화학 등의 고부가가치 첨단기술산업도 함께 더 빨리 발전할 수가 있다.

그러나 포르투갈의 경우 포도주 생산에 집중하면 전방산업으로 식음료, 관광산업이, 후방산업은 비료나 원예 등 저부가가치 노동집약적 산업이 상대적으로 느린 속도로 발전할 것이다. 이처럼 전후방산업까지 고려하면 산업국과 농업국 간의 경제적 격차는 더욱 커질 수밖에 없다.

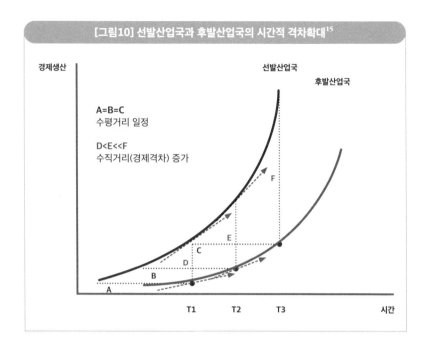

[그림10] 선발산업국과 후발산업국의 시간적 격차확대[15]

경제생산

선발산업국

후발산업국

A=B=C
수평거리 일정

D<E<<F
수직거리(경제격차) 증가

F

E

C

D

B

A

T1　　　T2　　　T3　　　시간

위의 그래프에서처럼 고부가가치상품을 생산하는 선발산업국의 경제성장을, 저부가가치상품을 생산하는 후발산업국이 일정한 시차 (A=B=C)를 두고 뒤따르고 있다. 그러나 선발국의 경제속도는 후발국 보다 빠르기 때문에 시간이 지날수록 선발국과 후발국의 경제적 격차 (D<E<F)는 점점 더 벌어진다. 이 차이를 어떻게 공정한 관계라고 볼 수 있을까.

그런데 주류 경제학은 산업국과 농업국 또는 선발국과 후발국이 자 유무역의 이익을 양국 간에 공정하게 나눌 수 있다는 가정하에 이론을 전개한다. 애덤 스미스의 절대 우위론과 데이비드 리카도의 비교우위론 이 그것이다. 자유무역이 곧 공정무역이라는 것이다. 비교우위론에 대한 비판은 지면 관계상 생략한다.

물론 자유무역에 의해 산업국과 농업국, 선발국과 후발국 쌍방이 모두 이익을 볼 수도 있다. 문제는 시간이 지날수록 양국 간의 경제적 '격차'는 점점 더 커진다는 것이다. 여기에 함정이 있다. 이 논리는 선진국 논리, 즉 강한 자의 이익을 대변하는 이론일 뿐이다. 체급이 다른 선수가 같은 링 위에서 맞설 때 1대 1이라고 해서 무조건 공정한 조건이라고 할 수 있을까? 체급이 다른 선수 간의 경기는 명백한 불공정 경기다. 스포츠든 게임이든, 성인과 어린이처럼 기량 차이가 현격하다면 핸디캡을 주는 것이 공정한 것이 아닌가.

경제적·기술적으로 대등한 수평적 관계에 있는 국가 간의 자유무역은 공정무역이다. 그러나 선후발국과 같이 수직적 관계에 있는 국가 간의 무차별 자유무역은 강한 자를 위한 보호무역일 따름이다. 따라서 선발국, 즉 강한 자는 자유무역을 하고, 후발국, 즉 약한 자에 한해서는 보호무역을 허용하는 것이 진정한 의미의 공정무역이다.

수입대체 산업화 vs. 수출주도 산업화

아르헨티나, 칠레, 브라질 등 남미는 천연자원이 풍부하고 거대한 내수 시장을 보유하고 있다. 자유무역을 받아들여 비교우위가 있는 농업 광업 등의 원자재를 수출했다. 그렇게 벌어들인 달러로 선진국의 낙후 기술을 도입, 대중 상품을 국산화해 국내에 공급했다. 이들 수입 대체 상품은, 선진국에서는 이미 낙후된 기술제품이기 때문에 생산기술 국산화에 큰 어려움이 없었다. 그래서 많은 농업국이 산업국으로 변신할 때 손쉽게 선택하는 방법이다. 인구가 많아 내수시장이 큰 남미는 수입대체 산업으로 규모의 경제를 달성할 수 있었다. 수지타산도 맞았다.

그러나 값싼 원자재를 수출해서 생산설비를 수입하고, 자국 내 생산이 불가능한 신제품과 사치품은 모두 수입에 의존하다 보니 대량의 외화가 유출되었다. 시간이 지날수록 외채는 늘어갔다. 그러자 채무상환 능력에 대한 의구심으로 외환위기가 반복적으로 일어나게 되었다. 전후 한때 미국 다음가는 세계적인 초강대국으로 성장할 것으로 기대되었던 남미는 자유무역체제에 기반한 수입대체 산업화를 추진하다가 결국 후진국형 경제로 전락하고 말았다.

그에 비해 우리나라는 수입대체 산업화조차 제대로 하기 어려운 형편이었다. 수출할 자원이 부족해 외환(달러)을 확보할 수 없었다. 해외차관으로 생산설비를 도입한다고 해도 수입대체 산업화로는 외화를 획득할 수 없어 차관을 갚을 길이 없었다. 국내 소비시장이 작아서 남미처럼 규모의 경제도 달성할 수 없었다.

그래서 한국 정부는 수출주도 산업화라는 극약처방을 선택했다. 첨단 기술을 들여와 선진국의 신상품을 국산화해 수출하기로 한 것이다. 자전거도 제대로 못 만드는 나라가 자동차를 제작해 수출하겠다고 결심한 것이다. 어찌 보면 자유주의 무역질서에 역행하는 엉뚱한 선택이었다. 비교우위도, 아니 비교열위조차도 아닌, 국내에 아예 '없는' 산업을 전략적으로 '새로' 만들어 수출을 감행하겠다는 것이었으니까 말이다. 흑백TV도 못 만들면서 컬러TV를 만들어 선진국에 수출하겠다는 엉뚱한 발상. 그런데 그 엉뚱함이 한강의 기적을 만들어낸 뇌관이 되었다.

우여곡절 끝에 일단 수출에 성공하자 달러가 확보되었다. 그 외화로 다시 신기술을 도입하고, 그 기술로 선진상품을 국산화해 수출하고, 그 외화로 다시 신기술을 도입했다. 그러는 과정에서 조금씩 수출 경쟁력을 확보할 수 있었다. 이렇게 계속된다면 언젠가 우리도 선진국으로 발전할 수 있을 것 같았다. 달걀 하나를 부화시켜 병아리가 나오면 닭으로 키워 송아지를 사고, 송아지를 소로 키워 거대한 목장을 만들어보겠다는 원대한 꿈의 시작이었다.

1950년대만 해도 아르헨티나의 1인당 명목 GDP는 1,000달러 정도였다. 우리는 당시 약 50달러, 아르헨티나의 20분의 1 수준이었다. 그러다 한국과 대만이 수출주도 산업화를 하면서 1960년쯤 비슷해지더니 이들 국가를 추월하기 시작했다.

시카고 보이즈의 칠레실험(1973~1990년)은 수입대체 산업화를 선택한 남미의 정책적 실패를 보여주고 있다. 시카고 대학은 특히 경제학 분야에서 수십 명의 노벨상 수상자를 배출한 명문대학이다. 신자유주의를 옹호하는 이들을 시카고학파라 하고, 이를 추종하는 칠레 경제학자와 관리들을 통칭하여 '시카고 보이즈'라고 불렀다. 시카고 보이즈는 신자유주의 정책을 주장하며, 국가의 경제개입을 부정하는 자유방임 정책을 옹호함으로써 남미의 수입대체 산업화의 이론적 기반을 제공했다.

칠레가 수출을 끊으면 유럽에 전쟁이 없어진다는 말이 있었다. 칠레에서 구리를 수출하지 않으면 유럽에서 대포를 만들지 못하고, 초석을 수출하지 않으면 화약을 만들지 못하기 때문이란다. 그럴 정도로 천혜의 지하자원을 보유한 칠레는 부가가치가 낮은 농업, 광업 등 1차 산업

[그림11] 한국 및 주요 중남미 국가들의 실질 GDP 변화[16]

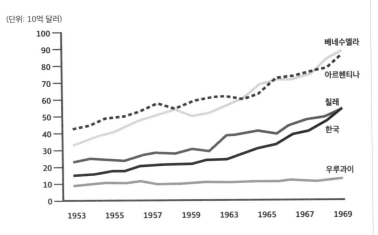

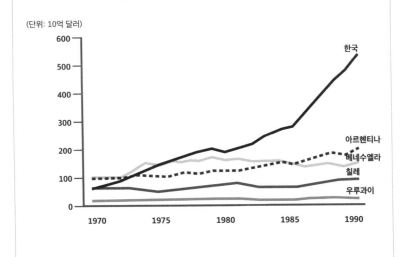

제품을 수출하고, 부가가치가 높은 공산품은 수입에 의존하다 결국 경제적 식민지로 전락하고 말았다. 이런 현상은 칠레를 위시한 남미국가들의 공통적 현상이었다.

시간이 지날수록 서유럽과 남미 간의 양극화는 더욱 심해졌다. 이는 남미가 후발국이 선발국형 자유주의 정책에만 의존해 국가발전을 시도한 결과다. 남미국가들이 경제 악순환을 거듭하자 1990년 미국 국제경제연구소IIE는 '워싱턴 컨센서스Washington consensus'[17]라는 개혁 처방을 내놓았다. 무역 및 투자 자유화, 탈규제화 등 10가지 정책이었다. 그러나 이 같은 신자유주의적 정책으로는 후발국 경제 문제를 근본적으로 해결할 수 없었다. 결국 칠레를 비롯한 남미국가들은 아직도 경제적

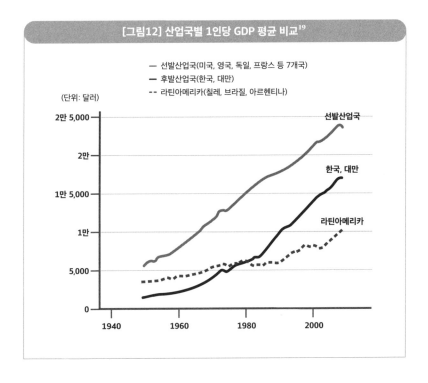

[그림12] 산업국별 1인당 GDP 평균 비교[19]

— 선발산업국(미국, 영국, 독일, 프랑스 등 7개국)
— 후발산업국(한국, 대만)
-- 라틴아메리카(칠레, 브라질, 아르헨티나)

(단위: 달러)

선발산업국
한국, 대만
라틴아메리카

혼란을 벗어나지 못하고 있다.[18]

오징어 수출국에서 반도체 수출국으로

그에 비해 자유주의 시장원리와 함께 정부가 필요에 따라 경제개발 계획과 보호무역을 시행한 한국과 대만은 남미를 추월해 비약적인 경제성장을 보였다.

그렇다면 한국과 대만이 선택한 보호무역이란 무엇일까? 보호무역이란 국가가 보호관세를 부과하여 외국 상품의 수입을 억제하고, 국내유치산업의 보호와 육성을 도모하는 것을 뜻한다. 19세기 중엽 미국과 독일에서 주창된 것으로 영국의 자유무역주의에 대한 반동으로 일어났으며 미국의 초대 재무장관 알렉산더 해밀턴Alexander Hamilton, 독일의 경제학자 프리드리히 리스트Friedrich List 등이 대표 주자다. 특히 리스트는, 처음 시작한 산업은 일정 기간 외국과의 경쟁에서 보호 육성해야 한다는 '유치산업 보호론'을 제기했다. 그 연장선에 있는 '전략산업 육성론'은, 미래 경제성장의 핵심적인 산업은 국가가 전략적으로 육성해야 한다는 의미다. 그래서 수출주도 산업화와 보호무역은 불가분의 관계에 있다.

수출을 하려면 산업혁명에 성공해 앞선 기술과 자본을 보유하고 있어야 한다. 그러나 우리는 광복 후 18년이 지날 때까지 낙후한 농업국가 상태를 벗어나지 못했다. 대부분의 공산품을 수입해 쓰던 농업국이 수출주도 산업화를 하기 위해서는 특정 산업을 선별해 육성하고 가능성 있는 기업을 발굴하여 전략적으로 키워나갈 필요가 있었다. 학자와 관료가 머리를 맞대고 국가경제를 산업화하기 위해 선택과 집중의 전략을 수립하였을 것이다.

당시에는 이것이 그리 어려운 일이 아니었다. 독일과 일본이라는 성공적인 후발산업국의 사례가 있었기 때문이다. 특히 이웃한 일본의 성공사례는 우리에게 좋은 교과서였다. 그렇다고 그것이 일본식 발전이라고 볼 수는 없다. 산업혁명을 처음 일으킨 영국으로부터 미국, 독일, 일본 등 차례로 전수되어온 후발국의 성공비결을 우리도 이어받은 것일 따름이었다.

정부는 자유주의 시장경제에 정책의 적극적인 개입을 추가함으로써 수출주도 산업화를 추진했다. 그 결과 한국경제는 환골탈태했다. 생선, 오징어를 수출하던 후진국이 반도체, 자동차, 무선통신 등 선진국형 상품을 수출하게 된 것이다.[20] 수출이 증가하고 외화가 유입되자 국제적 신뢰도도 높아져 동남아시아에서 전염되어온 외환위기에서도 비교적 안정적으로 신속하게 탈출할 수 있었다.

한강의 기적, 그 첫 번째 비밀 '수출주도 산업화'

결론적으로 자유시장 원리에 의존하여 수입대체 산업화를 추진한 남미는 원자재를 수출하고 값싼 대중상품은 국산화했지만, 첨단 신기술이 들어간 고가의 제품을 수입하는 후진국형 경제가 됐다. 그에 비해 자유시장 경제를 기반으로 하되 정부의 정책을 더해 수출주도 산업화를 추진한 한국과 대만은, 선진국의 기술을 도입해 선진국 시장에 신상품을 만들어 수출하면서 비약적으로 경제를 성장시켰다. 이 과정에서 선진기술을 축적할 수 있었고 또 기술자립도 할 수 있었다.

'한강의 기적'을 일으킨 첫 번째 비밀, 그것은 수출주도 산업화라는 시장원리와 정부 정책의 최적 조합이었다. 뛰지도 못하던 사람이 날기 시작한 것이다.

적자수출의 경제학

내가 미국으로 유학을 떠날 때쯤이었다.

1977년 12월 22일, 서울 장충체육관에서 열린 제14회 수출의 날 기념식에서 박정희 대통령은 '그동안 우리 국민 여러분이 허리띠를 졸라매고 오직 부강한 조국을 건설하는 데 매진해왔다'며 수출 100억 달러 달성을 감격해했다.

하지만 당시 그 장면을 뉴스로 지켜보던 내 마음은 그리 편치 않았다. 저 100억 달러 수출이 어떤 수출인가. 수출목표를 정부가 정하고 원가에도 못 미치는 헐값으로 외국인 배를 불려준 대가가 아니던가. 말이 좋아 100억 달러 수출이지 그게 모두 국부유출일 수도 있겠다는 생각이 들었다. 경제를 모르는 공학도의 눈에는 수출도, 성장도 모두 사상누각으로 보였다. 겉으로는 그럴듯해 보이지만 속으로는 곪아 터지고 있을

지도 모른다는 생각이 들었다. 그래서 데모 때마다 누구보다 "매판자본 물러가라, 매판자본 박살내자"를 목청 높여 외치곤 했다.

나는 비행기에 오르면서도 '유학 간 사이에 나라가 망해버리는 것은 아닐까?' 하는 걱정을 지울 수 없었다.

그런데 그로부터 10년 만에 돌아왔는데도 고국은 건재했다. 적자수출을 하던 기업이 모두 매판자본이었다면 나라가 망해도 벌써 망했어야 되는데 한국경제는 건실하게 성장하고 있었다. 1978년 2차 오일쇼크도 거뜬히 이겨내고 88올림픽도 성공적으로 치러 세계가 대한민국을 주목할 정도였다.

불현듯 유치하고 공허하게만 들렸던 국민소득 1,000달러, 100억 달러 수출, 고도성장 등의 단어에 누군가의 간절한 충심이 실려 있을 수도 있겠다는 생각이 들었다. 그러면서 우리가 그토록 비난해 마지않던 매판자본에 대해 다시 한번 생각해보게 되었다. 100억 달러 수출 속에 어떤 경제성장 원리가 숨어 있는 것은 아닐까.

제 몸을 상해가면서까지 목적을 달성하는 것을 '고육책苦肉策'이라고 한다. 당시 적자수출은 일종의 고육책이었을지도 모른다. 그런데 그 고육책의 결과는 예상 밖의 성공이었다. 손해 보는 적자수출로 경제를 일으켰다고? 도대체 그것이 어떻게 가능했을까?

출혈수출이라는 고육책

1차 산업혁명의 필수 기간산업이 섬유산업이다. 영국, 미국 등 모든 성공한 산업혁명은 섬유산업에서 시작했다. 우리도 마찬가지였다. 그러나 이윤은커녕 생산원가로 수출하는 것조차 불가능했다. 우리는 이 문제를 어떻게 해결했을까?

섬유산업은 실을 뽑는 데서부터 완제품을 만드는 데까지 약 60% 정도가 누적된 인건비로 이루어져 있다. 간단한 예를 들어보겠다. 한국에서 인건비 600달러, 재료비와 설비비 400달러를 투자해 원가 1,000달러의 섬유제품을 만들었다고 가정해보자. 국제시장에서는 1,000달러에 팔리지 않는다. 선진국이 훨씬 앞선 기술로 더 경쟁력 있는 좋은 상품을 만들기 때문이다. 그러나 원가 이하인 900달러에는 수출이 가능하다. 그러면 원재료비와 설비비 400달러를 차감해도 인건비 중 500달러가 외환으로 유입된다. 비록 적자수출일지언정 수출만 할 수 있으면 외환이 들어온다는 뜻이다. 이 외환으로 다시 생산설비와 원자재를 수입하여 산업화를 지속적으로 추진할 수 있었다.

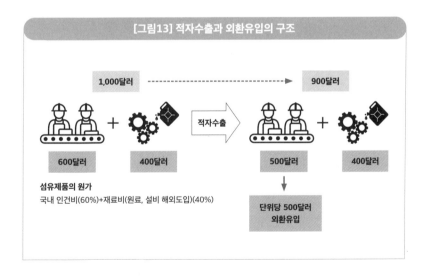

[그림13] 적자수출과 외환유입의 구조

실업자의 노동력을 달러로 바꾸는 법

물론 적자수출을 먼저 가능케 한 것은 봉제나 가발 같은 노동집약형 상품이다. 이는 청년들이 열악한 환경에서 장시간 노동에 시달리며 꽃 같은 젊음을 희생한 대가로 얻어낸 성과이기도 하다. 참으로 안타까운 일이다. 그들의 땀과 눈물이 오늘날 예비 선진국의 밑거름이 되었음은 두말할 나위가 없다.

그러나 경제학적 관점에서 냉정하게 직시해보면 적자수출을 시작한 이후로 우리나라 고용률이 올라가기 시작했다. 청년 실업률이 급격히 감소하고 농촌에서 만연하던 잠재실업이 자취를 감추었다.

그림14의 위쪽 그래프에서처럼 1960년대에는 실업률이 매우 높 았다. 1964년 실업률이 최대 23.2%였다. 그런데 적자수출을 한 이후 9.9%까지 실업률이 감소했다.

아래쪽 그래프에서 보듯 농업사회에서는 통계에 포함되지 않는 잠재 실업(disguised unemployment)[21]이 매우 높다. 농업사회는 농업생산이 점점 둔화되면서 성장이 감속한다. k3부터 k2까지 인력투입을 줄여도 생산량은 q3에서 q2까지밖에 줄지 않는다. 그래서 농촌의 젊은이들이 마산, 창원, 여천 등 공단으로 직장을 찾아 대거 이주해도 농산물 수확 이 크게 줄지 않는다. 만일 급조한 공업단지가 농촌의 젊은이들을 고용 하지 않았다면 그들은 계속 잠재 실업자로 남아 있었을 것이다. 그리고 그들이 매달 받아 챙긴 월급 600달러도 아예 없었을 것이었다. 결과적 으로 적자수출이 시간이 지나면 소멸하고 말 실업자의 노동력을 현금, 즉 달러로 바꿔준 셈이다.

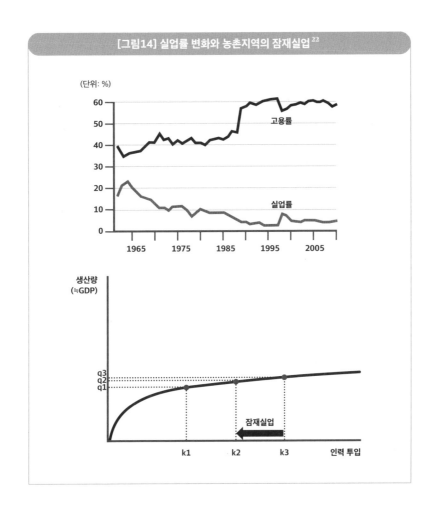

[그림14] 실업률 변화와 농촌지역의 잠재실업[22]

부유층에게 떠안긴 수출적자

그러나 기업의 사정은 달랐다. 국가는 출혈수출로 외환을 확보할 수 있었지만 기업은 원가 1,000달러인 상품을 900달러에 적자수출하다 보니 수출 단위당 100달러씩 손실이 났다. 결손이 계속되면 기업은 유지될 수가 없다. 그래서 기업이 적자수출로 입은 손실을 국내에서 충당해주는 방법을 찾기 시작했다. 만약 정부가, 동일한 제품을 국내에선 1,200달러에 팔 수 있도록 해준다면 수출에서 100달러씩 손해 볼 때마다 국내에서 200달러씩 이익이 나게 될 것이다. 그러면 기업은 (국내, 국외에서 같은 수량을 판매했을 때) 생산원가를 모두 회수하고도 수출 단위당 100달러씩 이윤을 낼 수 있다.

정부는 값비싼 국산품을 쓰게 하려고 선진국 제품에 고액의 관세를 부과하거나 아예 수입을 금지시켜버렸다. 그래서 당시 일제 TV나 미제 자동차 등의 수입이 금지되었던 것이다. 값이 비싸도 국산제품을 쓰도록 강제한 것이었다. 그 덕에 기업은 적자수출의 손실을 국내에서 충당하면서 당분간 성장의 발판을 마련할 수 있었다.

1981년 11월 24일 자 <동아일보>의 '헐값 출혈수출'이라는 기사에 따르면, 당시 컬러TV는 제조원가가 253달러인데 수출가격은 180달러, 국내 소비자가격은 437달러다. 냉장고는 제조원가 210달러, 수출 165달러, 내수 370달러. 소형 승용차는 제조원가 4,215달러, 수출 2,800달러, 내수 5,270달러란다. 정말 기가 막힐 노릇이 아닌가.[23]

그런데 자세히 들여다보면 우리가 선진국에 적자수출한 제품, 즉 국산품 애용을 강요한 제품은 고급 섬유제품이나 냉장고, 컬러TV, 포니 자동차 등 당시 생활 수준으로는 대단한 사치품이었다. 서민대중의 의식주에 관련된 생필품이 아니었다. 수입사치품을 쓰던 일부 부유층에게 수입품보다 더 비싼 국산 사치품을 쓰도록 하여 적자수출의 적자를 모두 떠안도록 강요한 것이다. 그러면서 새로운 고부가가치 수출산업의 육성으로 외환을 확보하여 무역수지를 개선할 수 있었다. 또 사회적으로는 고용을 대량 창출하여 중산층을 육성함으로써 부유층의 소비자 잉여가 일반대중에게 이전되는 부의 재분배를 실현할 수 있었다. 그리고 장기적으로는 산업구조를 고도화하여 국가경제를 선진화할 발판을 마련할 수 있었다.

물론 이런 적자수출이 우리가 처음 개발한 비법은 아니다. 영국, 미국 등 선발산업국으로부터 독일, 일본, 대만은 물론이고 중국에 이르기까지 성공한 후발산업국은 처음 고부가가치 산업에 뛰어들어 국제경쟁력을 갖출 때까지 다양한 형태의 적자수출을 허용해왔다. 이는 경제성장이 가속하는 산업사회에서 후발국이 선발국을 추격하기 위한 불가피한 선택이었기 때문이다.

경제가 성장하면 청렴도도 높아지나?

수출에서 난 적자를 벌충하기 위해 동일한 상품을 국내에 비싸게 팔도록 해주는 '덤핑dumping'은 많은 부작용을 초래했다. 정부는 기업에 보조금은 물론이고 수출 특혜 금융에 세무조사도 면제해주었다. 때론 부동산 투기도 눈감아주었다. 이러한 편법에는 부정과 부패가 기생하기 마련이다. 지금 선진국으로 발전한 나라는, 산업화 과정에서 부정부패가 없었던 나라가 아니라 산업화와 함께 생겨난 부정부패를 '없앤' 나라들이다.

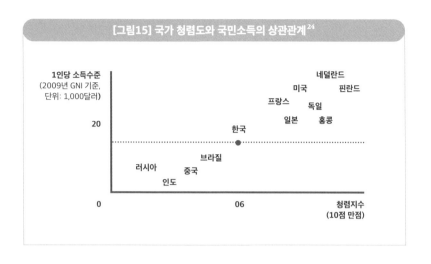

[그림15] 국가 청렴도와 국민소득의 상관관계[24]

그림15는 국가 청렴도와 GDP의 상관관계를 조사한 것이다. 청렴도가 높을수록 GDP도 높다. 역으로 말하면 소득이 낮은 나라일수록, 다시 말해 경제성장에 실패한 나라일수록, 청렴도도 낮다는 뜻이다. 경제성장과 청렴도는 이처럼 불가분의 관계다. 한국행정학회는 국가 청렴도가 1점 올라가면 1인당 국민소득이 4,713달러 늘어난다고 전망했다. 서울시립대 반부패행정시스템연구소 역시 청렴도가 1점 상승하면 외국인 투자 관심도가 26% 상승하고, 1인당 교역이 31% 상승하며, 1인당 GNP도 25% 상승할 것으로 내다보았다.

경제가 성장하면 청렴도가 높아지고, 청렴도가 높으면 경제가 성장한다. 그러나 국민소득이 낮은 데 청렴도가 높은 나라는 없다.

우리가 간과하기 쉬운 사실 중 하나가 경제성장 초기에 발생하는 부정의 소지보다는 경제성장의 실패로 인해 초래될 부정부패의 가능성이 훨씬 더 크다는 것이다. 경제적 여유는 부패를 막는 여러 법적, 제도적

장치를 가능케 해 오히려 부정의 소지를 줄여준다. 그래서 선진국으로 진입할수록 청렴도도 높아진다. 부정부패라는 부작용의 가능성 때문에 경제성장을 매도하거나 산업혁명을 거부하는 것을 단순히 무지의 소치로 치부하기엔 국가와 국민이 입는 피해가 너무도 막대하다. 산업화에 실패하여 겪은 치욕적인 근대사까지 거론하지 않더라도, 당장 국민소득이 낮은 저개발국 상황만 둘러보아도 금방 실감할 수 있지 않은가. 산업혁명과 경제성장에 관한 과도한 비판과 거부는 성장통이 무서워 계속 어린이로 살겠다는 것만큼이나 어리석은 일이다.

그렇다고 수출적자를 무한정 누적시킬 수는 없는 일이었다. 과하면 목숨까지 잃을 수 있는 극약처방과도 같은 것이기 때문이다. 그렇다면 우리는 어떻게 적자수출의 늪에서 탈출할 수 있었을까?

정부는 독점기업 한 곳에만 혜택을 준 것이 아니었다. 같은 산업군 내에서 가능성 있는 몇몇 기업에 동등한 혜택을 주고, 제한된 기간 내에 무한경쟁을 시켰다. 수출 가능성이 있는 전자 산업군에서는 럭키금성, 삼성전자, 아남전자, 대한전선, 대우전자, 삼보컴퓨터 등이 경쟁을 벌였다. 섬유 산업군(선경그룹, 제일모직, 쌍방울, 태화, 범표 등)도, 자동차 산업군(현대, 대우, 새한, 기아 등)도, 종합상사군(대우, 국제, LG, 쌍용, 삼성물산, 현대, SK네트웍스 등)도 그렇게 동일한 산업군 내에서 치열한 경쟁을 벌였다.

만일 우리가 대부분의 개도국이나 공산주의 국가들처럼 특정 기업에만 독점적 특혜를 주었더라면 결코 국제경쟁력을 확보하지 못했을 것이다. 적자수출의 늪에서도 벗어날 수 없었을 것이다. 정부는 산업군 내

[그림16] 연도별 100대 기업 잔존율[25]

(단위: 개사)

1955년	1965년	1975년	1985년	1995년	2005년
100	13	12	9	11	7
	100	25	17	18	8
		100	38	29	20
			100	61	29
				100	47
					100

치열한 경쟁을 통해 자생력을 갖춘 기업만이 살아남을 수 있도록 유도했다. 적자생존의 경쟁이 얼마나 치열했는지 시대별 100대 기업 잔존율을 보면 미루어 짐작할 수 있을 것이다. 그림16에서 보듯 50년 동안 100대 기업 안에 남은 기업은 단 7개 사밖에 없다. 30년 동안 20여 개사, 그리고 10년 잔존율조차 채 절반이 되지 않는다.

대마불사大馬不死는 없었다. 대기업도 국제경쟁력을 확보하지 않으면 도산하고 말았다. 어쩌면 적자수출에 의존하던 급조된 신생기업이 국제경쟁력을 갖춘 세계적인 기업으로 성장한 것이 기적 중에 가장 큰 기적일지도 모른다. 적자생존만이 존재하는 정글에서 살아남기 위해 기업가, 기술자 그리고 근로자는 제각기 사즉생의 각오로 최선을 다했을 것이다. 단시간 내에 기술을 자립하고 경영을 효율화함으로써 적자수출에 의존하던 후진국의 신생기업이 선진국의 유수 기업들과 경쟁할 수 있는 알짜 기업으로 성장하기 시작했다.

그러나 이 과정에서 기업이 한시적으로 누렸던 경제적 특혜는 '방만경영'이라는 성장통을 초래했다. 하지만 그런 특혜가 없었다면 국제경쟁이 가능한 일류 기업은 아예 생길 수조차 없었을지 모른다. 사회주의와 남미국가를 비롯한 제3국가의 국영, 민영, 독점기업들도 대부분 국가로부터 많은 특혜를 받았지만 실패한 것은 결국 국제경쟁력을 확보하지 못했기 때문이었다. 우리도 국적기업에게 특혜를 준 것은 사실이지만 다행히 국제경쟁력을 확보함으로써 국가와 사회로부터 받은 특혜에 일부 보답한 셈이다.

《포브스 글로벌 2000》에 랭크된 2,000개의 글로벌 기업 중 한국기업은 총 62개였다(2019년). 삼성전자 13위, SK 179위, 현대 225위, 포스코 323위, LG 502위…. 적자수출에 의존하던 후진국에서 세계적 명품기업이 탄생하기 시작한 것이다.

한강의 기적, 그 두 번째 비밀 '적자수출'

수출주도 산업화라는 엉터리없는 정책을 성공시킨 것은 적자수출이었다. 적자수출로 인한 기업 결손을 동일상품의 국내 판매 이윤으로 벌충하면서 국가경제와 수출기업의 동반성장을 가능케 했다. 그 과정에서 국내 대량고용을 창출하면서 산업군 내에서 치열한 경쟁을 유도하여 기업의 국제경쟁력을 키워낸 것 또한 기적이었다. 적자수출로 외환을 확보한 나라. 적자수출로 고용을 급조한 나라. 비록 벼랑 끝에서 채택한 극약처방이었지만, 기업가·기술자·근로자가 함께 힘을 모아 한강의 기적을 만들어냈던 것이다.

최저가 낙찰제

수출주도 산업화가 성공할 수 있었던 것은 적자수출이라는 극약처방이 있었기 때문이었다. 그러나 적자가 계속 누적되면 기업도 나라도 망하게 마련이다. 그렇다면 적자를 어떻게 흑자로 전환시킬 수 있었을까? 치열한 경쟁유도와 기업가·기술자·근로자가 합심하여 발휘한 민족적 저력. 그리고 또 하나 빼놓을 수 없는 것이 바로 배보다 배꼽이 더 컸던 '최저가 낙찰제'였다. 부실시공과 사고의 원인이라고 항상 지탄받던 최저가 낙찰제가 '한강의 기적'을 성공시킨 마지막 숨은 공신이라고? 어떻게 그럴 수 있었을까?

물류비용은 제조업을 견인한다

경제의 적자와 흑자를 결정하는 가장 중요한 요소 중 하나가 물류비용이다. 선진국은 대부분 운하, 도로, 철도, 해운 등 유통망이 발전하기 좋은 자연조건과 경제적 여건을 갖추고 있었다.

인류역사상 최초로 경제성장이 가속한 나라 네덜란드는 유럽에서 강의 하구에 위치했고 간척지가 많아 상품의 수송이 원활해 상업국가로 발전할 수 있었다. 영국은 섬나라여서 해운도 좋았지만, 양을 키우기 좋은 구릉이 대부분이어서 내륙에도 운하나 도로를 놓기에 아주 좋은 지리적 조건을 갖고 있었다. 그런 면에서 영국은 천혜의 조건을 가진 나라였다. 도로와 철도가 급속히 늘어나면서 영국의 경제는 가속적으로 발전했다.

북미대륙은 뉴욕과 오대호를 연결하는 이리 운하(Erie Canal)가 동부 대서양 항구와 내륙 간을 연결하고, 대륙의 남북으로 흐르는 미시시피강과 수없이 뻗어나온 지류들로 값싼 수로가 잘 발달되어 있었다. 또한 1차 산업혁명으로 영국 등 유럽 자본이 미국의 철도투자에 몰려 경제가 발전할 당시 운하, 철도, 도로가 신경망처럼 촘촘하게 뻗어 나갈 수 있었다.

이 신경망이 광대한 국내시장을 하나로 연결시켜 백화점 체인, 통신판매 등 거대 유통산업을 발전시켰다. 상업의 발전은 제조업의 발전을 견인한다. 대륙을 종횡무진 질주하는 거대 철도회사를 통해 미국은 대기업 경영의 노하우가 축적되었다. 운하, 철도, 도로 등 경제의 핏줄이 뻗어 나가고, 그것을 통해 피가 공급되자 수만 년의 긴 잠에서 깨어난 거인 북미대륙이 세계를 호령하는 초강대국으로 일어설 수 있었다.

불행하게도 악산惡山이 반도 전체를 뒤덮고 있는 한반도는 선발국에 비해 교통, 물류 인프라를 건설하기 매우 어려운 조건이었고 투자 재원 또한 절대 부족했다. 해방 직후에 우리나라의 도로는 총 2만 4,031km 였다. 그나마 5,263km의 국도 가운데 포장된 도로는 746.4km에 불과했다.[26] 원가 몇 푼 차이로 성공과 실패가 결정되는 수출경쟁에 성공하기 위해서는 무엇보다 값싼 물류 인프라 조성이 시급했다.

쌀도 모자라는데 고속도로가 웬 말이냐

경부고속도로 건설 논의가 시작되던 당시는 춘궁기에 굶어 죽는 사람이 나오기도 하던 때였다. 그래서 쌀도 모자라는데 고속도로가 웬 말이냐는 등 우량농지를 훼손한다는 등 부정적인 시각이 더 많았다. 특히 막대한 건설비는 '국가재정 파탄'에 대한 우려를 낳을 정도였다.

처음 '서울-부산 간'이라는 구간만 밝힌 채 건설비용을 조사한 결과, 경제기획원은 아예 산출을 포기했고, 서울시청은 180억 원, 현대건설 280억 원, 재무부 330억 원, 육군 공병감실은 490억 원을 올렸으며, 건설부는 가장 많은 금액인 650억 원(이후 450억 원으로 조정)을 제출했다.[27] 건설비에 대한 산출의 편차가 심했다.

마침 우리와 지형이 비슷한 일본이 당시 메이신고속도로(나고야-오사카 간)와 도메이고속도로(도쿄-나고야 간)를 건설한 사례가 있었다. 1km당 공사비는 수월한 부분은 7억 원, 조건이 까다로운 부분은 10억 원이 소요된 것으로 알려졌다. 이는 당시 경부고속도로 건설에 참고할 가장 현실적인 데이터라고 볼 수 있었는데, 이 단가를 적용해 430km의 건설비를 계산해보면 약 3,500억 원이 소요될 것으로 전망됐다. 이는 1967년 우리나라 1년치 국가예산의 2배나 되는 금액이었다.[28]

정부는 막대한 건설비를 위해 국제부흥개발은행(IBRD)에 차관을 요청했지만 실패했다. IBRD 전문가들은 경부고속도로 대신 기존의 도로 보수를 대안으로 제시했다. 어느 모로 보나 한국에 고속도로를 건설하는 것은 불가능하다는 것이었다.

배보다 배꼽이 더 큰 공사

그럼에도 불구하고 우여곡절 끝에 태국에서 고속도로 건설 경험이 약간 있던 현대건설이 약 330억 원(예비비 포함)에 낙찰받았다. 일본 공사비 기준으로 3,500억짜리 공사를 10분의 1도 안되는 가격에 낙찰받은 것이다. 1km당 1억 원이 든 셈이다. 이게 얼마나 헐값인지 오른쪽 그림17을 보면 알 수 있다.

일본이 고속도로 공사비가 높은 이유는 산과 계곡이 많기 때문이다. 그에 비해 이탈리아, 프랑스 등은 평원, 구릉이 많아서 건설비가 상대적으로 저렴하다. 그런데 우리는 일본보다 더 악조건하에서 세계에서 가장 싼 값으로, 가장 단기간에 고속도로를 완성한 것이었다.

경부고속도로는 330억 원에 낙찰됐지만 실제 건설비는 430억 원이 들어갔다. 문제는 1990년 말까지 유지·보수비가 건설비의 4배나 소요되었다는 점이다. 배보다 배꼽이 크다는 비판이 난무했다. 최초 건설비가 430억 원인데 20년 동안 보수비가 1,527억 원 들어간 엉터리없는

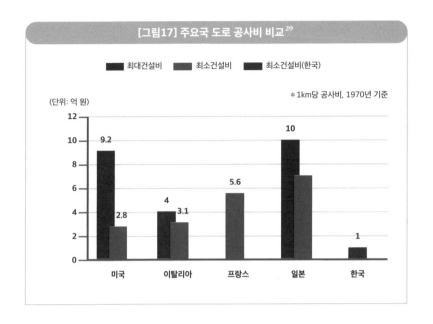

[그림17] 주요국 도로 공사비 비교[29]

■ 최대건설비 ■ 최소건설비 ■ 최소건설비(한국)

(단위: 억 원)   * 1km당 공사비, 1970년 기준

공사를 했다는 것이다. 실제로 경부고속도로는 기공식도 하기 전에 땜질부터 해댔다. 부실시공 논란이 끊이지 않았다.

그렇다면 한번 생각해보자. 우리는 그때 어떤 선택을 하는 게 옳았을까.

1안

430억 원으로 건설하고 이후 20년 동안 보수비 1,527억 원 들어가는

경우(경부고속도로 연장 430km로 가정, 건설비 1km당 1억 원으로 계산)

2안

일본 수준의 건설비 3,010억 원으로 건설하고, 대신 보수비 0원인 경

우(일본 건설비를 한국의 최소 7배로 가정, 건설비 1km당 7억 원으로 계산)

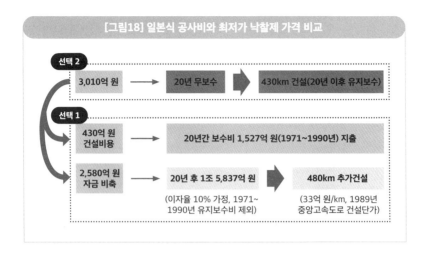

[그림18] 일본식 공사비와 최저가 낙찰제 가격 비교

선택 2
3,010억 원 → 20년 무보수 ➡ 430km 건설(20년 이후 유지보수)

선택 1
430억 원 건설비용 → 20년간 보수비 1,527억 원(1971~1990년) 지출

2,580억 원 자금 비축 → 20년 후 1조 5,837억 원 ➡ 480km 추가건설

(이자율 10% 가정, 1971~1990년 유지보수비 제외)　(33억 원/km, 1989년 중앙고속도로 건설단가)

 2안의 경우, 일본 시공비가 한국 시공비의 최소 7배가 소요된다는 가정하에 1km당 7억 원으로 계산하면, 일본식으로 경부고속도로를 만드는 데 총 3,010억 원이 들어간다. 물론, 일본식으로 공사를 해도 당연히 보수비가 들어가겠지만, 보수비는 제로라고 가정한 상태에서 계산해보자. 공사비 3,010억 원을 고스란히 지불한 후 20년 동안 서울에서 부산까지 430km의 고속도로를 별탈 없이 '유지'할 수는 있었을 것이다.

 그러나 우리 정부는 1안을 택했다. 최저가인 430억 원으로 무리하게 고속도로를 건설했다. 그랬더니 20년간 유지 보수비가 1,527억 원 들었다. 대신 2안의 건설비 3,010억 원에서 실제 공사비를 430억 원을 빼고 약 2,580억 원이 남았다. 이 2,580억 원을 이자율 10% 복리로 계산하면(그 당시에 이자율 10%는 절대로 과장된 게 아니다) 20년 후에 1조 5,837억 원으로 불어난다. 이 금액이면 1km당 33억 원짜리 고속도로 480km를 추가로 건설할 수 있다. 1km당 33억 원이라는 것은 1989년 중앙고속도로를 건설했을 때의 건설단가다. 건설비용 430억 원만 지불하고 남은 돈 2,580억 원을 잘 불리면 후에 480km의 고속도로를, 그 당시 시가로 추가 건설할 수 있다는 얘기다. 2,580억 원의 여유 자금을 이자율 10%로 20년간 계속 늘리면 비축분이 1조 5,913억 원이 된다. 그동안 유지보수비를 모두 차감하고 나서도 여유자금이 1조 5,837억 원 남는다.

1985년 중부고속도로의 건설비가 3,867억 원, 1989년에 중앙고속도로의 건설비가 9,289억 원이었다. 1km당 공사비 단가를 30억 원 내외로 보면 고속도로 2개의 건설비를 다 합쳐도 1조 3,156억 원이다. 그러니까 경부고속도로를 건설하고 남은 여유자금으로 이 2개의 고속도로를 더 건설할 수 있었다는 결론에 도달한다.

동일한 자금으로 경부고속도로 하나만 건설하고 끝낼 수도 있었지만, 우리 정부는 최저가로 건설해 같은 돈으로 3개의 고속도로를 건설했던 것이다. 그만큼 사회적 인프라를 싸게 더 많이 확보했다는 의미다.

경부고속도로가 수출의 대동맥이 된 것은 그저 '건설'했기 때문이 아니라 '값싸게 건설'했기 때문이다. 그 작은 차이가 수출가격경쟁의 승패를 결정한 경우가 수없이 많았을 것이다.

더 빨리, 더 싸게, 더 많이

경부고속도로는 제2차 경제개발 5개년 계획 기간인 1968년 2월 1일에 착공해 16년 걸린다는 공사를 단 2년 5개월 만에 끝냈다. '시공에

16개 업체를 비롯해 3개 건설공병단'까지 참여했으며 '연인원 892만 8,000명과 165만 대의 장비가 투입'된 그야말로 전투적이며 초고속으로 진행된 사업이었다.

경부고속도로는 국토의 대동맥 역할을 하며 시공간을 축소해 '도시화·산업화'를 견인했다. 경공업 중심이던 산업구조를 중화학공업과 수출 중심으로 탈바꿈시켰다. 또한 경부고속도로 건설로 축적된 토목기술과 노하우는 중동 등 해외 건설시장 진출의 밑거름이 되었다.

한 신문사의 조사에 따르면 1970년 1만 대에 불과하던 경부고속도로 통행량은 2019년 77만대로 늘었다. 같은 기간 자동차 등록 대수는 13만 대에서 2,368만 대가 돼 182배로 폭증했다.[30] 초기 10년간에 비해 화물 수송은 16배 증가했으며 개통 당시 50%가 넘었던 승용차의 비율이 10년이 지난 시점에선 화물차 위주로 확대되었다.[31]

다시 한번 강조하자면, 이와 같은 눈부신 성과는 경부고속도로를 건설했기 때문이 아니라, 놀랄 만큼 '싼' 가격으로 건설해 물류비용을 획기적으로 낮추었기 때문에 비로소 가능한 것이었다. 경부고속도로를 시작으로 현재 우리나라엔 총 4,767km(2019년 05월 기준)[32]의 고속도로망이 전국을 실핏줄처럼 연결하고 있다.

최저가 낙찰제로 배보다 배꼽이 더 큰 경부고속도로를 놓은 그 숨겨진 비법. 그것은 최저가격으로 인프라를 건설해 물류비용을 낮추고, 또 거기서 절감한 비용으로 새로운 인프라를 더 많이 건설해, 경제성장을 더 앞당겼다는 것이다.

영국, 미국 같은 선발국은 자연조건이 좋아서, 또 자본이 많아서 건설할 수 있었던 인프라를, 우리는 최저가 낙찰제로 단시간에 해결했다. 물류비용이 낮으면 수출경쟁에서 이길 수 있지만 물류비용이 높으면 질 수밖에 없다. 우리는 열악한 상황을 신속한 사회 인프라 건설과 저가 건설로 극복했던 것이다. 그리고 초기 건설 투자분에서 절감한 자본을 생산과 수출 등 확대재생산에 투입함으로써 경제를 가속적으로 발전시킬 수 있었다.

한강의 기적, 그 세 번째 비밀 '최저가 낙찰제'

'수출주도 산업화'를 가능케 한 것이 '적자수출'이었다면, 이 출혈수출을 흑자수출로 전환하는데 기여한 것이 바로 '최저가 낙찰제'였다. 이 3가지 극약처방이 없었다면 벼랑 끝에 내몰린 우리 경제는 한강의 기적을 꿈꿀 수조차 없었을 것이다. 티셔츠 1장 더 수출하고자, 밤새 바이어와 밀고 당기며 간신히 납품에 성공할 수 있었던 이유가, 불과 2~3원의 가격 차이 때문이었다는 종합상사 직원의 색바랜 무용담이 아직도 기억에 어렴풋이 남아 있다. 최저가 낙찰제가 없었더라면 그 의기양양한 무용담이 쓰디쓴 실패의 회한으로 남게 되었을지도 모른다.

확대재생산 체제로 본 한강의 기적

사실 한강의 기적에는 '수출주도 산업화', '적자수출', '최저가 낙찰제'라는 3가지 극약처방을 성공으로 이끈 가장 원천적인 경제원리가 숨어 있었다. 그것은 가속하는 산업사회에서 후발국이 선발국을 추격할 수 있는 단 하나의 원리이기도 하다.

내생적 성장, 외생적 성장

대자연이 아무리 복잡해도 자연의 법칙에 따라 움직이듯 국가경제가 아무리 난해해도 결국 내생적 성장과 외생적 성장이라고 하는 국가발전 원리에 따라 발전하게 마련이다.

내생적 성장이론(endogenous growth theory)은 경제학자 폴 로머Paul M. Romer의 신고전 학설의 성장이론에서, 기술진보가 외생적으로 결정된다는 가정에서 벗어나, 경제 내에서 내생적으로 발생하여 지속적이고 장기적인 경제성장이 이루어지는 과정임을 설명한 것이다. 이 책에서 정의하는 내생적 혁신에 의한 내생적 성장은 로머의 내생적 성장이론과 같은 맥락에서 이해해도 좋다. 다만 필자가 정의한 '내생적 혁신'은 기술혁신에 국한된 것이 아니라 '확대재생산 체제의 선순환에 기여하는 모든 경제적·사회적 혁신까지 포괄한 개념'이다. 국내에서 민간의 자율적인 경제활동에 의해 일어난 모든 혁신이 내생적 혁신이라면 정부가 공권력을 이용해서 확대재생산을 돕는 산업정책은 외생적 혁신이다. 그리고 따라서 외국에서 일어난 모든 혁신의 도입 또한 외생적 혁신으로 정의했다.

산업사회는 우리 몸속에 피가 순환하듯 '확대재생산 체제'라고 하는 경제의 혈관을 통해 순환을 반복한다. 그 경제혈관이 순환하는 임계경로는 다음과 같다.

| Π (이윤확보) | → | K (기술개발) | → | T (기술혁신, 신제품개발) | → | D (신제품에 의한 신수요 창출) |

먼저 수요와 공급의 균형을 통해 시장에서 이윤이 창출되면, 소득이 높아지고 자본이 축적된다. 높아진 소득은 구매력을 자극해 상품의 수요를 증가시킨다. 한편 축적된 자본은 기술혁신에 투입되어 신제품 개발을 촉진한다. 처음 출하된 신제품은 통상 고가의 사치품으로 거대한

신수요를 창출한다. 다른 한편 기술혁신은 대량생산으로 제품공급을 확대한다. 그래서 경제가 성장한다. 확대된 수요(D^e)와 공급(S^e)은 시장에서 더 많은 이윤을 창출한다. 이윤이 커지면 성장도 커진다. 이런 과정을 반복하는 것이 경제성장 속도가 점점 더 빨라지는 가속사회다. 이 같은 경제성장 패턴은 다소 복잡해 보일 수 있지만 국가발전의 원리 중에서도 가장 핵심적인 부분이라 언급하지 않을 수 없다. 이러한 순환 구조를 '확대재생산 체제'라고 하며 도표로 정리하면 오른쪽 그림19와 같다.

'내생적 성장'이란 자유경쟁 시장에서 생산자와 소비자에 의한 민간의 자율적인 경제활동을 통하여 확대재생산을 반복하면서 발전하는 것이다. 이는 자유시장 경제의 가장 기본적인 구조이기도 하다.

그런데 내생적 성장의 확대재생산 과정에서 왜 개인의 소득증가에 의한 수요증가는 적고, 신제품에 의한 신수요의 증가는 매우 큰 것일까?

예를 들어 기존의 피처폰 가격은 10만 원인데 새로 출하되는 스마트폰 가격은 100만 원이라고 가정해보자. 저소득층의 소득이 오르면 아직 피처폰을 갖지 못한 이들의 수요가 증가할 것이다. 그러나 10만 원대 피처폰의 총 수요증가는 그리 크지 않다. 또 피처폰 판매 증가가 연관산업 발전이나 기술혁신에 큰 도움이 되는 것도 아니다. 그래서 저소득층의 소득증가는 양적·질적 측면에서 경제성장에 큰 영향을 주지 못한다.

그런데 100만 원짜리 고가의 스마트폰이 새로 출하되면 부유층은 새로 스마트폰을 대거 구입할 것이다. 예컨대 10배 비싼 제품이 10배 많이 팔리면 수요가 100배 증가한다. 그러면 기업은 더 좋은 신모델 개발

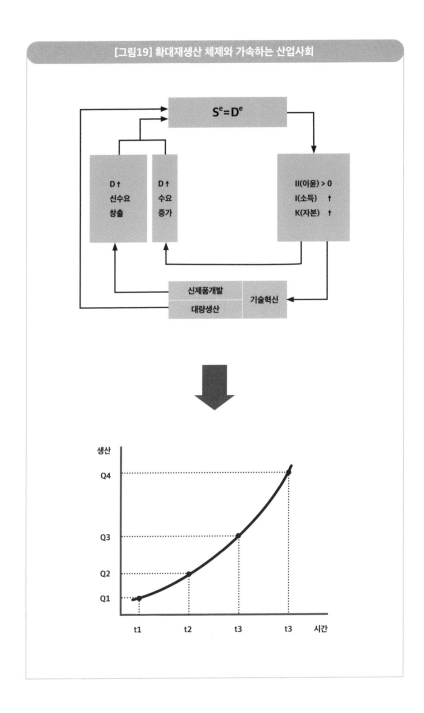

[그림19] 확대재생산 체제와 가속하는 산업사회

을 위해 기술혁신에 매진하고, 그 효과가 연관산업으로 파급된다. 그래서 값비싼 고급 신제품일수록 양적·질적 측면에서 확대재생산 체제를 더 크게 성장시키고 더 빨리 가속시킨다. 값비싼 사치품이 자본주의 사회의 경제성장에 핵심동력인 이유다.

서유럽에서 자본주의가 향신료, 면직물, 설탕, 차 등 부유층의 사치품 혹은 기호품의 무역을 기반으로 발전하였지 의식주와 같이 일반 대중의 생필품에 기반한 것은 아니었다. 산업혁명 이전의 사치품 무역은 부유층을 위한 무역이었다. 설혹 후추 가격이 떨어진다 해도 서민대중은 후추를 뿌려 먹을 스테이크가 없을 것이기 때문이다. 게다가 향신료 등의 사치품은 모두 지역 특산품이자 농산품이었기 때문에 대량생산이 불가능했고 생산을 아무리 늘려도 생산단가가 크게 낮아지지 않아 서민에게는 그림의 떡에 지나지 않았다.

그러나 산업혁명 이후 완전히 달라졌다. 기술혁신에 의해 출시된 신제품을 먼저 부유층이 고가에 구입했다. 수요가 증가해 대량생산되면 생산단가가 급격히 하락하고, 급격한 기술혁신으로 더욱더 새로워진 모델이 출하되면 기존의 제품은 구형이 되어 가격이 더욱 하락했다. 그러자 불과 얼마 전까지 부유층이 비싼 가격에 샀던 것과 같은 상품을 서민대중이 아주 싼 가격에 쓸 수 있게 되었다. 새로운 모델이 더 많이 출시될수록 기존 스마트폰 가격은 낮아져 결국 피처폰을 쓰던 서민도 스마트폰을 그것도 아주 싼 가격에 쓸 수 있게 되는 것이다.

그래서 산업혁명 이후에는 부유층 소비자가 값비싼 기술집약적 신제품을 많이 소비할수록 경제가 더 빨리 발전하고, 신제품 가격하락으로 서민대중 소비자의 복지도 향상된다. 바야흐로 소비가 미덕인 시대, 값비싼 사치품 소비일수록 더 큰 미덕인 시대가 된 것이다. 물론 이것은 고급아파트나 골동품, 미술품 같은 소비성 사치품에는 항상 해당되지 않는다. 과학기술을 기반으로 한 혁신적 상품이나 서비스에만 해당된다.

1970년대까지만 해도 경제학자들이 한국은 자동차 생산국이 될 수 없을 것으로 예측했다. 1970년대 인구 4,200만 명이 조금 넘는 수요로는[33] 부품이 2만 개가 넘는 자동차를 안정적으로 재생산할 규모를 갖출 수 없기 때문이었다. 적어도 인구가 1억 명은 넘어야 자동차 생산국이 될 수 있다는 것이 정설이었다. 그런데 한국은 1975년 첫 고유모델 자동차 포니 1대를 생산한 이후 불과 20년 만에 세계 5대 자동차 생산국으로 발전했다. 기존 자동차 산업의 상식으로는 설명이 안 되는 현상이었다.

어떻게 이것이 가능했을까? 비록 적자수출 감행으로 수출수요가 있기는 했지만, 그것도 내수가 어느 정도 받쳐주지 않으면 불가능한 일이다. 자동차의 국내수요가 충분했던 이유는 뭘까? 일본 소비자의 경우 신모델로 차를 바꾸는 데 9년이 걸렸는데, 한국 소비자들은 3년 만에 갈아치웠기 때문이었다. 4,000만 인구가 1억이 넘는 인구의 자동차 구매력을 발휘했던 것이다.[34]

한국의 대표 상품으로 등장한 휴대폰의 경우에도 유사한 현상이 나타나고 있다. 기술혁신이 빨라지고 신제품 출시 기간이 짧아질수록 한때 냄비근성이라고 지탄받던 한국 소비자, 특히 청년 얼리어답터early adopter들의 쏠림현상이 오히려 더 큰 국가적 성장동력으로 빛을 발하기 시작한 것이다.

선진국과 격차 줄이기

문제는 산업화를 통해 내생적 성장을 하면 경제가 가속적으로 성장 하긴 하지만 선발국을 따라잡을 수는 없다는 점이다. 시간이 지날수록 선발국과 후발국의 격차는 점점 더 커진다. 자본, 기술, 시장 지배력의 차이 등으로 인해 선진국은 발전속도가 빠르고 후발국은 느리기 때문 이다.

후발국이 선발국을 추격할 수 있는 유일한 방법은 시장 자율로 일어 나는 내생적 성장에 정부가 공적 개입을 통해 외생적 혁신에 의한 외생 적 성장(exogenous growth)을 추진하는 것이다. 예컨대 내생적 성장이 어린이가 자생적 생체리듬에 따라 성장하는 것이라면, 외생적 성장이란 발육이 느린 아이에게 운동을 시키고 영양제를 처방하여 더 빨리 성장 할 수 있도록 계획적으로 관리해주고 지원해주는 것과 같다. 즉 정부가 산업정책을 통해 확대재생산의 임계경로(critical path)를 더 빠르고 크 게 확장시켜주는 것이다.

앞에서 살펴본 것처럼 남미는 신자유주의에 입각한 자유무역을 하면 서 내생적 성장을 했다. 그러나 내생적 성장'만'을 하다 보니 선진국과 격차가 벌어져서 후진국형 경제로 전락했다. 그와 달리 성공한 후발국 은 자유시장을 기반으로 한 내생적 혁신에 추가로 정부가 주도하는 외 생적 혁신을 도입했다. 확대재생산 체제가 더욱 빨리 순환할 수 있도록 국가가 공적 통제를 통해 내생적 성장을 촉진시켜주었다. 이것은 학업 성취도가 낮은 학생이 자율학습만으로 우등생과 경쟁할 수 없는 경우

개인지도를 통해 우등생을 따라잡을 수 있도록 돕는 것과 같은 이치다. 자율학습이 내생적 혁신이라면 추가적인 개인지도는 외생적 혁신인 셈이다.

앞서가는 선발국의 경제성장은 내생적 성장만으로도 후발국과 격차를 벌여나갈 수 있었다. 그러나 뒤쫓는 후발국은 내생적 성장 위에 외생적 성장을 추가해야만 비로소 선발국과의 격차 확대에서 벗어나 추월까지는 못하더라도 추격이나마 꿈꿀 수 있었다.

한강의 기적을 가능케 한 원천적 경제원리. 그것은 산업화라는 내생적 성장에 정부 주도 계획경제라는 외생적 성장을 더해 경제성장을 가속해준 것. 바로 이것이었다.

외생적 혁신으로 기적을 일으키다

그렇다면 확대재생산 체제로 정부가 '한강의 기적'을 어떻게 일으켰는지 살펴보자.

교통이 정체되면 병목점 부분의 도로를 확장해주어야 하듯, 확대재생산 체제도 임계경로를 확장해주는 것이 관건이다. 그 병목점이 바로 이윤이 자본으로 축적되어 기술혁신에 투자되고, 신제품을 생산해서 신수요를 창출하여, 시장에서 확대균형을 통해 더 많은 이윤을 확보해 나가는 과정이다.

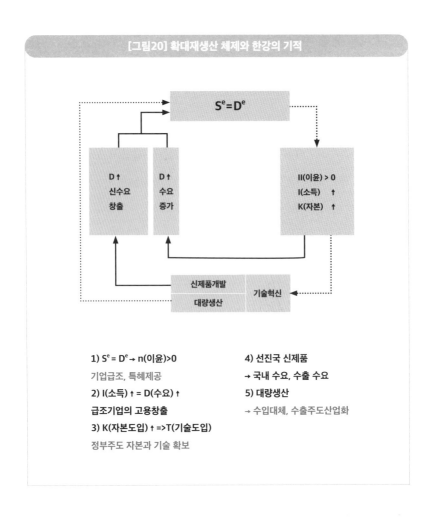

[그림20] 확대재생산 체제와 한강의 기적

$$S^e = D^e$$

D↑
신수요
창출

D↑
수요
증가

II(이윤) > 0
I(소득) ↑
K(자본) ↑

신제품개발
대량생산

기술혁신

1) $S^e = D^e$ → n(이윤)>0
기업급조, 특혜제공
2) I(소득) ↑ = D(수요) ↑
급조기업의 고용창출
3) K(자본도입) ↑ =>T(기술도입)
정부주도 자본과 기술 확보

4) 선진국 신제품
→ 국내 수요, 수출 수요
5) 대량생산
→ 수입대체, 수출주도산업화

그림20에서 점선으로 표시된 것이 후발국의 외생적 혁신이 필요한 부분이다. 성장을 처음 시작한 우리 경제는 내생적 성장의 더딘 한계를 극복하기 위해 먼저 정부가 기업을 급조하고 특혜를 제공했다. 선진국 상품의 수입을 금지함으로써 국산 공업제품에 독점이윤을 보장해주었다. 이것이 기업의 적자탈피와 이윤확보를 가능케 했다. 대일 청구권자

금, 월남전 참전, 해외차관 등 국외에서 달러를 확보해가는 동시에 저축 장려, 고금리(근로자 재산형성 저축 등) 정책 등으로 국내에서도 자본을 급조했다.

기술혁신은 선진국 상품모방(reverse engineering)이나 기술도입 등으로 해결했다. 신제품에 대한 신수요는 선진국에서 신제품이 시장에 출하될 때 이미 거대한 규모의 수요가 창출되어 있었다. 우리는 수출주도 전략으로 이미 창출된 신수요를 가격경쟁력으로 공략함으로써 왜소한 내수시장 수요의 한계를 극복했다. 공정혁신 또는 대량생산은 선진국 생산기술과 차관도입 그리고 정부 지원 및 대기업 육성을 통한 공격적 투자로 해결했다.

이것이 바로 내생적 성장의 확대재생산 임계경로를 정부가 정책적으로 확장시킨 외생적 혁신이다. 내생적 성장에 외생적 성장을 추가함으로써 고도성장을 실현한 것이 한강의 기적의 실체다.

왜 꼭 수출주도 산업화여야만 했나?

자본은 외국에서 빌려올 수 있었다. 기술도 사 오거나 모방할 수 있었다. 이미 외국에서 개발한 신제품이 있었고 국제시장에는 신수요도 있었다. 문제는 국내수요가 없다는 사실이다. 나라도 작고 국민도 가난하니 신제품의 수요가 부족할 수밖에 없었다. 그래서 선진국 수출시장에서 신수요를 확보했다. 국내에서 해결할 수 없는 수요를 수출로 해결해야 했기 때문에 수출주도 국산화가 곧 산업화의 시작이 될 수밖에 없었던 것이다. 또한 글로벌 시장에서 신생산업국이었던 한국의 수출품이 경쟁력이 없었기 때문에 선택한 것이 적자수출이었다. '적자수출'이 아니고서는 수출주도 국산화를 추진할 방법이 아예 없었기 때문이다.

당시 수출주도 국산화를 시도한 나라가 물론 우리만은 아니었다. 우리보다 먼저 성공한 나라가 대만이다. 전 세계 수많은 화상華商과 화교華僑들을 기반으로 대만은 OEM(original equipment manufacturing)이나 하도급 방식의 중소기업 전략으로 앞서가고 있었다. 그러나 우리는 국적기업의 고유모델(brand)을 가지고 국제시장에서 정면으로 승부할 수밖에 없었다. 현대자동차가 '엑셀'이라는 한국 고유모델 자동차를 처음 미국에 수출할 때 유고슬라비아에서는 '유고'라는 차를 우리보다 더 싸게 수출했다. 1986년 엑셀은 4,995달러에, 1985년 유고는 3,995달러에 수출했다.[35] 수출주도 국산화를 거국적으로 과감하게 시도한 것은 우리지만 다른 후발국들도 앞서거니 뒤서거니 하며 다들 시도했다. 수출상품은 기본적으로 선진국 상품과의 경쟁을 목표로 했다. 그러나 전자제품은 대만과, 자동차는 유고와 경쟁한 것처럼 적자수출을 하는 나라끼리 저가상품 간의 치열한 가격경쟁 또한 피할 수 없었다.

우리가 수출 경쟁력을 가지려면 생산비용은 물론이고 물류 인프라 비용도 낮춰야 했다. 경제가 성장한 선발산업국은 대부분 물류비용이 낮았다. 상업혁명이 일어난 네덜란드는 물류비용이 세계에서 제일 저렴했다. 당시 영국의 4분의 1, 또는 5분의 1밖에 안 될 정도였다. 산업혁명이 일어난 영국과 미국도 마찬가지다. 경제가 발전하고 성공한 나라는 전부 물류 인프라가 잘돼 있는 나라다. 그러나 한반도는 물류 인프라를 놓기에 좋은 조건이 아니었다. 우선 고비용 물류 구조를 극복하는 것이 수출 가격경쟁력을 확보하기 위한 관건이었다. 그래서 최저가 낙찰제를 통해서 우선 싼 값에 인프라를 깔았다. 그리고 그 값싼 인프라 덕분에 세계 각국의 피나는 경쟁 속에서도 우리가 수출 경쟁력을 확보할 수 있었다.

많은 사람이 산업화가 시장에서 저절로 일어나는 것으로 생각하는데, 절대 그렇지 않다. 결정적인 순간에는 경제성장을 국가가 정책적으로 이끌어야만 가능한 것이다.

영국의 산업혁명도 자연발생적으로 시장에서 저절로 일어난 것이 아니었다. 영국이 정책적으로 '일으킨' 것이었다. 영국, 미국 같은 선발국형 산업혁명도 그랬지만 독일, 일본, 한국, 대만 그리고 현재 중국에 이르기까지 성공적인 후발국형 산업혁명이라면 예외 없이 더욱 강력한 정부 정책에 의해 추진된 것들이었다. 후발국이 앞선 선발국과 경쟁하고 추격하기 위해서는 어떤 형태로든 무리수를 두지 않을 수 없기 때문이다.

한강의 기적도 마찬가지였다. 자유시장 경제에 의한 내생적 성장에 경제개발 5개년 계획이라는 외생적 성장이 더해져 한강의 기적을 '일으킨' 것이다. 동북아에서 뒤늦게 산업화란 막차를 탄 우리는 '수출주도 산업화', '적자수출', '최저가 낙찰제'란 정부 정책의 외생적 성장을 통해 두 자릿수의 고도성장에 성공할 수 있었다. 이것이 바로 매판자본이 일으킨 한강의 기적이었다.

《산업민주주의》라는 저서로 알려진 영국의 비어트리스 웹Beatrice Webb
은 1922년경 아시아를 방문한 후 한국인에 대해 '활동하기 불편한 더
러운 흰옷을 입은 채 이리저리 배회하는 불결하고 비천하고 무뚝뚝하
고 게으르고 신앙심이 없는 미개인'이라고 묘사하고 있다.

산업사회의 유전자를 가진 서구인의 눈에 농업사회의 유전자를 가진
조선인은 한없이 게으르고 가난하고 무기력해 보였을 것이다.

앞서 조선을 방문한 영국 왕립지리학회 소속 이사벨라 버드 비숍도
《한국과 그 이웃 나라들》이란 책에서 비슷한 이야기를 남겼다. '조선인
은 (중략)… 왜 그렇게 게으르고 더럽고 가난하고 무기력하게 살아가느
냐'는 것이었다.

그러나 같은 민족인데도 두만강 너머 러시아 연해주 땅에 정착한 조
선인들은 달랐다고 한다. '이곳에서 조선 남자는 주체성과 독립성, 영국
인에 가까운 터프한 남자'들로 변해 있었다는 것이다. 비숍은 단편적으
로 '정직한 정부 밑에서 자신들의 생계를 보호받을 수 있었기에 가능했
다'고 했지만 사실 이는 인센티브가 있느냐 없느냐의 차이 때문이었다.
인센티브가 없는 사회에서 게으르던 조선인들은 인센티브가 있는 연해
주에선 주체성과 독립성이 강하고 힘이 세고 부지런한 사람으로 변했

던 것이다. 척박한 토지에서 대대로 농사를 지어 온 조선의 쌀 생산은 정체했지만, 연해주에 처음 쌀농사를 도입해서 황무지를 논으로 개간하자 쌀 생산이 가속적으로 늘어나고 있었기 때문이다.

'코리안 타임'에서 '빨리빨리'로

한국경제가 본격적으로 산업화되기 전에 '코리안 타임Korean time'이라는 말이 있었다. 약속 시각보다 1시간씩 늦게 나타나는 사람을 비꼰 표현이다. 당시에는 그런 일이 다반사였다. 그러나 한강의 기적으로 산업화에 성공한 후 그토록 게으르고 느리던 코리안이 부지런한 '빨리빨리 코리안'으로 변했다. 한국인과 함께 일하는 외국인이 가장 먼저 배우는 단어가 '빨리빨리'일 만큼 이는 한국인을 대표하는 특징이 되었다.

한국인 하면 또한 '정확하지 않다'는 인식이 지배적이었다. 어림짐작으로 문틀을 짜고 바람을 막기 위해 문틈에 창호지를 붙였다. 그 문풍지에서는 바람이 불 때마다 부릉부릉 소리가 났다. 바깥바람이 방 안으로 새들어오는 소리였다.

그런데 일본의 문틀은 자로 잰 듯 빈틈없이 딱 맞아떨어졌다. 똑같은 나무로 만든 문인데 바람이 들어올 틈이 없었다. 그래서 한국인이 부정확하고 불분명하다는 것을 빗대어 문풍지 같다고 꼬집었다. 그러나 산업화와 함께 언제부터인가 한국인이 일본인보다 정확하고 더 분명해졌다.

고용노동부에 따르면, 2015년 기준 우리나라 임금 근로자의 연간 근로시간은 2,071시간으로 OECD 국가 평균 노동시간 1,692시간에 비해 약 400시간 정도 더 길었다. 이는 세계에서 노동시간이 가장 긴 멕시코 (2,228시간) 다음이었다.[36] 2018년 주 52시간 근무제 도입으로 현재는 근무시간이 많이 줄었지만, 적어도 산업화 이후 우리는 더 이상 게으른 사람들이 아닌 것만은 분명하다.

사회적 유전자가 바뀐 이유

이 변화는 모두 한강의 기적과 함께 일어난 일이었다. 인센티브가 없던 감속사회에서 인센티브가 있는 가속사회로 바뀌면서 우리의 사회적 유전자가 바뀐 것이다. 게으르고 무기력하던 유전자가 부지런하고 활기찬 유전자로, 느림보 유전자가 빨리빨리 유전자로, 부정확하고 불분명한 유전자가 정확하고 분명한 유전자로 바뀌었다. 농업사회의 감속하는 유전자를 가진 구인류는 사라지고, 산업사회의 가속하는 유전자를 가진 신인류로 재탄생했다. 한강의 기적이 한국인의 사회적 유전자에도 기적을 일으킨 것이다.

영국에서 상업혁명으로 경제성장이 가속하기 시작한 후 근면혁명이 일어났다. 로마의 영웅 시저가 영국 정복 전쟁에서 돌아올 때 '영국인은 워낙 더럽고 게을러서 노예로 잡아갈 만한 가치가 없다'고 한 말이 야사에 전한다. 가속사회의 인센티브 시스템이 그토록 게으른 영국인을 가장 부지런한 영국인으로 바꾼 것이었다.

현재 활기차고, 근면하고 정확하고 창의적이고… 등등 모든 한국인의 장점은 한강의 기적이라는 가속사회가 발현시킨 민족의 저력이자 새로운 국민성인 셈이다.

"한국인들은 우리 도미니카인들에게 '희망의 얼굴'입니다. 이곳에서 근무하면서 한국의 급속한 발전과정을 연구한 책을 한 권 썼습니다.

(중략) 한국인들의 '빨리빨리' 정신이 한국을 짧은 기간에 이처럼 발전시켰다고 평가하고 있습니다."

한국경제의 압축혁명 연구서를 펴낸 전 주한 도미니카공화국 대사 엑토르 갈반Hector Galvan의 말이다. 한때 '한국병'으로까지 지목받던 '빨리빨리' 문화가 오히려 경제성장의 비결로 받아들여진 셈이다.[37] 주한미국상공회의소 이사장 제프리 존스는 자신의 저서 《나는 한국이 두렵다》에서 '한국이 IT 강국이 된 것은 한국인의 급한 성미에서 기인한다'고 밝혔다.

세계가 모두 놀란 코로나19 대응방법에서도 우리의 빨리빨리 문화는 유감없이 발휘되었다. 대규모 진단키트 개발과 빠른 검사, 드라이브 스루와 워킹 스루 글로브웰 시스템 도입, 사회적 거리 두기 운동 등도 빨리빨리 문화에 창의력이 결합된 성과다. 이쯤이면 엘빈 토플러의 말처럼 속도가 중요한 시대에서 '빨리빨리'는 한국인의 가장 큰 경쟁력인 셈이다.

대륙을 가로지른 유목민의 DNA

농업사회는 감속사회다. 그러나 목축 및 유목사회는 가속사회다. 곡물생산은 체감하지만 가축의 숫자는 기하급수적으로 증가한다. 로마의 현인 키케로가 '잘살려면 가축을 잘 쳐야 하고, 적당히 살려면 가축을 적당히 치면 되고, 농사를 지으면 굶주림만 겨우 면할 수 있다'고 한 것이 바로 이 때문이다. 맬서스가 농업생산은 산술급수적으로 늘어나지만 인구는 기하급수적으로 늘어난다고 한 것과도 같은 맥락이다.

우리 한韓민족은 우랄 알타이 지역에 기원한 수렵 유목민족의 후예다. 조선朝鮮, 즉 밝은 아침을 향해 초원을 말달려 대륙의 동쪽 끝 한반도까지 달려온 민족이다.

또한 고조선부터 고구려까지 우리는 대륙을 말달리던 초원과 해상의 상업세력이었기도 했다. 훈匈奴 족과의 문화적 연관성, 신라구新羅寇의 활동을 기록한 일본 역사, 청해진의 설치 등을 보면 신라도 농경보다는 상업세력에 가까웠던 것으로 보인다.

또 고려를 건국한 왕건의 가문이 무역으로 부를 축적했다는 기록과 고구려의 후예를 자칭한 것으로 미루어볼 때 조선 이전의 우리 역사는 결코 농경민족의 역사만은 아니었다. 우리 한민족의 기상과 저력은 감속하는 농경민족의 유전자가 아니라 가속하는 유목 상업 민족의 유전자에서 발현한 것이다. 그래서 우리가 가속하는 산업사회를 향한 한강의 기적에 더욱 성공적이었는지도 모른다.

국가적 존엄성과 민족적 정체성 지킨 단 하나의 민족

우리 한민족의 역사는 끈질긴 승리자의 역사이다. 고조선은 기원전 109년 한 무제의 육군 5만, 수군 8,000명의 협공을 격퇴했다. 고구려는 612년 수양제의 113만 대군을 맞아 별동대 30만을 살수에서 전멸시켰고, 645년 당 태종의 주력을 안시성에서 격멸하여 '다시는 요동을 도모하지 말라'는 유언을 남기게 했다. 비록 고조선과 고구려가 내분으로 자멸하다시피 했지만 한민족의 끈질긴 역사는 거기서 끝나지 않았다.

신라의 요동 선공으로 시작된 나당전쟁에서 매소성의 당군 20만을 격멸하고 기벌포에서 당수군을 격파하여 통일신라 1,000년 사직을 지켰다. 고려는 1019년 거란군을 귀주에서 격파했고, 1231년부터 30년

간 세계 최강 몽골군의 6차례 침입에 끝까지 저항하여 불개토풍不改土風의 약속과 부마국의 지위를 확보했다. 이것은 몽골제국의 세계(Pax Mongolica)에서 국가적 존엄성과 민족적 정체성을 끝까지 지킨 극히 예외적 사례다.

한때 동북아 대륙에 실존했던 수백 개의 민족과 국가들, 그리고 5호16국으로 통합되었던 21개국까지도 패권국에 복속하고 흡수되기를 반복하다가 지금은 모두 흔적도 없이 소멸해버렸다. 현재 중화인민공화국 14억 인구의 92%에 달하는 한족漢族은 특정 민족이 아니라 수천 년간 서로 다른 패권국에 복속 흡수되어 뒤섞인 그 수많은 민족의 후손들을 통칭하는 것이다.

동북아 대륙에서 오늘에 이르기까지 국가적 존엄성과 민족적 정체성을 온전히 지켜온 오직 하나의 민족, 그 민족이 바로 우리다.

한강의 기적으로 되찾은 가속 유전자

그런데 이토록 자랑스런 우리 민족사가 누군가에 의해 왜곡되고 날조되어 약소민족의 수난과 치욕스런 역사로 덧칠되어 있다.

이것은 중국 사서에 기록된 중화사상의 역사 왜곡이나 한반도의 지배를 정당화하려 했던 일제의 농간 때문만이라고는 할 수 없다. 이 땅에서 태어난 우리 중에 그 누군가 우리 역사를 왜곡하는 세력이 실제 존재하고 있었기 때문일 것이다. 그들은 한족, 선비족, 거란족, 몽고족, 만주족 할 것 없이 한때 잠시 대륙을 제패한 국가를 모두 '중국'이라고 통칭함으로써 자랑스런 우리 역사를 실제 존재한 적이 없는 중국이라는 가상 국가의 침략만 받은 패배자의 수치스러운 역사로 교묘히 각색해버렸다.

이것은 고대 왕조국가와 근대 국민국가를 혼동한 무지의 소치가 아니라면 명백한 역사 왜곡이다. 바로 그들이 감속하는 농경문화를 숭상하고 가속하는 우리 고유의 민족문화를 비하함으로써 외세의 정치적 권력에 빌붙어 입신양명을 꾀하던 자들이다. 그들이 고조선에서 또 고구려에서 정치 권력을 찬탈하기 위해 외세를 끌어들여 국가와 민족을 팔아넘긴 자들이다. 그들은 퇴행적 농업사회의 문물을 금과옥조로 삼고 숭상하는 자신의 비굴함을 보상받기 위해 소중화小中華라는 말도 안 되는 명분까지 만들어낸 자들이다. 그리고 그들은 민족적 사유와 창의를 사문난적斯文亂賊으로 매도함으로써 그들이 행한 민족적 자해행위를 정당화하려 한 자들이다.

부국과 강병을 매도하는 자들이 득세한 나라의 말로가 어떤 것인지는 왜란과 호란으로 점철된 조선과 구한말 그리고 일제 치하의 치욕과 굴종의 역사가 너무나도 잘 보여주고 있다. 사대주의, 문치주의, 주자학, 농본주의, 상공업 천시, 감속경제, 문약文弱, 조공朝貢, 그리고 망국으로 가는 조선의 흑역사는 우연의 연속이 아니라 잘못된 시작으로 인해 유전돼 온 필연적인 불행이었던 것이다.

그런데 그 암담하고 처참한 역사를 온몸으로 견디어낸 우리 민족에게 감속하는 역사를 가속하는 역사로, 패배와 절망의 역사를 꿈과 희망의 역사로 환골탈태하는 계기가 된 것이 바로 한강의 기적이었다.

감속사회에서 가속사회로의 변화는 잘못된 과거와의 단절이었고 올바른 미래를 향한 새로운 시작이었다. 수출이 늘어나고 경제가 발전해서만이 아니라 감속사회의 농경민족이 가속사회의 산업민족으로 거듭났기 때문이다.

진정한 기적은 500년간 감속하는 유전자에 억눌려 빛을 보지 못하고 있던 가속하는 유전자의 민족적 저력이 본격적으로 발현되기 시작한 것이다. 그리고 이제 우리 한민족은 4차 산업혁명 시대의 더 빨리 가속하는 지식산업사회의 유전자를 향한 본격적인 진화를 시작하고 있다.

PART 3

4차 산업혁명,
불사조는 살아 있다

밀물은 모든 배를 들어올린다.
A rising tide lifts all boats.

- 존 F. 케네디

절반의 성공

전후 지구상에서 최빈국이었던 우리는 가난의 굴레에서 탈피하는 것이 가장 시급했다. 그래서 할 수 있는 한, 최대한 빨리, 초고속 경제성장을 시도했다. OECD 자료에 의하면 서유럽이 80년에서 130년 정도 걸린 경제성장을 우리는 단 25년 만에 해냈다.

이처럼 단시간에 선진국 수준으로 경제가 초고속 성장한 것을 '압축성장'이라고 한다. 압축성장에는 성장통이 따른다. 어린이나 청소년이 갑자기 성장할 때, 뼈와 근육의 자라는 속도가 달라 무릎 등에 통증이 생기는 것처럼, 경제적 압축성장은 우리 사회 여기저기 성장통을 유발했다. 만일 우리가 압축성장을 시도하지 않았다면 사회적 부작용도 오지 않았을까? 경제성장에 실패한 개도국 중 정치·경제·사회적으로 안

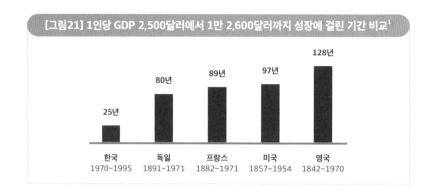

[그림21] 1인당 GDP 2,500달러에서 1만 2,600달러까지 성장에 걸린 기간 비교'

25년	80년	89년	97년	128년
한국	독일	프랑스	미국	영국
1970~1995	1891~1971	1882~1971	1857~1954	1842~1970

정된 나라는 찾아볼 수 없다. 우리가 압축성장을 시도하지 않았다면 선발국과의 격차는 점점 벌어졌을 것이다. 가난과 질병 그리고 정치·사회·문화적으로 후진적인 뭇 개도국의 상황을 벗어나는 것도 요원해졌을 것이다. 성장통은 성인이 되면 저절로 해결된다. 자라는 청소년에게 성장통이란 어른이 되기 위한 통과의례이기 때문이다.

그러나 당장은 경제성장, 고용창출, 중산층 형성 등 성공적인 압축성장은 그 이면에 부작용이라는 그늘을 드리우기 시작했다. 압축성장에 따른 성장통은 크게 세 부분으로 나눠 볼 수 있다. 독재와 민주화 같은 정치적 성장통, 기업윤리와 노동윤리 같은 경제적 성장통, 부정부패와 반反기업 정서 같은 사회적 성장통 등이다.

압축성장과 권위주의 정부

농업국이 산업화를 시작할 때는 흔히 강력한 권위주의 정부하에 추진된다. 영국이나 미국 등 선발산업국은 농업사회에서 산업사회로 넘어가기 위한 준비단계로 상업사회의 확대재투자 체제를 거쳤다. 그래서 국민이 정치·경제·사회·문화적으로 산업사회의 확대재생산 체제에 적응할 준비가 어느 정도 돼 있었다. 그러나 후발국은 상업사회를 건너뛴 채 농업사회에서 곧장 산업화에 착수했다.

감속하는 농업사회 사람에게 가속하는 산업사회를 이해시키고 설득하는 일은 결코 쉬운 일이 아니다. 감속하는 사회의 문화와 가속하는 사회의 문화는 매우 다를 뿐 아니라 상반되는 경우가 허다하기 때문이다. 이런 문화적 충돌은 국가의 미래를 결정할 경제정책 앞에서 정치적·사회적 충돌로 비화되곤 한다. 우리가 경부고속도로를 건설할 당시 국민의 심한 반대에 부딪힌 것도 농업사회의 사람에게 산업사회에 대한 이해와 공감을 끌어내기가 쉽지 않았음을 단적으로 보여주는 예다.

그렇다고 산업화를 미루면 후진국 상태를 벗어날 수 없고 선진국과의 격차도 점점 커진다. 그래서 일부 후발국의 지도자는 국민이 아직 충분히 설득되지 않은 상태에서 공권력을 이용해 앞서갔다(이 책의 주목적은 정치적 담론이 아니라 경제성장의 원리를 밝히는 데 있기에 정부에 의한 압축성장의 속도와 범위에 대한 담론은 독자의 몫으로 남겨두고자 한다).

경제성장에 실패할 경우, 독재권력을 유지하기 위해 정치적 탄압을 강화하는 경우가 있고, 대중의 인기에 영합해 포퓰리즘에 빠지는 경우가 있다. 전자는 소위 '제3세계 국가'라 불리는 저개발국, 후자는 베네수엘라 같은 남미의 사례가 있다. 이 두 유형의 국가들의 공통점은 경제 실패의 악순환이 반복된다는 점이다.

물론 개도국의 나쁜 독재자, 즉 정치를 위한 혹은 자신의 권력을 유지하기 위한 독재는 당연히 국가발전에 대부분 실패했다. 그런데 놀랍게도 선진국 추격에 성공한 극소수의 후발국 체제 또한 대부분 강력한 공권력에 의존한 것이었다. 공권력이라는 채찍만으로 충분하지 않자 민족주의라는 당근을 내밀기 시작했다. 민족주의란 사실상 국가주의(nationalism)다. 후발국 지도자는 이를 교묘하게 종족주의로 포장하여 국민을 설득 또는 선동했다. 독일, 일본, 한국, 대만 그리고 지금 중국에 이르기까지 성공한 후발국의 경우 방법과 강도에 다소 차이가 있지만 대체로 유사한 민족주의가 급조되었다.

이처럼 성장이 감속하던 농업국을 단기간에 가속하는 산업국으로 만든 성공한 후발산업국에서는 대부분 과도한 공권력 행사가 있었던 것이 사실이다. 그럼에도 불구하고 후발국의 독재체제와 공권력 남용, 인권유린, 헌정파괴, 부정부패 등에 대해 무조건 면죄부를 줄 수는 없는 일이다.

압축성장 과정에서 정치·경제·사회적 갈등과 감정의 골이 깊어졌지만 그 후유증을 슬기롭게 극복해 선진국 대열에 안착한 나라도 있고, 반목과 대립으로 선진국 진입 문턱에서 좌초된 나라도 있다.

독재와 민주화

대부분의 신생 독립국처럼 우리나라도 독립과 함께 권위주의 정부가 들어섰다. 광복의 기쁨도 잠시, 우리는 한국전쟁 특수를 누리며 경제 대국으로 부활하는 일본의 모습을 넋 놓고 바라볼 수밖에 없었다. 인과응

보는 없었다. 국민은 '못 살겠다. 갈아보자'를 외쳤다. 이것은 선거구호이기 이전에 헐벗고 굶주린 민중의 피맺힌 절규였다. 여기에 '잘살아보세'로 화답하는 정부가 들어서며 초고속 압축성장이 시작되었다. 그러나 그것은 독재와 그에 맞선 민주화 투쟁이라는 지독한 정치적 성장통의 서막이기도 했다.

'중국인은 가정을 걱정하고 일본인은 기업을 걱정하고 한국인은 나라를 걱정한다'는 말이 있다. 그만큼 한국인은 정치 지향적이다. 조선시대 사대부만 보더라도 3정승 6판서로부터 관직은커녕 과거에 응시조차 못 해본 몰락한 양반의 후손조차 치국평천하를 읊조리며 세월을 보냈으니 말이다. 조선 지식인의 의식 속엔 정치만 있고 경제는 없었다. 부국이 없으니 강병도 없었고 가난과 외침의 고초는 모두 민초들의 몫이었다. '부국'이라는 개념이 그냥 없기만 해도 다행이었을 텐데 경제적 실익은 정치적 명분에 반하는 것으로 간주했다. 그러니 한국 사회가 겪은 압축성장 과정에서의 정치적 성장통은 더 클 수밖에 없었을 것이다.

독재와 민주화 세력의 저항 사이에서 압축성장 하는 동안 우리는 극심한 이념대립에 시달려야 했다. 바람직한 미래를 위해 국론이 통일되지 못한 채 심각한 진영다툼이 이어졌다.

개인적인 정치 성향이나 사적인 감정은 뒤로하고 오로지 숫자와 통계에 관해서만 경제발전 그래프를 살펴보자. 다음 페이지의 그림22를 보면 이승만 정권 시대는 경제가 감속하는 농업경제를 벗어나지 못했다. 그러다 제3공화국 시대에 감속하던 한국의 경제성장이 가속을 시작했다. 가시적인 성과는 1980년 이후에 나타나지만 1960~70년대에 기틀이 마련된 것이었다.

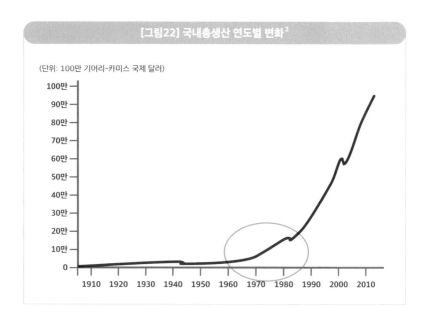

[그림22] 국내총생산 연도별 변화 [2]

(단위: 100만 기어리-카미스 국제 달러)

경제개발 5개년 계획 등 정부 주도 산업화정책으로 농업경제가 산업 경제로 질적인 변화를 했기 때문에 후에 경제성장이 본격적으로 가속 할 수 있었다. 중요한 것은 경제의 양적 변화가 아니라 질적인 변화다. 감속하는 경제에서 가속하는 경제로의 질적인 변화. 이 질적인 변화가 양적인 변화를 가능케 했다. 그런 의미에서 정치를 위한 독재와 경제를 위한 독재는 근본적으로 다르다는 사실을 경제성장 통계자료가 보여주 고 있는 셈이다.

방만경영과 노사분규

그렇다면 경제적 성장통의 모습은 어떤 것일까.

압축성장을 위해 대기업을 급조하고 특혜를 주다 보니 일부 기업의 도덕적 해이와 부정부패가 만연하기 시작했다. 기업과 정부의 유착, 금융기관과 기업의 무분별한 차입과 방만한 경영으로 기업의 부채율이 비정상적으로 높아졌다. 1980년 이후 성장 그래프는 가파르게 치솟았지만 대신 많은 상장사의 부채율도 기하급수적으로 높아졌다.

통상적으로 기업 부채비율이 400%를 넘어서면 고위험군으로 분류된다. IMF 외환위기 당시 1,000대 기업의 부채비율은 고위험군인 400%를 훨씬 넘었다.

1997년 1월 23일 한보그룹은 부채 5조 원을 갚지 못해 도산했다. 도산 당시 총부채가 5조 7,000억 원. 1990년부터 당진제철소 프로젝트를 추진했는데, 5조 원 규모의 경비 중 4조 원이 불법 대출이었다고 한다. 삼미그룹은 백화점, 세라믹스, 특수 반도체 등의 무리한 증설로 총부채가 2조 5,000억 원을 넘어 1997년에 해체되었다. 기아자동차는 계열사를 28개나 거느리는 등 무리한 사업확장으로 총 9조 5,000억 원의 빚더미에 올라 1997년 10월 22일에 법정관리를 받았다.[3]

한보에 이어 진로, 대농, 한신공영, 쌍방울, 해태, 뉴코아 등 기업들이 줄줄이 도산했다. 선진국과 경쟁하기 위해 특혜를 제공하고 때로는 국민의 혈세까지 투입하며 천신만고 끝에 키워낸 수많은 기업이 하루아침에 사라져버렸다. 힘들게 키워낸 국적 기업인데, 미리 옥석을 가려 국제경쟁력을 갖추게 했더라면 소중한 국민자산이 될 수 있었을 것이다.

한편 대립적 노사관계로 경영환경이 더욱 악화되었다. 노사분규로 인한 사회적 손실을 측정하는 것이 바로 '근로손실일수'다. 한국경제연구원이 2007년부터 10년간 한국과 미국, 일본, 영국 등 주요 4개국의 노사관계지표를 분석한 결과, 임금근로자 1,000명당 10년간 평균 노동손실일수는 한국이 4만 2,327일로 일본(245일)의 172.4배에 달했다고 밝혔다. 영국은 2만 3,360일, 미국 6,036일로 한국보다 적었다. 또한 노조원 1만 명당 쟁의건수도 가장 많은 것으로 집계되었다(한국 0.56건, 미국 0.01건, 일본 0.04건, 영국 0.18건).

재정경제원에 따르면 1996년 말 노동관계법 개정 이후 몇 달 사이

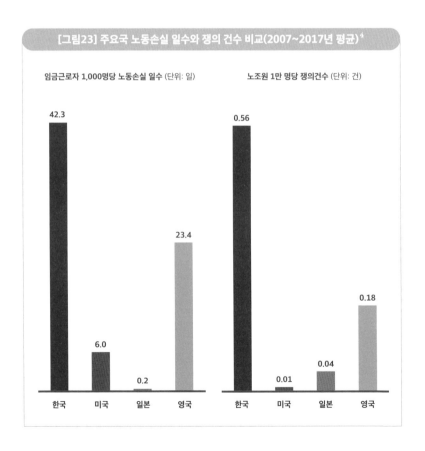

[그림23] 주요국 노동손실 일수와 쟁의 건수 비교(2007~2017년 평균)[4]

파업으로 빚어진 생산차질액과 수출차질액이 1조 4,800억 원과 2억 9,000만 달러를 각각 넘어선 것으로 드러났다. 우리나라의 대표 수출전략업종인 자동차의 경우 하루 파업만으로도 620억 원의 생산차질이 빚어지고 4,500여 대가 선적되지 못한다는 것이다. 부품을 공급하는 협력업체까지 감안하면 그 피해규모는 상상을 초월할 금액이다.[5]

현대자동차 노조는 2012년 이후 7년 연속 파업을 진행하고 있다. 르노삼성자동차는 2018년 약 7개월간 250시간(62차례) 이상 부분 파업을 벌였다. 사측에 따르면 노조의 부분 파업으로 1만 4,320대, 금액으로 환산하면 2,806억 원 규모의 생산손실을 봤다고 한다.[6] 세계는 4차 산업혁명으로 패권 다툼을 하고 있는데 우리는 국내에서 이익집단 간 이권 다툼으로 국익의 발목을 잡고 있는 것이다.

'사고 공화국'이라는 오명

사회적 문제는 대부분 정치적 문제로부터 파급된 것이다. 경제적 성취에 대한 환희와 감격은 시간이 지나면 퇴색되게 마련이다. 경제성장에 대한 피로감과 독재에 대한 반감으로 문민정부가 등장했다. 역사 바로 세우기, 금융실명제 등의 전격적인 개혁은 국민 대중의 전폭적인 지지를 받았다. 그러면서 사회적 분위기가 경제적 실익보다는 정치·사회적 명분을 우선시하는 방향으로 흘러갔다.

주자학적 사고가 남아 있는 한국의 정서상 실리보다는 도리나 명분을 따지는 것이 더 익숙한 일이었을 것이다. 이를 심리학에서는 확증편

향(confirmation bias)이란 말로 설명하기도 한다. 익숙한 과거의 것을 더 안전하게 느낀다는 것이다. 설사 미래의 새로운 그 무언가가 더 우수할지라도 말이다. 불행했던 과거가 아름다운 추억으로 기억되는 것도 마찬가지다.

그렇다면 한 번 짚고 넘어가자. 명분이란 무엇인가? 도리道理, 명의名義, 본분本分, 구실 등으로 알려져 있다. 도덕적으로 마땅히 지켜야 할 도리나 본분이 곧 명분이라는 것이다.

예송논쟁을 다들 기억할 것이다. 효종이 사망하자 계모 조대비趙大妃의 상복 문제로 조정 대신과 사대부들이 치열하게 다투었다. 효종이 차남이므로 상복을 1년 입어야 한다는 서인과, 차남이지만 왕위를 계승했기 때문에 장자와 다름없음으로 상복을 3년 입어야 한다는 남인이 팽팽하게 대립했다. 결국 서인이 이겨 상복을 1년 입었다. 그러다 이번엔 효종의 비인 인성왕후가 사망하자, 또다시 상복을 얼마 동안 입어야 하느냐로 논쟁을 벌였다. 이번에는 남인이 이겼다. 상복 때문에, 그 공허한 예법을 핑계 삼아 조선의 지도자들이 치열한 정치적 명분 다툼을 하는 동안 백성은 도탄에 빠질 수밖에 없었다.

명분의 반대말을 사전에서는 실질實質 또는 실리로 규명하고 있다. 그렇다면 실리란 무엇인가?

예송논쟁을 떠올릴 때마다 함께 떠오르는 일화가 있다. 네덜란드에는 '왕의 날', 코닝스다흐Koningsdag라는 축제가 있다. 왕의 생일을 기념해 공휴일로 지정하고 전국에서 다양한 축제를 벌인다. 국왕 율리아나의 생일은 4월 30일이었다. 그다음에 즉위한 베아트릭스 여왕의 생일은

1월 30일이었다. 왕이 바뀌었으니 당연히 왕의 생일을 기념하는 공휴일의 날짜도 바뀌는 것이 도리다. 그런데 1월에 생일 기념행사를 거행하기엔 추우니까 그 전 여왕의 생일이었던 4월 30일에 새 여왕의 생일 기념행사를 치렀다. 그러다 다시 왕이 바뀌었다. 이번 왕의 생일은 4월 27일이었다. 그러자 왕의 날 기념행사를 4월 27일로 바꾸었다.

죽은 왕을 위한 상복을 몇 년간 입을 것인가 하는 문제로 한 치의 양보도 없이 갑론을박하는 것이 명분이라면, 살아 있는 왕을 기리는 생일조차 국민의 편의에 따라 바꿔가며 축제로 진행하는 것이 곧 실리가 아니던가. 네덜란드같이 작은 나라가 한때 세계에서 가장 부강한 나라로 발전할 수 있었던 것은 이런 유연함 때문이었다.

주자학에 반하는 것은 무조건 사문난적으로 배척하던 조선의 사대부처럼, 명분이 신념으로 굳어지면 그것만큼 위험한 것이 없다. 명분에는 옳고 그름이 있고 신념은 타협을 허용하지 않기 때문에 정작 국가와 민족을 위한 실리를 놓칠 수 있기 때문이다.

1993년 3월 부산 구포역 열차전복, 1993년 7월 목포 아시아나항공 추락, 1994년 10월 성수대교 붕괴, 1995년 4월 대구 지하철 가스폭발, 1995년 6월 삼풍백화점 붕괴 등등 대형사고가 융단폭격처럼 터졌다.

구포역 하행선에서 달리던 무궁화호 열차가 전복돼 78명이 숨지고 198명이 부상당했으며, 아시아나항공 비행기가 무리한 착륙을 시도하다 68명이 사망했다. 또 성수대교 중간 상판이 부러져 달리던 자동차와 버스가 함께 한강으로 떨어져 32명이 목숨을 잃었다. 건물신축 공사장에서 새어 나온 도시가스가 대구 지하철 공사장 내부로 유입되면서 원인 모를 불씨로 폭발해 101명 사망, 202명의 부상자가 나왔다. 그리고 멀쩡하게 서 있던 삼풍백화점이 와르르 무너지면서 1,400여 명 이상의 사상자가 나왔다.

이에 한국 사회는 점점 자신감을 잃기 시작했다. 대형사고를 겪으면서 '사고 공화국'이라는 오명과 함께 한때 우리의 자부심이었던 한강의 기적과 경제성장이 한낱 부실 덩어리에 지나지 않을지도 모른다는 자괴감에 빠지기 시작했다.

이에 문민정부가 선택한 대안이 국제경제협력개발기구, 즉 OECD 가입이었다. 국제 정세와 경제에 대한 이해 부족과 국가 경영에 대한 경륜도 없이 오직 반독재 투쟁의 명분과 신념으로 국정 개혁이 가능하다고 믿었던 정부다운 결정이었다.

'선진국 클럽'이라고 알려진 OECD에 일단 가입만 하면 사고 공화국이라는 오명이 감춰지고 정부에 대한 국민의 신뢰도 회복되리라 생각했다. 정치적 명분으로 국민의 눈과 귀를 가려보려는 것이었다. 그러나 그것은 아직 인큐베이터에 있어야 할 미숙아를 너무 일찍 밖에 내놓은 것만큼 치명적인 실수였다. 이 때문에 대내적 성장통이 이제 대외적 부작용으로 옮겨가기 시작했다.

중진국의 함정에 빠지다

OECD 가입은 몸에 맞지 않는 옷으로 너무 일찍 갈아입은 것과 같았다. 아직 선진국이 되지 않았는데 선진국 흉내를 내기 시작한 것이다. 우리는 '준비되지 않은 세계화'를 시작하면서 마치 선진국이 다 된 양 선진국 기준의 제도와 국제규범을 수용했다. 자본시장, 서비스 시장의 문을 개방하고 외국인 투자를 자유화했으며 정부의 여러 보호장치를 없앴다.

준비되지 않은 세계화가 부른 IMF 사태

금융시장이 개방되고 원화가 고평가되자 선진국으로부터 단기 자본이 빠르게 흘러들어 왔다. 금융기관은 외국자본을 도입하고 기업은 어음을 발행했다. 그런 와중에 동남아 국가들이 외환위기로 달러 부족 사태를 겪게 되자, 외국 투자자들은 한국경제에도 불안감을 느껴 단기로 투자한 자금을 연장하지 않고 회수하기 시작했다. 당시 우리가 외국에 갚아야 할 돈은 1,500억 달러가 넘었는데, 가지고 있는 외화는 40억 달러에도 못 미쳤다.[7] 빚을 갚지 못한 기업이 무너지고 국가는 부도 위기에 직면하게 된 것이다. 정부는 IMF에 금융지원을 요청했다. 이는 정부의 섣부른 세계화에 의한 금융정책의 실패가 부른 '인재'였다.

처음에는 200억 달러를 요청했지만 최종적으로 550억 달러를 지원받았다. 조건은 신자유주의[8]를 무조건 수용하라는 것이었다. 한마디로 정부의 개입을 대폭 줄이고 자유주의 시장경제 체제를 선진국 수준으로 전면 시행하라는 것이었다. 자본시장을 개방하여 외국자본이 마음대로 드나들 수 있도록 하고, 국제금융 자본이 한국기업을 쉽게 인수합병할 수 있도록 하라는 것이었다. 나아가 국내 고금리 정책을 써서 부채가 많은 기업은 빨리 도산시켜 소위 부실기업을 정리하라는 것이었다. 또한 공기업도 사업축소와 인원감축 같은 고강도 구조조정을 하고 민영화하여 외국자본이 손쉽게 인수합병할 수 있도록 하라는 것이었다. 이 신자유주의를 수용하느라 우리는 혹독한 대가를 치러야 했다.

과잉진료의 후유증

1998년, 결국 대기업 39개 사를 비롯하여 1만 개의 이상의 중소기업이 부도처리 되었다. 특히 상위 30대 그룹 중 대우, 쌍용, 동아 등 11개

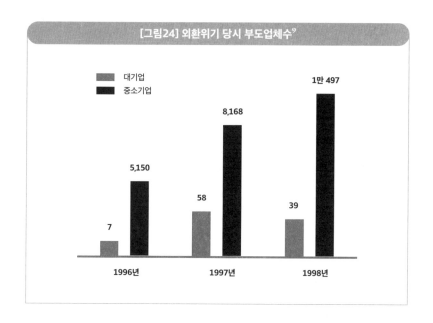

[그림24] 외환위기 당시 부도업체수[9]

대기업
중소기업

1996년: 대기업 7, 중소기업 5,150
1997년: 대기업 58, 중소기업 8,168
1998년: 대기업 39, 중소기업 1만 497

사가 퇴출되었다. 은행이 망한다는 것은 상상도 하지 못한 일이었지만 IMF 이후 동화, 대동 등 9개의 은행도 문을 닫거나 흡수되었다.

그에 따라 실업률도 크게 증가했다. 실업자도 전년보다 8.4만 명 증가하여 12.5만 명으로 집계됐다. 이는 IMF 전보다 2배 늘어난 것이었다.[10] 노동자의 해고가 쉬워지고 정규직 대신 비정규직 노동자가 늘었다. 경제성장률은 마이너스 7%대까지 내려갔다. 자살률 또한 50% 상승했다.

그런데 우리는 '금 모으기 운동' 등 민족적 응집력을 통해 2001년 8월에 빌린 돈을 모두 갚고 IMF 관리 체제를 예정보다 일찍 끝낼 수 있었다. 그러나 경제의 양적·질적 성장을 통해 위기를 벗어난 것은 아니었다. 살릴 수 있는 기업을 죽이고 자생력 있는 기업을 팔아 치우는 등 과잉희생의 대가로 위기를 모면한 것일 뿐이었다. 응급처치로 당장 목숨은 살렸다고 하나 과잉수술로 난도질당한 몸이 정상으로 돌아갈 길이 요원해진 셈이다.

당시에도 IMF 지원이 한국 문제를 해결하는 최선의 방법이 아닐 수 있다는 지적이 있었다. IMF 긴급 구제는 국제금융 자본의 더 많은 침투를 피할 수 없게 만든다는 외국 석학의 주장도 있었다. 외국 언론도 비판했듯 가계부채와 실업자가 늘고 빈부격차가 증가하는 등 불평등이 초래될 것은 예측 가능한 일이었다. 그러나 우리는 IMF의 요구조건을 그대로 수용하고 말았다. 정녕 우리에게 다른 방법은 없었을까?

1997년 외환위기 때 말레이시아의 마하티르 총리는 IMF의 요구를 거절하고 자본 통제를 시행한 결과 2년 만에 IMF 이전의 성장률을 회복할 수 있었다. 물론 당시 한국과 말레이시아의 상황을 1대 1로 비교하기는 어렵다. 그럼에도 IMF 체제가 우리한테 최선의 방법이었는가에 대해서는 많은 의문이 남는다. 과잉처방으로 한국경제가 성장동력을 상실했기 때문이다. 병을 고치려고 약을 썼는데 약이 너무 강해 유익한 세포까지 죽인 것과 같았다. 그 후 20년이 지난 오늘날까지 한국경제의 성장률은 대세 하락을 지속하고 있다.

엎친 데 덮친 격

IMF 외환위기가 닥치자 1980년대 말 공산주의 붕괴상황을 연상하는 이들이 많았다. 국가의 지나친 개입이 문제라고 생각한 이들은 IMF가 강요한 신자유주의 처방을 거부하지 않았다. 2008년 금융위기가 오자 이번엔 아예 자발적으로 신자유주의를 받아들였다. 이것은 외부적 요인에 의한 난파선에서 내부적 요인에 의한 난파선으로 옮겨 탄 것과도 같은 것이었다.

미국의 주택담보대출은 신용등급에 따라 프라임prime, 알트에이Alt-A, 서브프라임subprime 등으로 구분된다. 신용도가 높은 이에게 값싼 이자율로 돈을 빌려주는 것을 '프라임 레이트'라 하고, 신용도가 낮은 이에겐 높은 이자율로 대출해주는 것을 '서브프라임 레이트'라고 한다.

그런데 미국에서 부동산업자들이 금융기관과 결탁해 대량 주택단지를 개발해서 신용도가 낮은 이에게 프라임 레이트로 주택담보대출을 해주었다. 약정기간이 끝날 때쯤 집값이 많이 오를 것이니, 이자를 내기 어려우면 집을 팔아 현금을 챙기면 된다고 유혹했다. 그런데 약정기간이 끝났는데도 집값은 더 떨어지고 은행 이자율은 더 올랐다. 집이 팔리지 않자 은행이자의 연체에, 집 살 때 투입한(down payment) 원금까지 몽땅 날리고 맨손으로 쫓겨나는 이들이 대량 생겨났다. 이것이 바로 미국의 서브프라임 모기지 사태다.

미국의 집값이 내려가고 대출을 갚지 못하자 부실 금융회사들이 연쇄 도산하기 시작했다. 이를 우려한 발 빠른 금융회사들은 서브프라임 모기지를 파생 상품으로 전 세계에 재빨리 팔아치웠다. 문제는 금융자유화로 인해 해외로 흘러나간 부실 모기지 상품들로 전 세계 경제가 출렁이기 시작했다는 것이다. 각국의 산업 생산량이 줄어들고 GDP 성장이 급격히 하락했다.

우리나라 경제성장률도 마이너스 1.9%를 기록했다. 그러면서 전월 대비 집값이 하락했다. IMF 외환위기를 막 벗어난 우리에게 금융자본주의 세력이 만든 글로벌 경제위기는 또 한 번 치명상을 입혔다.

선진국 문턱에서 주저앉은 경제

섣부른 세계화와 OECD 가입으로 외환위기가 닥쳤고, IMF 지원으로 국가부도를 막는 대신 신자유주의를 강요받게 되었다. 그리고 2008년 글로벌 금융위기로 한국경제는 신자유주의를 능동적으로 수용했다.

이런 현상은 국제적으로 세계대전 이후 자유무역 원칙만 천명한 가트 체제(GATT, General Agreement on Tariffs and Trade)가 WTO 체제로 바뀌면서 자유무역과 자유금융이 글로벌 스탠더드로 자리 잡았기 때문이다. 또한 국내의 학자와 관료 대부분이 미국, 영국 등에서 공부한

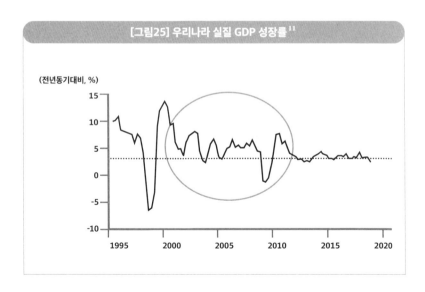

[그림25] 우리나라 실질 GDP 성장률 [11]

이들이어서 신자유주의에 깊이 물들어 있었기 때문이기도 하다.

자유주의 시장경제이론은 앞서 설명한 것처럼 내생적 성장이론이다. 이들은 선발산업국인 영국과 미국의 경제성장은 잘 설명하지만 후발산업국 독일과 일본의 성공은 제대로 설명하지 않는다. 특히 한강의 기적이 왜 성공할 수 있었는지에 대한 이론적 설명은 없다. 후발국은 외생적 성장에 의해, 즉 확대재생산 체제의 임계경로를 정부 정책으로 확장해 주어야만 선발국을 추격할 수 있다. 그런데 신자유주의를 주장하는 선진국 학자들이 외생적 혁신을 정말 모르는지 아니면 알고도 언급하지 않는 것인지는 알 수 없는 일이다.

우여곡절을 겪으며 자의 반 타의 반으로 수용할 수밖에 없었던 신자유주의 경제체제 때문에 이제 외생적 성장이 불가능해졌다. 우리는 선진국 진입 문턱에서 중진국 함정에 빠져든 한국경제의 모습을 넋 놓고 바라볼 수밖에 없었다.

신자유주의에 빠진 한국의 경제성장률은 30년째 대세 하락 기조를 벗어나지 못하고 있다. 이것은 우리가 후발국의 성공원리, 즉 한강의 기적을 가능케 한 비결이 내생적 성장에 외생적 성장을 더한 것이었다는 사실을 제대로 알지 못하기 때문이다. 외생적 성장을 하느냐 못하느냐는 선진국 대열에 진입하느냐 아니면 중진국 함정에 빠지느냐의 문제였다. 신자유주의 국제 질서와 외생적 성장에 대한 이해 부족이 한국경제를 중진국의 함정에 밀어 넣은 것이다. 우리가 천신만고 끝에 이룬 한강의 기적이 이렇게 절반의 성공으로 끝나고 말았다.

문제는 경제성장

2018년 국민소득이 3만 달러를 돌파하자 우리도 선진국이라고 성급히 주장하는 이들이 생겨났다. 그러나 우리는 명목상 3만 달러 국가였지 선진국이 된 건 아니었다. 인플레이션을 감안하면 1995년 독일의 국민소득 3만 달러는 지금 약 4만 6,000달러이기 때문이다.

2만 달러에서 3만 달러에 도달한 기간만을 놓고 보아도 미국은 9년, 독일은 5년, 일본은 5년 걸린 것에 비해 우리는 12년이나 걸렸다. 오히려 중진국의 늪에 서서히 빠져들기 시작했다고 보는 것이 더 정확한 분석이다.

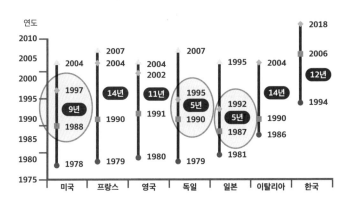

[그림26] 30-50클럽 1인당 국민총소득 달성시기 비교[12]

● 1만 달러　■ 2만 달러　◆ 3만 달러　▲ 4만 달러

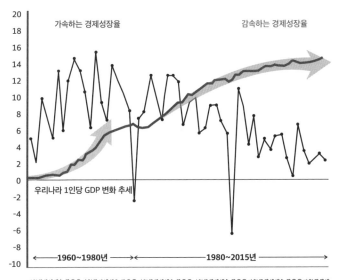

경제성장율(단위: %)

가속하는 경제성장율　　　　　　감속하는 경제성장율

우리나라 1인당 GDP 변화 추세

←—— 1960~1980년 ——→←———— 1980~2015년 ————→

뜨거워지는 냄비 속의 개구리

2013년에 이미 그 징후가 나타났다. 맥킨지는 제2차 한국보고서에서 '북핵보다 한국경제가 위기다. 한강의 기적은 멈췄다'고 발표했다. 언론보도에 의하면 한국경제는 냄비 속의 개구리와 같다는 것이다. 개구리는 변온 동물이다. 찬물에 넣고 살살 끓이면 온도가 올라가는 줄을 모른다. 온도와 체온이 같이 올라가니까 고통을 느끼지 못해 제 몸이 익어가는 줄도 모르고 서서히 죽어간다. 한때는 찬사의 대상이었던 한국경제가 조롱의 대상으로 전락해버렸다. 뜨거운 냄비 속의 개구리처럼 한국경제가 심각한 상황에 처해 있었는데 혹시 우리만 모르고 있었던 것은 아닐까.

한국의 경제성장률이 오르락내리락 변동이 심한 것은 조그만 배가 작은 파도에도 많이 흔들리는 것과 같은 이치다. 이것은 외부적 영향을 많이 받는 국가, 즉 수출의존도가 높은 국가라면 피할 수 없는 현상이다. 그런데 대외적 요인을 제거한 후 경제성장률의 추세선을 도출해보아도 지난 6개 정부의 경제성장률은 대세 하락을 지속하고 있다.

한국경제가 이미 오래전부터 성장동력을 상실해가고 있음을 보여주는 객관적 증거다. 정권교체는 여러 번 있었지만 보수와 진보 그 어느 정권도 대한민국의 성장동력을 되찾지 못했다. 정치적 공방은 치열했지만 한국병에 대한 올바른 진단도, 처방도 없다는 사실은 정말 심각한 문제가 아닐 수 없다.

N포 세대와 헬조선

성장동력의 상실로 인한 경제성장률의 대세 하락은 우리 사회에 어떤 영향을 미쳤을까.

먼저 3포 세대가 등장했다. 얼마나 괴로우면 가장 본능적인 욕구인 연애와 출산을 포기할까. 7포 세대까지 가면 꿈과 희망, 그리고 인간관계까지 포기한다. 한 언론사의 조사에 따르면 청년들이 포기하는 이유가, 지금 사회에서 이루기 힘들기 때문에(33%), 갈수록 어려워지는 취업 때문에(29%), 포기하는 게 마음이 편해서(15%), 성취의욕이 사라져서(13%)라고 자조하듯 답했다. 이 N포 세대가 바로 대한민국의 미래를 책임질 청년들의 현재 모습이다.[13]

일부 기성세대는 이런 젊은이를 보고 정신상태가 나약하다 호통치기도 한다. 자신들은 국민소득 1,000달러 시대에도, 비록 라면도 못 먹었지만 꿈과 희망을 잃지 않았다고 말이다. 국민소득 3만 달러 시절을 살면서, 밥보다 비싼 커피를 마시면서 이생망, 헬조선이라니 무슨 사치스런 투정이냐고. 배고픈 시대를 살아온 기성세대의 심정은 이해할 수 있다. 그러나 그들의 호통은 잘못이다. 왜냐하면 기성세대가 꿈과 희망을 품을 수 있었던 것은 당시의 경제성장률이 점점 더 높아지고 있었기 때문이다. 지금의 N포 세대 청년들의 포기와 절망 또한 이해할 수 있다. 현재 경제성장률이 점점 더 낮아지고 있기 때문이다.

1960~1970년대 우리나라의 경제가 비약적으로 성장하고 있을 때 사회 초년생은 꿈에 부풀어 있었다. 당장 라면 한 그릇 사 먹을 돈은 없었지만 결혼이나 내 집 마련 같은 걱정도 별로 하지 않았다. 맨손으로

사회에 나가는 것이 그리 두렵지 않았다. 선배의 성공사례를 보며 나도 그렇게 될 수 있으리라 생각했다.

그런데 IMF 외환위기 이후 경제성장률이 떨어지면서 상황이 달라지기 시작했다. 비록 국민소득은 3만 달러를 넘어서고, 밥값보다 비싼 커피를 마실 수는 있지만, 취직문은 좁아지고 승진 기회도 줄어 아무리 열심히 스펙을 쌓고 노력해도 무엇을 이룰 수 있을 것 같지가 않기 때문이다. 늘어나는 기회와 작은 성취는 인간에게 꿈과 희망을 주지만 줄어드는 기회와 잦은 실패는 포기와 좌절을 안겨준다.

국민소득 1,000달러 시대의 청년이 행복했던 이유는 1980년대까지 우리나라 경제가 가속적인 성장을 하여 기회가 늘어나고 있었기 때문이다. 그리고 지금 국민소득 3만 달러 시대의 젊은이가 불행한 이유는 경제성장률이 떨어지는 감속 성장 속에 기회가 줄어들고 있기 때문이다.

경제가 성장한다는 것은, 같은 노력을 들여도 성과가 점점 늘어난다는 것이다. 그래서 의욕이 넘치고 도전이 두렵지 않다. 오늘보다 더 나은 내일에 대한 기대감이 곧 희망이 아니던가. 경제성장이 침체되면 같은 노력을 들여도 기회가 줄어든다. 의욕도, 자신감도 꺾인다. 그러다 좌절하고 포기한다. 경제성장의 정체는 곧 절망이다. 절망하면 팔자를 탓하고 금수저, 흙수저 운운하게 된다. 결국 경제성장이 가속하면 모두 행복해지고 감속하면 모두 불행해지는 것이다. 기성세대는 젊은이를 나무라기 전에 우리가 잃어버린 성장동력과 감속하는 경제성장이 그들을 좌절하게 했음을 먼저 깨달아야 한다.

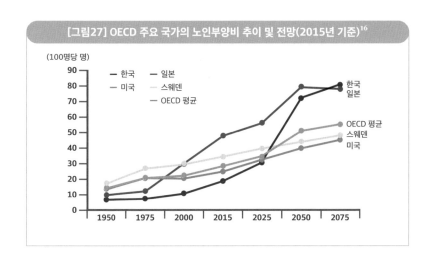

[그림27] OECD 주요 국가의 노인부양비 추이 및 전망(2015년 기준)[16]

(100명당 명)

한국　일본
미국　스웨덴
OECD 평균

한국
일본

OECD 평균
스웨덴
미국

가난한 노년, 은퇴하는 베이비부머

그렇다면 우리나라 노인은 행복한가. 대한민국의 노인 빈곤율은 세계 최고다. OECD 평균의 무려 4배 정도다.[14] 세계에서 가장 힘들고 못사는 노인이다. 그런데 이분들이 바로 국민소득 100달러짜리 나라를 1만 달러까지 끌어올린 공신들이다. 입는 것, 먹는 것 아끼며 허리띠를 졸라매고 살아온 이들이다. 독일에 간호사로 파견돼 시신을 닦았고, 탄광 막장에서 목숨을 걸고 일했다. 월남전에 참전해서 피의 대가로 돈을 모아 고국에 보냈고, 자녀들의 교육비를 세계에서 가장 많이 지불한 이들이다. 어쩌면 가장 많이 희생한 세대다. 또한 부모를 가장 잘 모신 세대이기도 하다. 그런데 정작 이들이 우리 사회에서 소외된 채 가난과 질병에 시달리고 있다.

'아니, 그러면 뼈 빠지게 키워놓은 자식들은 뭘 하고 있냐?'고 반문할 사람도 있을 것이다. 그러나 시대가 달라졌다. 지난 시절엔 형제가 못해도 네댓은 되었다. 십시일반으로 부모를 모시는 게 그리 어렵지 않았다. 그러나 요즘은 자식이 기껏해야 한두 명이다. 자녀 입장에서 보면 부모 부양비용이 2배 늘어난 것이다. 게다가 평균 수명도 늘었다. 1990년까지 한국인의 평균 수명이 70세 정도였지만 지금은 80세를 넘었다.[15] 60세부터를 부양시기로 가정한다면, 부양기간도 약 2배 늘었다. 부모 부양 부담이 자녀숫자 때문에 2배, 부양기간 때문에 2배, 총 4배 이상 늘었다. 이제 젊은 자녀들은 허리가 휘어지다 못해 부러질 판이다.

국가별 노인부양비에 대한 OECD 자료를 보면 한국은 1990년 대비 2015년 약 3배 늘었으며 향후 8배까지 늘어날 것으로 전망하고 있다. 이제 부모부양 문제는 자식이 해결할 수 있는 수준을 넘었다. 이 문제를 방치하는 것은 민족적 패륜이다. 이제 노인문제는 국가와 사회가 책임지고 함께 해결해나가야 할 우리 모두의 숙제인 것이다.

알고 보면 노인빈곤 문제의 본질도 고령화라는 사회적 변화에 부응할 만큼 경제가 성장하지 못해 일어난 현상이라 할 수 있다. 농업사회의 빈곤이, 식량생산이 인구증가를 따라갈 수 없어 일어난 비극이었다면, 오늘날 노인빈곤은 경제성장이 수명증가를 따라가지 못해 일어난 비극이다.

그런데 이게 전부가 아니다. 청년과 노년 사이에 끼인 베이비붐 세대. 1955년부터 1963년까지 1년에 80만 명에서 100만 명씩 태어난 이들은 우유도 제대로 못 먹고 자랐다. 학교에서도 책상이 없어 일부는 마룻바닥에 앉아서 공부했다. 입학시험, 입사시험 등의 경쟁도 가장 치열했다. 한꺼번에 많이 태어난 죄로 늘 기회는 부족했고 보상은 적었다. 이 베이비붐 세대들이 지금 55세를 전후해 은퇴하기 시작했다.

이들이 은퇴 후에 할 수 있는 일이란 게 아파트 경비원이나 스몰비즈니스 정도다. 퇴직금 털어서, 여기저기 종잣돈 끌어모아, 호프집·분식집·프랜차이즈 세탁소 등에 도전하지만 우리나라 스몰비즈니스 경쟁률은 세계에서 가장 높다. 미국의 3~4배 정도다. 안타깝게도 3년 이내에 10명 중 7명이 파산하고 빚더미를 안은 채 거리로 내몰린다고들 한다. 현 상황에서 베이비부머들이 스몰비즈니스를 시작하는 것은 만성병을 급성병으로 만들어 수명을 재촉하는 것과 다를바 없다.

당장 눈에 보이는 해결책이 없다. 우리나라는 청년도 불행하고 노인도 불행하고 그사이에 낀 베이비부머도 불행하다. 사회가 온통 불행하다.

그래서 우리나라가 자살 공화국이 됐다. 30~40대 가장의 자살률이 세계에서 제일 높다. 60대 이상 가장의 자살률은 아주 독보적으로 높다. 1년에 1만 3,000명 가까이 자살한다. 작년 하루만 해도 평균 38명씩 자살을 했다.[17]

통계적으로 보면 20명이 자살을 시도해야 1명이 겨우 자살에 성공한다고 한다. 1명이 자살에 성공하면 그 형제자매, 친구를 포함해서 주변의 약 20명 정도가 평생 그 트라우마를 벗어나지 못한다고들 한다. 지금 자살 공화국에 사는 우리의 현실이 어떤 상황인지 미루어 짐작할 수 있을 것이다. 정말 기가 막힌 일이다.

감속과 가속, 세상을 움직이는 2개의 힘

우리는 흔히 특정 사건이 결과를 만든다고 착각한다. 그러나 사건은 눈에 보이지 않는 힘이 현실에 투영된 현상일 뿐이다. 세상은 이처럼 눈에 보이는 '사건'과 보이지 않는 '사실'로 이루어져 있다.

1998년 갑자기 자살률이 상승했던 것은 하나의 사건이다. 그러나 그 배후에는 IMF 외환위기라는 감속과 가속의 2개의 보이지 않는 힘이 작용하고 있었기 때문이다.

현재 3포 세대, 7포 세대 문제도 그 이면을 투시해보면 감속하는 경제로 인해 노력해도 안 된다는 절망감과 피로감, 의욕상실 등이 표면화된 것이다. 출산율 저하, 노인빈곤, 높은 자살율 등의 현상도 모두 성장동력을 잃어 감속하기 시작한 경제로 인해 장애를 일으킨 사회적 신진대사 때문임을 알 수 있다.

진단이 정확해야 올바른 처방을 할 수 있다. 코로나19의 증상이 발열과 기침으로 시작된다고 해서 코로나 치료제가 아닌 해열제나 진해거담제로 바이러스를 없앨 수는 없다. 여타 사회적 문제도 성장동력의 회복과 경제성장의 가속 없이는 근본적으로 해결할 수 없는 것 또한 같은 이치다.

경제의 본질은 성장이다. 성장하고 또 성장하는 것이 가속이다. 경제성장동력이 바로 가속을 가능케 하는 힘의 원천이다. 그렇다면 어떤 방법으로 경제성장을 가속시킬 수 있을까? 그 성공방정식은 무엇인가?

선발국의 선택

산업혁명이 시작되면서 90%에 가까웠던 절대 빈곤율이 1900년에는 72%로, 1974년엔 50%대로 떨어졌다. 2010년에는 13%로 내려가 적어도 인류에게 절대빈곤은 거의 사라진 셈이다.[18] 이것은 세계인구가 10배 이상, 세계 평균 1인당 GDP도 10배 이상 증가하여 연간총생산은 100배 이상 증가했기 때문이다. 그런데도 왜 어떤 국가는 부유하고 어떤 국가는 여전히 빈곤에 허덕이는 것일까? 그 원리는 과연 무엇일까?

부자 나라의 공통점은 모두 산업혁명에 먼저 성공했다는 것이다. 또한 모두 확대재생산 체제의 반복을 통해 경제가 가속적으로 성장했다는 점이다. 산업사회란 곧 경제가 가속적으로 성장하는 사회이며, 부유한 국가가 된다는 것은 확대재생산 체제를 얼마나 빨리 순환시켜주는가에 달려 있다. 이것이 부유한 국가와 가난한 국가의 차이이며 경제성장의 기본원리였다.

그런데 현실에서도 정말 그랬을까? 그래서 이번 장에서는 국가의 경제가 성장하는 3가지 유형에 대해서 알아볼 것이다. 내생적 성장과 외생적 성장. 그리고 이 2가지 방법을 혼합한 내외생적 성장. 그리고 성장 유형별로 각 국가가 어떻게 발전해왔는지 살펴볼 것이다.

내생적 성장

앞에서도 여러 번 설명했지만 산업사회의 경제는, 자유시장에서 이윤(Π)이 확보되면 자본(K)으로 축적되어 기술혁신(T)에 투입되고, 신제품이 개발되어 신수요를 창출하는 임계경로를 중심으로 한 확대재생산의 반복에 의해 가속적으로 성장해왔다.

확대재생산 체제에서는 생산자와 소비자 개개인이 자유경쟁 시장에서 각자의 이익을 극대화하기 위한 자발적 노력으로 경제가 순환해 발전하기 때문에 내생內生적 성장이라고 한다. 경제가 성장하는 원리 즉, 국가가 발전하는 원리는 바로 확대재생산 체제에 의한 내생적 성장이다. 이것이 성장의 시작이고 국가발전의 기본원리다. 선발산업국은 가속하는 경제성장을 먼저 시작해서 오늘날 선진국으로 발전했다.

후발국도 산업화하면 확대재생산에 의해 경제가 가속성장을 하긴 한다. 후발국이 100년 늦게 산업화를 시작했을 경우 경제가 100년 늦게 발전을 한다는 점에서 시간적 차이만 있을 것 같지만 문제는 선발국과의 상대적 '격차'다.

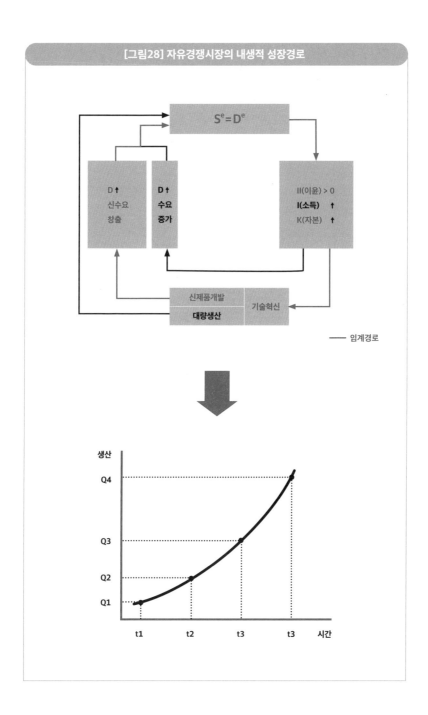

[그림28] 자유경쟁시장의 내생적 성장경로

$S^e = D^e$

| D↑ 신수요 창출 | D↑ 수요 증가 | | II(이윤) > 0 I(소득) ↑ K(자본) ↑ |

신제품개발
대량생산 | 기술혁신

—— 임계경로

생산

Q4
Q3
Q2
Q1

t1   t2   t3   t3   시간

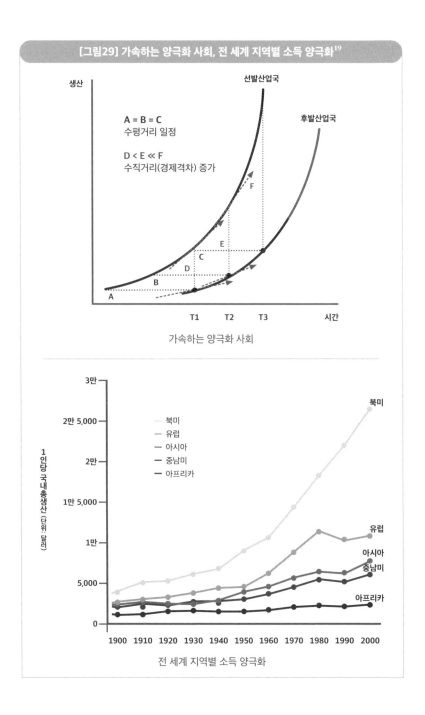

[그림29] 가속하는 양극화 사회, 전 세계 지역별 소득 양극화[19]

가속하는 양극화 사회

전 세계 지역별 소득 양극화

그림29의 위쪽 그래프에서처럼 T_1 시점에서 T_3 시점으로 갈수록 격차가 점점 더 심해진다. 후발국이 자유시장 원리에 따라 내생적 성장만을 지속할 경우 시간이 지날수록 선진국과의 경제적 격차가 커진다는 것은 경제모델과 통계자료에 의한 실증분석을 통해 확인할 수 있다.

후발산업국이 내생적 혁신을 아무리 열심히 추진해도 선발국의 경제성장 속도를 절대로 따라갈 수 없는 이유는 다음과 같다.

첫째, 기술 수준과 종류에 현격한 질적 차이가 있기 때문이다. 예를 들면 흑백TV를 만드는 나라와 컬러TV를 만드는 나라, 피처폰을 만드는 나라와 스마트폰을 만드는 나라 간에는 경제성장 속도에 차이가 날 수밖에 없다.

둘째, 자본축적과 경영기업 측면에서 상당한 차이가 나기 때문이다. 후발국의 자본은 상대적으로 왜소할 뿐만 아니라, 해외에서 차관을 도입하거나 국내에서 급조되어 수익성이 낮을 수밖에 없다. 또한 자본축적 과정에서 함께 축적되는 경영기법 또한 선발산업국 대비 상대적으로 후진적이고 비효율적이다. 결국 규모의 경제를 갖춘 거대자본이 선진경영기법에 의해 운용되는 선발국의 경제성장 속도를 후발국이 절대로 따라갈 수 없다.

셋째, 확대재생산 체제의 내생적 성장은 성장속도가 점점 더 빨라지는 가속의 속성이 있어 더 많은 원자재와 더 큰 시장을 필요로 한다. 선발산업국은 이미 세계 곳곳에 정치적·경제적 식민지를 두고 천연자원과 상품시장을 선점하고 있다. 후발국이 부족한 원자재를 새로 확보하고 시장을 개척해가다 보면 선발국보다 경제성장이 느릴 수밖에 없다. 그래서 후발산업국은 내생적 성장만 해서는 선진국을 추격하기는커녕 경제적 격차가 점점 더 확대될 수밖에 없다.

선발산업국은 내생적 성장만으로도 모든 농업국을 따돌리고 앞서나갈 수 있었다. 그러나 역사상 후발산업국이 자유경쟁 시장에서 내생적 성장만으로 선발국을 추격한 사례는 찾아볼 수 없다. 그러자 내생적 성장만으로는 선진국과의 격차를 좁힐 수 없음을 깨달은 후발국 지도자는 또 다른 경제성장 방안을 모색하기 시작했다.

외생적 성장

내생적 성장에 대한 반발로 후발국이 제일 먼저 시도한 것이 공산주의 계획경제였다. 그들은 내생적 성장을 외생外生적 성장으로 대체했다.

우리가 '한강의 기적'을 이룰 때도 경제개발 5개년 계획이라는 외생적 성장에 의해 선진국을 추격했다. 이처럼 외생적 성장이란 내생적 성장의 기반 위에 국가가 외생적인 산업정책으로 경제성장 속도를 가속시켜주는 것이다.

그런데 소련을 필두로 헝가리, 폴란드 등의 공산국은 시장원리에 의한 내생적 성장은 완전히 배제하고, 계획 경제하에 국가 주도의 외생적 성장만을 시도했다. 그랬더니 이들 국가 경제는 한결같이 몰락하고 말았다. 그 이유는 무엇일까?

내생적 성장이란 원래 자유시장에서 개인 또는 기업 단위의 확대재생산이 모두 모여 지역 또는 사회단위의 확대재생산을 형성하는 것이다. 그래서 개인 간, 집단 간 빈부격차가 발생한다. 이런 빈부격차에 의해 가진 자와 못 가진 자, 즉 자본가와 노동자라는 새로운 사회계층이 형성된다. 이는 농업사회에서 착취하는 귀족과 착취당하는 농민대중을 연상시켰다. 이러한 사회적 모순을 극복하기 위해 시도된 대혁신이 바로 공산주의 혁명이다. 농업사회의 귀족과 농민의 관계를 산업사회의 기업가와 노동자의 관계로 인식했던 것이다. 이것은 매우 큰 착각이었다.

'능력에 따라 일하고 필요에 따라 소비하는 사회…' 공산당 선언의 이 한 구절은 유토피아를 꿈꾼 이상주의자, 정의로운 사회를 추구하는 지식인, 혈기 넘치는 순수한 젊은이의 가슴에 불을 질렀다. 내생적 성장이 인간사회에 초래한 모순을 일거에 해결할 수 있을 것처럼 들렸다.

그런데 공산주의 혁명은 영국, 미국 등 산업화한 자본주의 국가에서는 모두 실패하고 농업국이었던 러시아와 중국에서만 성공했다. 공산주의 이론은 자본주의 사회의 모순을 해결하기 위한 것이었는데 정작 농업사회의 모순을 해결한 것이다.

공산주의 경제체제는 계획된 목표만큼 확대재생산을 추구한다. 개인과 기업 단위의 확대재생산은 금지하고, 사회와 국가 단위의 확대재생산만 허용했다. 이는 내생적 성장은 배제하고 국가 주도의 외생적 성장만 하는 것이다. 그러자 공산주의 사회 구성원은 계획된 목표달성은 하되 노력의 투입을 최소화하게 되었다. 잉여생산을 하지 않으려는 공산주의 사회 노동자의 행태는, 생산이 체감하기 때문에 잉여생산을 하지 않는 농업사회 농민들의 행태와 별반 차이가 없었다. 열심히 일한다고 해서 일한 만큼 인센티브가 더 주어지는 것이 아니었기 때문이다.

러시아, 중국 등 농업국에서 공산주의 혁명이 성공할 수 있었던 이유는 국영농장과 국영기업의 생산이 단기적으로는 산술급수적인 증가세

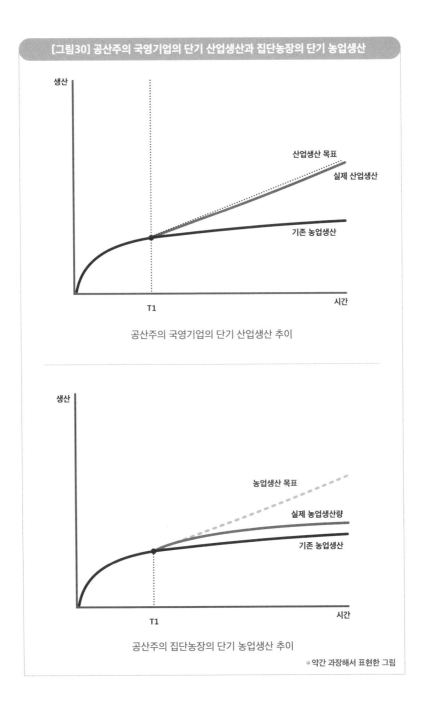

[그림30] 공산주의 국영기업의 단기 산업생산과 집단농장의 단기 농업생산

생산

산업생산 목표
실제 산업생산
기존 농업생산

T1　　　　　　　　　　　시간

공산주의 국영기업의 단기 산업생산 추이

생산

농업생산 목표
실제 농업생산량
기존 농업생산

T1　　　　　　　　　　　시간

공산주의 집단농장의 단기 농업생산 추이

＊약간 과장해서 표현한 그림

를 보였기 때문이다. 적어도 체감하는 농업생산보다 성과면에서는 더 나았다.

공산주의 집단농장에서는 매년 일정 수준 증산을 목표로 생산계획이 수립된다. 그림30의 그래프에서 보듯 산출체감이라는 농업의 속성 때문에 장기적으로는 산술급수적인 생산목표에는 못 미치겠지만 단기적으로는 영농기계화, 종자개량, 농업규모 확대 등으로 목표달성이 가능했다. 산업화한 국영기업은 산술급수적으로 책정된 국가계획 목표를 대부분 달성해냈다. 때로는 목표를 초과달성하기도 했다. 그래서 농업국에서 공산주의 혁명이 성공할 수 있었다.

그렇다고 이 같은 성과가 장기적으로 지속될 수 있는 것은 아니었다. 비록 공산 독재체제가 강압과 회유로 산술급수적 성장목표에는 어느 정도 근접할 수 있었지만 자본주의 산업사회의 가속하는 내생적 성장을 쫓아오는 것은 불가능했다. 이것은 목표 이상의 성과와 더 큰 보상을 얻기 위해 노동력과 창의력을 최대한 발휘하는 자본주의 체제와, 최소한의 노력으로 명목상의 목표만 겨우 달성하려는 공산주의 체제 간의 경쟁이었기 때문이다.

그래서 지구상에 존재하던 공산주의경제 체제는 예외 없이 모두 붕괴되고 말았다. 개개인의 피나는 노력과 창의를 끌어내는 인센티브를 충분히 제공하지 않는 체제는 아무리 아름다운 미사여구로 포장한들 한갓 신기루에 지나지 않음을 보여준 것이다. 아직도 일부 개도국에서는 여러 가지 변형된 형태로 이런 어처구니없는 실패를 답습하고 있다. 이것은 산업사회에서 내생적 성장이 선후발국을 막론하고 대체 불가능한 경제성장의 필요조건임을 증명한 것이다.

마르크스 같은 경제학의 달인이 과연 공산주의의 몰락을 예견하지 못했을까 하는 의문이 생긴다. 마르크스는 아마도 알고 있었을 것이다. 공산당 선언을 '만국의 프롤레타리아여, 단결하라!'고 끝맺고 있기 때문이다. 일국의 프롤레타리아만 단결해서 공산주의 혁명을 성공시키면 되는데 왜 꼭 '만국의 프롤레타리아'들의 대동단결을 그토록 강조했을까. 마르크스는 공산주의 체제가 자본주의 체제보다 경쟁력이 없다는 사실을 알고 있었던 것이 아닐까. 그래서 지구상의 모든 나라가 함께 공산화되어야만 공산주의 혁명이 성공할 수 있다고 생각했을지도 모를 일이다.

후발국의 성공방정식

후발국의 선각자는 내생적 성장만으로 선발국 추격은커녕 격차 확대조차 피할 수 없다는 사실을 알았다. 내생적 성장만이 아닌 무엇인가 추가적인 경제성장 동력이 필요했다. 그러나 내생적 성장을 버리고 외생적 성장만 시도한 공산주의 실험은 완전한 실패였다. 그래서 후발국은 내생적 성장을 계속하면서 추가로 '외생적 성장'을 더 하기 시작했다. 이를테면 선진국을 벤치마킹해 기술수준을 한 단계 끌어올려 준다든가, 자본축적, 수출시장 개척 등 국가가 산업정책으로 기업과 경제의 성장을 촉진시켜주는 등의 일들 말이다. 그러자 후발국이 선발국을 추월하지는 못했지만 적어도 격차가 더 벌어지는 것은 막을 수 있었다.

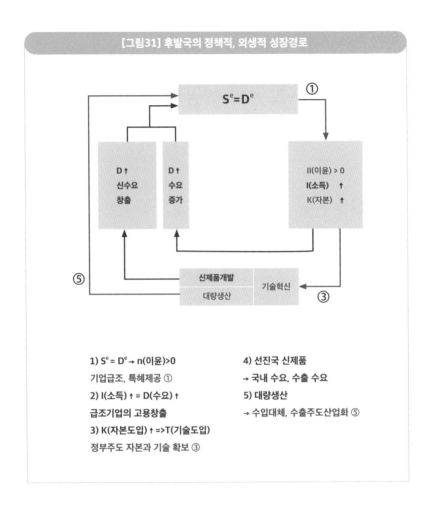

[그림31] 후발국의 정책적, 외생적 성장경로

$$S^e = D^e$$

①

D↑
신수요
창출

D↑
수요
증가

II(이윤) > 0
I(소득) ↑
K(자본) ↑

신제품개발
대량생산

기술혁신

③

⑤

1) $S^e = D^e$ → n(이윤)>0
기업급조, 특혜제공 ①
2) I(소득) ↑ = D(수요) ↑
급조기업의 고용창출
3) K(자본도입) ↑ => T(기술도입)
정부주도 자본과 기술 확보 ③

4) 선진국 신제품
→ 국내 수요, 수출 수요
5) 대량생산
→ 수입대체, 수출주도산업화 ⑤

내외생적 성장이 격차를 줄인다

산업혁명으로 최대의 산업제국이 된 영국을 미국, 독일, 일본 등이 추격해서 성공했다. 이들 국가는 산업화를 통해 내생적 성장을 하면서 보호관세법, 보조금 지원 등 국가 산업정책에 의한 외생적 성장을 더해 영국을 바싹 추격할 수 있었다. 그리고 이들보다 늦게, 훨씬 열악한 조건에서 한국과 대만도 내외생적 성장을 통해 빠른 시간에 눈부신 경제성장을 이룩할 수 있었다. 그러나 아직 절반의 성공에 머무르고 있다.

이들 성공한 후발국 경제의 공통점은 다음 2가지로 집약된다.

첫째, 내생적 성장이 국가경제의 기반이었다. 먼저 자본주의적 자유경쟁 시장을 기반으로 민간의 자발적 참여에 의한 확대재생산 체제를 구축했다.

둘째, 확대재생산 체제의 병목지점 즉 임계경로를 정책적으로 확장함으로써 경제성장을 더 빨리 가속시켰다. 이것은 정부의 시장개입이었지만 민간의 경제활동을 촉진하기 위한 '지원'이었다. 외생적 성장이란 자유시장 원리를 저해하는 것이 아니라 자유시장 원리가 더 효율적으로 작동하도록 돕는 것이기 때문이다.

앞에서 설명한 것처럼 후발국이 선발국을 추격하기 위해서는 내생적 성장에 외생적 성장이 더해져야 한다. 그러기 위해선 확대재생산 체제의 임계경로를 확장해야 된다. 이는 성공한 후발국 독일, 일본은 물론 한강의 기적 당시 우리 정부가 추진한 정책이기도 하다.

먼저 왼쪽 그림 ①에서 이윤확보(Π)와 자본축적(K)을 위해 기업에 특혜를 제공하고 국영기업을 민간에 매각하거나 장기계약으로 정부조달을 맡겼다. 장기 저리 자본이나 국가가 보증하는 해외차관을 알선하기도 하였다. 이는 이윤과 자본이 확대재생산과 경제성장을 견인하는 원천이기 때문이다.

신제품의 개발과 신수요의 창출(D)은, 기존 선발국의 기술혁신 성과와 선진국 시장수요에 수출로 편승하였다. ③선발국 신제품을 모방하거나 위탁생산 또는 기술도입(T)으로 시장에 진입했다.

적자수출의 가격경쟁력으로 일단 시장에 진입한 후발국 기업은 적자 누적으로 퇴출되느냐, 아니면 신제품을 개발해 흑자 수출로 돌아서느냐 하는 기로에 서게 된다. 한편 공급 측면에서 보면, ⑤설비증설과 저임금 노동력으로 생산을 시작한 후발국 기업은, 임금상승 압력으로 시장에서 퇴출당하느냐 공정혁신으로 대량생산에 성공하느냐의 기로에 서게 된다. 이때 기술혁신으로 신제품을 자체 개발하고 생산공정 개발에 성공한 극소수의 후발산업국만이 선진국의 꿈에 다가갈 수 있었다.

오른쪽 그림32의 위쪽 그래프는 선발국과 후발국이 내생적 성장에 의해 격차가 커지는 모습이다. 아래쪽 그래프는 후발국이 내생적 성장에 외생적 성장을 더해 발전하는 이론적 모델이다. 앞선 선발국의 기술과 자본을 도입하거나 벤치마킹하는 등 외생적 혁신을 추가하여 T_1 시점에서 선발국의 경제성장 속도만큼 후발국의 내생적 성장 속도를 보정했다. 이러한 외생적 혁신이 일회성으로 끝나면 선발국과 후발국의 격차가 또다시 확대된다. 그래서 후발국은 외생적 혁신을 끊임없이 반복해서 추진해야 한다.

다음 페이지의 그림33은 미국, 영국 등 6개 선발국과 한국, 대만 2개 후발국의 데이터를 실측한 것인데 내생적 성장만 할 동안은 선진국과의 격차가 점점 벌어지지만 외생적 성장을 동시에 추진하면서부터는 그 격차가 줄어들고 있음을 사실로 확인할 수 있다. 내외생적 성장 모델이 실제 통계자료에 의해 증명된 것이다.

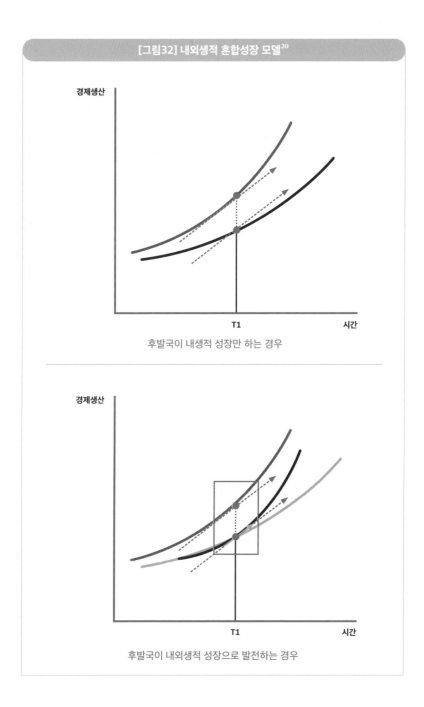

[그림32] 내외생적 혼합성장 모델[20]

경제생산

T1   시간

후발국이 내생적 성장만 하는 경우

경제생산

T1   시간

후발국이 내외생적 성장으로 발전하는 경우

추격할 것인가, 추월할 것인가

이번에는 국가발전 유형에 따라 각 국가들의 경제성장이 어떻게 변화했는지 실측 데이터를 통해 확인해보자. 농업국, 내생적 성장으로 앞서간 선발산업국, 외생적 성장만을 추구하다 몰락한 계획경제 후발산업국(공산국가), 내생적 성장만 해서 선발국과 격차가 커지고 있는 자유경제 후발산업국, 마지막으로 내외생적 성장을 통해 선발국을 어느 정도 추격한 혼합경제 후발산업국, 이상 5개 유형에 속한 국가들의 실측 데이터를 통해 경제성장의 패턴을 확인해보자.

그림33의 아래 그래프에서 ①은 선발산업국으로 내생적 성장에 의해 경제가 가속 성장한 미국 영국 등 선진 6개국이다. 맨 아래의 ②는 경제성장이 감소하는 농업국의 모습이다. 베닌, 가나, 세네갈 등 8개국은 선발산업국과 격차가 심하게 벌어지고 있다. ③은 헝가리, 폴란드 등 공산 5개국의 모습으로 외생적 성장만을 시행했다. 공산주의 혁명을 통해 계획경제를 실시해서 빠른 성장을 보이는 듯하더니 어느 순간 몰락하고 말았다. 이는 내생적 성장은 배제한 채 외생적 성장만을 시행한 결과이다. 한때 미국 다음의 슈퍼파워가 될 것으로 기대를 모았던 ④의 남미 주요 3국은 시카고 보이즈의 조언에 따라 외생적 혁신은 하지 않고 자유주의 시장원리에 입각한 내생적 성장만 했다. 그러나 기술과 자본이 충분히 축적된 선발국과의 격차는 점점 더 커져만 갔다. 심지어 남미경제는 이제 후진국 경제로 전락하는 것은 아닌가 하는 우려를 자아내고 있다.

그런데 ⑤의 한국과 대만은 여타 후발국들과 다른 방법을 택했다. 확

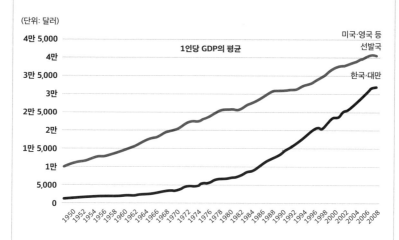

[그림33] 경제유형별 1인당 GDP[21]

① **선발산업국**
   (미국, 영국, 프랑스, 독일, 이탈리아, 캐나다)
② **농업국**
   (베닌, 부킨파소, 챠드, 가나, 마다가스카르, 말라위, 르완다, 세네갈)
③ **계획경제 후발산업국**
   (헝가리, 폴란드, 루마니아, 불가리아, 알바니아)
④ **자유경제 후발산업국**
   (브라질, 아르헨티나, 칠레)
⑤ **혼합경제 후발산업국**
   (한국, 대만)

(단위: 달러)

1인당 GDP의 평균

미국·영국 등 선발국

한국·대만

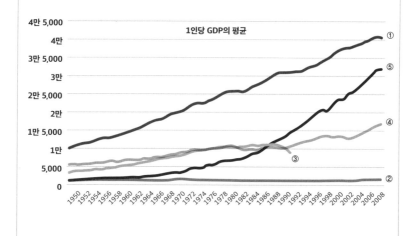

1인당 GDP의 평균

①
⑤
④
③
②

대재생산 체제가 더 빨리 순환할 수 있도록 정부가 산업정책이라는 고농축 영양제와 같은 외생적 성장을 주입해 내생적 혁신을 한층 촉진시켜주었다. 그러자 선발국을 상당 부분 쫓아갈 수 있었다. 내생적 성장의 '가속하는 속성'과 외생적 성장의 '빠른 초기 성장' 이상 2가지 장점을 혼합하여, 선발국 대비 후발국의 부족한 내생적 성장 역량을 계획 경제적 외생적 성장으로 보완할 수 있었다.

지금까지 살펴본 국가발전 방법 중에서 후발국에게는 그래도 내외생적 성장이 가장 성공적이었다. 자유경제 후발산업국과 혼합경제 후발산업국을 비교했을 때, 자유경제 후발산업국은 시간이 지날수록 경제성장이 둔화되며 선진국과 격차가 벌어졌는데, 내외생적 성장을 한 혼합경제 후발산업국은 선진국과 확대를 피할 수 있었다. 이것이 한때 GDP가 50배나 되던 남미 아르헨티나를 우리가 추월할 수 있었던 이유이기도 하다.

스퍼트와 진로방해

이론상 후발국이 내외생적 성장에 성공하면 선진국을 추월하진 못해도 적어도 상대적 격차는 계속 줄여 갈 수 있다. 그러나 선발국은 후발국이 추격해오면 불안감을 느낀다. 이런 현상을 '투키디데스의 함정Thucydides Trap'이라고 표현하기도 한다. 그래서 선발국은 스퍼트spurt와 진로방해obstruction란 '투트랙 전략'을 펼치기 시작했다.

스퍼트란 쇼트트랙에서처럼 앞 사람을 추월하기 위해 단시간에 전력을 다하여 질주하는 것을 뜻한다. 기술혁신을 통해 앞서 나가는 미국의 스퍼트는 실리콘밸리와 같은 지식산업기술에 기반한 4차 산업혁명이다. 현재 세계 경제를 선두에서 이끄는 리더로서 선후발국 간에 모두 긍정적인 동반성장을 가능케 하는 방법이다.

그런데 다른 한편으론 더는 후발국이 추격하지 못하도록 WTO 체제와 같은 무차별 자유무역과 국제금융 자유화, 선발국이 후발국을 역차별하는 보호무역 같은 진로방해 전략을 펼치기 시작했다.

세계대전 이후 가트 체제하에서 한국과 대만은 내외생적 성장으로 선발국을 맹렬히 추격할 수 있었다. 가트 체제는 자유무역에 대한 선언이었지 강제성을 갖고 있지는 않았다. 미국이 한국과 대만의 보호무역을 묵인한 것은 유럽과 일본 다음으로 미국에 값싼 소비재를 대량공급해줄 나라가 필요했기 때문이었다. 그러나 가트를 계승한 WTO는 미국 주도하에 세계 주요국이 참여하는 국제협정기구로 강제성을 가진 국제 자유무역체제였다. 패전국 독일, 일본 등의 선진국 진입으로 선진국 간의 경쟁이 과열되자 WTO 체제가 출범한 것이다. 선진국 열차가 만원이니 더 이상 탑승을 막겠다는 것이다. 다자간 국제규약으로 자유무역 등 WTO 규정을 위반하는 국가에 대해 가입국 모두가 실질적인 경제 제재를 가하게 되었다.

그리고 보호무역을 불공정무역으로 간주하여 후발국의 외생적 성장을 막았다. 내생적 성장만 허용하고 후발국이 선진국과의 격차를 줄일 수 있었던 유일한 방법인 외생적 성장은 일절 금지한 것이었다. 이는 후발국의 선진국 대열 진입을 원천 봉쇄하는 것이었고 모든 후발국의 경제성장을 가로막는 처사였다. 약자인 후발국의 보호무역을 금지하는 WTO의 완전 자유무역은 강자인 선진국의 절대우위를 보호하기 위한 역차별이라고 볼 수 있다.

내외생적 성장을 하던 대표적인 나라가 대만과 한국이다. 1970~80년 대 최고조의 성장세를 보이던 대만은 WTO 체제 이후 귀신섬이 되었다. 취업난과 집값 폭등 등으로 결혼과 출산 같은 가장 기본적인 욕망과 희망을 포기해야 하는 자신들의 처지를 '귀신 들린 섬(저주받은 섬)'이라고 불렀다. 시차를 두고 따라가던 한국은 같은 이유로 헬조선이 되었다. 물론 경제정책 실패도 한몫했을 것이다. 또 이 두 나라는 내부적으로는 압축성장의 부작용을 겪기도 했다. 그러나 선진국의 WTO 체제에 의해 외생적 성장이 금지된 것이, 중진국의 함정에 빠지게 된 더 근본적인 원인이었다.

WTO를 통해서 후발국의 성장을 가로막는 자유무역체제가 지능적이고 소극적인 진로방해라면, 선발국이 보호관세를 남발하고 후발국의 기업을 겁박하여 리쇼어링reshoring을 강요하는 것 등은 적극적인 진로방해라고 할 수 있다.

현재 벌어지고 있는 미중 무역 기술진쟁도 결국 선후발국 문제의 연장선상에서 이해되어야 한다. 중국의 외생적 혁신 시도가 그 방법이나 정도에 있어 국제관행을 지나치게 벗어난 측면이 더 강했는지, 아니면 미국의 중국 견제가 국제관행상 선발국에 의한 후발국의 진로방해를 넘어서는 지나친 압박이었는지는 훗날 역사가 평가해줄 것이다.

4차 산업혁명과 불사조 효과

우리는 북핵 위기, 사드 사태와 한중관계, 일본의 대한수출규제와 한일 관계 등 안보와 경제의 위기를 동시에 겪어왔다. 미중 무역갈등, 기술전쟁, 남중국해에서의 도서 및 해상 주권 분쟁 등 한반도와 직간접적으로 연관된 강대국과 관련국의 이해관계 또한 얽히고설켜 해결의 실마리를 찾지 못하고 있다.

이 모든 위기가 1차 대분기 당시 산업혁명에서 철저히 소외되었던 한반도의 상황과 겹쳐 보이는 것은 왜일까. 과거는 미래의 거울이다. 정말 안타까운 것은 국가발전원리에 대한 무지와 몰이해로 지금 우리가 모든 국가적 에너지를 엉뚱한 곳에 다 낭비해 행여 4차 산업혁명에 또다시 낙오되는 것은 아닐까 하는 점이다. 우리에게 주어진 마지막 기회인 4차 산업혁명을 강 건너 불구경하듯 넋 놓고 바라만 보다 또다시 고통과 치욕의 근대사를 반복하게 되는 것은 아닌가? 우리는 자력으로 선진국으로 도약할 수 있을까? WTO 체제하에서 중진국이 선진국으로 도약하는 것이 과연 가능할까? 이 같은 질문을 끊임없이 던지던 중 '불사조 효과'에서 우리가 4차 산업혁명에 성공할 수 있는 해법을 발견할 수 있었다.

불사조 효과

알다시피 '불사조'는 이집트 전설의 새다. 500년을 살고 나면 몸에 불이 붙는다. 그리고 그 재 속에서 불사조 새끼가 태어나 다시 500년을 산다. 오르간스키A. F. Kenneth Organski라는 국제정치학자는 전쟁에서 불타고 파괴된 패전국이 전후 경제발전으로 승전국보다 더 잘살게 되는 현상을 '불사조 효과'라고 불렀다. 전쟁 기간 동안 노동조합이나 생산자 단체 등과 같이 경제활동의 효율성을 떨어트리는 모든 정치적·사회적 집합행위(collective action)의 주체들이 패전으로 와해되기 때문에, 경제가 효율적으로 움직여 더 잘살게 된 것이라고 주장했다. 패전국 근로자는 낮은 임금에도 헝그리 정신으로 더 열심히 일하며, 파괴된 공장을 신기술로 새로 짓게 돼 전쟁의 파괴를 덜 겪은 승전국보다 패전국 경제가 더 효율적이라는 것이다.

그러나 오르간스키는 전후 패전국 독일과 일본의 발전은 설명했지만 승전국 미국의 발전은 설명하지 못했다. 전쟁 중에 군수품을 많이 생산했다는 건 그만큼 기술을 발전시켰다는 것을 의미한다. 독일과 일본이 패전의 잿더미에서 일어설 수 있었던 진정한 이유는 전쟁을 통해 발전시킨 기술적 토대가 있었기 때문이다.

또한 미국이 전후 초강대국 지위를 유지할 수 있었던 것은 전 세계에서 가장 많은 군수물자를 생산했기 때문이다. 실제로 승전과 패전에 상관없이 전쟁 당시 군수품을 가장 많이 개발하고 생산한 나라 순서대로 전후 선진국으로 등극했다. 그래서 미국에 이어 독일과 일본이 전후에 나란히 '3대 경제강국' 체제를 굳힐 수 있었다.

그런데 원래 선진국이었고 승전국이었던 영국은 왜 전후 독일과 일본에 밀려나게 되었을까. 독일과 일본은 철저히 자국에서 개발하고 생산한 무기로 싸웠다. 그러나 영국은 미국제 무기로 싸웠다. 미국의 군수물자 지원의 60% 이상이 영국으로 갔다. 기술개발이나 자체 생산보다는 파괴적인 전투에만 국력을 소진한 영국은 전통적 전쟁에서는 승리했을지 몰라도 미래형 산업기술 전쟁에서는 결코 승리자가 아니었다.

산업사회에서는 전쟁의 승패보다 신무기 등 전쟁물자 생산을 위해 기업과 기술에 대한 집중 투자가 더 중요할 수도 있다는 것을 불사조 효과를 통해 확인할 수 있다. 이 불사조 효과는 필자가 국가발전이론을 완성한 마지막 핵심이론이다.[22]

승전이나 패전보다 중요한 것

전쟁물자 생산 과정에서 개발된 과학기술과 양성된 엔지니어들이 전후 불사조 효과를 일으킬 수 있는 힘의 원천이었다. 이 기술력과 생산력이 전후 민수산업으로 이전되면서 패전국이 단숨에 선진국으로 도약할 수 있었던 것이다.

2차 세계대전 당시 독일은 세계 최초의 로켓 V2, 세계 최초의 제트 전투기 메서슈미트Me 262, 전설의 전차 티거 등의 기술을 보유하게 되었다. 전후 이 기술로 메르세데스, 벤츠, 아우디, BMW, 포르쉐 등의 자동차를 생산했다. 일본은 제로센 전투기, 전함 야마토, 항공모함 호쇼 등의 기술을 민수에 이전하여 조선업을 발전시키고 고속열차를 개발했으며, 도요타 등의 자동차를 생산했다.

전쟁 당시 만들었던 무기의 특성과 전후에 생산한 상품의 특성이 서로 닮은꼴인 것은 결코 우연이 아니다. 미국은 2차 세계대전 때 셔먼 탱크와 자주포를 10만 대 이상 대량생산했다. 이 대량생산 기술로 미국은 1950년 세계 자동차 생산의 75%, 1960년 47%를 점유했다.[23] 독일은 대량생산보다는 판터와 티거 시리즈 등 고급무기를 다품종 소량 생산했는데, 전후에 이 방식이 그대로 이어져 다품종 소량의 고급 자동차 시장을 석권했다. 일본은 섬나라여서 지상 무기 대신 항공기 기술이 발달했다. 가미카제 용도로 쓰이던 제로센 등 항공기 기술로 만든 일본 자동차로 철도 위를 날개 없이 나는 비행기 신칸센은 세계 최초의 고속열차였다. 또 석유 위기 이후 도요타와 닛산 등 경차를 앞세워 세계 자동차 시장을 석권했다.

2차 세계대전은 인류 역사상 가장 많은 인명 피해와 재산 피해를 남긴 가장 참혹한 전쟁이었다. 그러나 파괴와 살상만 있었던 농업사회의 전쟁과 달리 산업사회의 전쟁은 인류에게 과학기술과 신제품을 수없이 많이 선물했다. 비근한 예로 컴퓨터, 인터넷에서 마이크로웨이브 오븐에 이르기까지 수없이 많은 최신 문명의 이기들이 군사기술을 민수기술로 이전해서 생산된 제품들이다. 공공기술 스펜딩(spending policy)이 민간기술 스펜딩으로 바뀌면서 엄청난 신수요를 창출했다.

그러면서 2차 세계대전 종전과 함께 세계는 대공황의 공포와 전후 불황의 우려를 말끔히 씻고 이후 약 30년간 평화와 번영의 황금기(Golden Age)를 보낼 수 있었다. 미국의 패권 체제하에서 30여 년 동안 인류가 창출한 재화는 그전 300년, 아니 3,000년 동안보다 더 많았을 정도다.

미래는 산업과 기술에 달렸다

클라우제비츠Carl von Clausewite가 '전쟁은 정치의 연속'이라고 했는데 사실상 '전쟁은 경제의 연속'이다. 농업사회가 총생산이 정체될 때마다 전쟁을 통해 생산을 증가시켜갔다면, 산업사회도 자원과 시장의 한계를 전쟁을 통해 극복해왔기 때문이다. 전쟁과 평화라는 현상도 감속과 가속이란 경제적 힘이 작용한 것이다. 그러나 지금 우리가 처한 현실은 전쟁을 통해 경제문제를 해결할 수 있는 환경도, 시대도 아니다.

더욱이 세계 경찰국가를 자처하던 미국과 선진국들이 신자유주의와 WTO 체제로 내생적 성장만 허용하고 후발국이 유일하게 선진국과의 격차를 줄일 수 있었던 외생적 성장은 더 이상 하지 못하게 막고 있다. 후발국은 국제적으로는 선발국과의 격차 확대로 중진국의 함정에 빠졌고, 국내적으로는 빈부격차의 확대로 사회적 안전망이 파괴된 채 안팎으로 이중고에 시달리는 시대에 살고 있다. 그렇다면 정녕 우리는 이 내우외환의 상황을 어떻게 돌파해야 할까.

방법이 전혀 없는 것은 아니다. 독일과 일본이 전쟁에 이기기 위해 기술개발을 열심히 했더니 비록 전쟁에는 졌지만 전후 기술개발 효과로 인해 승전국보다 더 잘살게 된 것처럼, 전쟁에 이기기 위해 쏟아부을 국가 예산의 반의 반만이라도 4차 산업혁명을 위한 기술개발에 투자하면 그 효과는 '불사조 효과' 이상일 것이다.

불사조 효과란 한마디로 '산업기술개발 효과'이기 때문이다. 패전국이었던 독일과 일본이 전쟁 중에 개발한 신기술 덕분에 전후에 불사조처럼 화려하게 부활할 수 있었던 것처럼, 4차 산업혁명의 성공 여부도 산업과 기술에 얼마나 많이 투자할지, 과학기술자를 얼마나 많이 양성하고 신산업과 첨단기술기업을 얼마나 많이 육성해낼지에 의해 결정될 것이기 때문이다.

4차 산업혁명 성공을 위한 '산업기술 개발'이야말로 우리에게 불사조 효과이며 우리가 선진국 대열에 진입할 수 있는 유일한 통로라고 감히 단언한다.

한때 바다를 지배하는 자가 세계를 지배한다고 말하던 시절이 있었다. 그러나 엄밀히 말하면 함포를 가진 자가 세계를 지배했다. 서양에서는 최초로 함포를 가졌던 포르투갈과 스페인이 한때 바다를 지배했다. 그러다 장거리 철포를 개발한 영국이 이들을 제압하고 세계 최대 강국으로 등극했다. 그러나 고려 말에 최무선이 '진포(군산)해전'에서 왜선 500척을 격침시킨 함포는 포르투갈이 유럽에서 처음 함포를 개발해 인도양의 향신료 제도를 장악했던 '디우해전'보다 약 129년이나 앞선 것이었다.

안타깝게도 최무선의 함포는 화통도감이 군기감에 흡수되고 나서 그 제조기술이 버려졌다. 200여 년이 지난 후 이순신 장군이 함포기술을 잠시 되살려 왜적을 무찔렀지만, 또다시 내버려졌다. 만일 세계 최초 함포기술을 계속 발전시켜 5대양을 향해 나갔더라면 우리나라가 세계를 지배했을지도 모를 일이다. 역사적인 실패를 통해서 배우지 못하면 그런 역사는 또다시 반복된다.

승자독식에서 선승독식으로

산업사회가 '승자독식勝者獨食'의 사회였다면 4차 산업혁명에 의한 지식산업사회는 '선승독식先勝獨食'의 사회가 될 것이다.

산업사회가 승자독식 사회인 이유는 아톰 인더스트리, 즉 제조업의 속성 때문이다. 원자재로 눈에 보이는 상품을 생산하는 제조업의 확대 재생산은 수요와 공급 증가속도가 초반에는 매우 느리다. 상품을 직접 써보아야 수요가 생기고 상품을 미리 만들어두어야 공급할 수 있는 제조업의 특성 때문이다. 그래서 처음에는 여러 기업이 각자 자기 지역에서 혹은 자기 나라에서 유사상품을 규모의 경제와 기술혁신으로 더 좋은 상품을 더 싸게, 더 많이 생산하게 된다. 그 상품에 대한 신뢰가 높아지면 수요도 더욱 늘어난다. 그래서 산업사회에서는 하나의 상품이 시장을 독점하는 승자독식 현상이 나타나게 된다.

그런데 지식산업사회에서 비트 인더스트리, 즉 디지털 산업의 특성 때문에 선승독식이 이루어진다. 원자재가 필요 없는 눈에 보이지 않는 서비스를 제공하는 산업은 수요와 공급 증가 속도가 매우 빠르다. 인터넷상의 서비스는 모든 수요자가 동시에 접할 수 있고 재고를 만들어 둘 필요 없이 순간적으로 무한공급이 가능하기 때문이다. 그래서 하나의 기업이 새로운 서비스를 개발하여 먼저 제공하는 순간 시장을 독점하게 된다.

물론 후발기업이 유사한 서비스를 개발해 시장진입을 시도할 수도 있다. 그러나 온라인 서비스의 특성상 규모의 경제와 기술혁신 효과가 훨씬 더 큰 선발기업의 기존 서비스와 처음부터 치열하게 경쟁해야 하기 때문에 시장에서 살아남기 어렵다. 그래서 지식산업사회에서는 결국 가장 먼저 제공된 서비스가 시장을 독점하는 선승독점 현상이 나타나게 된다.

산업사회에서는 기술발전과 규모의 경제로 시장을 석권할 수 있었다. 록펠러의 스탠더드오일이 몸집 불리기를 통해 1904년 산유량의 90% 이상을 차지한 것처럼. 그러나 지식산업사회에서는 신기술의 개발과 동시에 시장을 석권한다. 4차 산업혁명의 생태계는 예컨대 플랫폼 기업이 데이터를 선점하고 활용하는 경우처럼 먼저 이기는 것으로 독식을 시작할 수 있다.

강한 자가 독식하기 전에 빠른 자가 독식하는 세상이 도래한 것이다. 또 한 번 승자가 되면 국가 단위를 넘어선 전리품의 규모 또한 어마어마해질 것이며 시장의 독점도 반영구화될 것이다. 현재의 대표적인 선승 독식의 기업으로는 애플·구글·페이스북·아마존 등을 들 수 있다. 이미 '온라인 검색 광고 시장에서 구글의 점유율은 77%에 달한다. 또 구글과 페이스북은 모바일 광고 시장의 약 56%를 점유했으며, 아마존은 전자책 판매의 70%와 미국 전자상거래의 30%를 차지하고 있다. 페이스북은 자회사인 왓츠앱, 메신저, 인스타그램 등을 합해 모바일 소셜미디어 트래픽의 75%를 점유'하고 있다.[24]

누가 먼저 시작하느냐가 전부다

중요한 것은 '선착先着의 효效'다. 시작이 반이라는 말은, 비록 힘든 일이라 할지라도 일단 시작부터 하고 보자는 감속사회의 경구다. 하지만 가속사회에서는 시작이 '반'이 아니고 '전부'다. '선착의 효'가 절대적으로 유리하게 작용하기 때문이다.

한 번 선착은 영원한 선착이다. 선착의 효는 잊혀질 수는 있어도 사라질 수는 없다. 인류에게 처음 가속사회를 선보인 네덜란드의 상업혁명은 영국의 산업혁명으로 거듭났고 가속사회를 처음 완성한 대영제국의 영광 또한 미합중국으로 화려하게 부활했다. 후발국이라고 기회가 없는 것은 아니다. 작은 선착 또한 선착이기 때문이다. 독일의 화학산업과 일본의 소재산업은 선착의 효를 살려 여전히 히든 챔피언으로 군림하고 한국의 반도체 또한 선착의 효를 살려 진화를 거듭하고 있다. 게다가 4차 산업혁명이라고 하는 제2차 대분기는 '새로운 밀레니엄의 선착'을 기다리고 있다.

4차 산업혁명에 성공하는 것이 현재로서는 유일하게 우리가 선진국을 추월할 수 있는 방법이다. 4차 산업혁명에 매진하다 특정 산업에서 1등을 못 한다 해도 성공한 것이다. 일단 기술과 경험이 축적되면 같은 기술로 유사산업 분야에서 1등을 할 수 있기 때문이다. 패권에는 홀로 하는 '독점 패권'만 있는 것이 아니라 몇이 유사산업 종목을 나누어 하는 '과점 패권'도 있다. 우리가 4차 산업혁명을 위해 최선을 다하다 보면 최소한 '과점 패권'의 일원으로서 얼마든지 선진국 대열에 진입하는 강소국이 될 수 있기 때문이다.

산업혁명의 가장 큰 속성 중 하나는 선발국과 후발국 간의 격차가 점점 커지는 현상이다. 4차 산업혁명 시대에는 격차 확대 또한 더 빨라질 것이다. 경제성장이 기술에 의해 좌우되었고, 기술발전 또한 먼저 습득할수록 가속적으로 더 빨리 발전하였음을 우리는 여러 번 확인했다. 그래서 먼저 시도한 나라가 결국 승리자가 된다. 출발의 차이가 점점 더 큰 결과의 차이를 만드는 것이다. 미래학자 레이 커즈와일Ray Kurzweil은 인류의 이런 가속발전을 '수확 가속의 법칙(law of accelerating returns)'이라고 부른다. 먼저 발전한 나라일수록 발전의 동력이 더 크기 때문에 더욱 빨리 발전한다는 것이다.

무동력 글라이더를 많이 날렸다고 새로운 세상이 온 것은 아니었다. 세상을 바꾼 것은 엔진이 장착되고 프로펠러 비행기가 제트 비행기로 바뀌면서였다. 그리고 이제 제트 비행기에 인공지능을 장착할 때이다. 그것도 우리가 먼저.

4차 산업혁명의 성공은 오늘을 사는 우리의 시대적 소명이다. 국가와 민족의 명운을 걸고 반드시 성공시켜야 한다. 그런데 우리는 무엇을 망설이는 것일까. 문제는 산업혁명에 관한 문명사적 무지다. 4차 산업혁명에 성공하려면 산업혁명에 대한 올바른 이해와 함께 과학기술에 대한 오해와 불신부터 해소하는 것이 급선무다.

PART 4

중진국 함정의 오해와 진실

지옥으로 가는 길은 선의로 포장되어 있다

The road to hell is paved with good intentions

- 프리드리히 하이에크

산업생태계의 원리

자유주의 경제이론의 태두라고 할 수 있는 하이에크Friedrich Hayek는 《노예의 길》에서 '지옥으로 가는 길은 선의로 포장되어 있다'는 말을 남겼다. 신자유주의자들이 가장 많이 인용하는 문구 중 하나로, 정부 정책의 시장개입을 비판하는 가장 설득력 있는 표현이기도 하다.

그런데 신자유주의를 표방하는 자본주의 3.0은 성공하지 못했다. 국제적으로는 선발국과 후발국 간의 격차가 확대되고 국내적으로는 빈부의 양극화 현상이 심화되었다. 이는 가진 자와 선진국의 입장에서 보면 '시장의 성공'이었지만 못 가진 자와 후발국의 입장에서 보면 '시장의 실패'였다.

앞서 누차 설명한 바와 같이 아무런 간섭 없는 완전 자유시장은 내생적 혁신의 최적 조건이다. 그러나 자유방임시장 하에서는 국내 빈부격차와 국외 선후발국 간의 격차는 점점 더 확대될 수밖에 없다는 것 또한 확인된 사실이다. 가난한 자의 삶의 질 향상은 복지정책으로 가능하다. 또 후발국의 선발국 추격은 외생적 혁신으로 가능하다.

그러나 개도국에서 정부 정책에 의한 외생적 혁신은 실패하는 경우가 훨씬 더 많았다. 외생적 혁신을 위한 대내외적 여건이 구비되지 않았거나 정책추진 역량이 부족해서인 경우도 있었다. 또는 지배자가 외생적 혁신을 위한 공권력 동원보다 (외생적 혁신을 빌미로) 독재를 위해 공권력을 남용했기 때문인 경우도 있었다. 그러나 이러한 실패를 빌미로 후발국에서 외생적 혁신을 무조건 반대하는 것은 매우 잘못된 일이다. 왜냐하면 미국, 독일, 일본, 한국, 대만, 중국 등 선발국 추격에 성공한 나라들은 당시에는 모두 외생적 혁신에 성공한 나라들이기 때문이다.

지옥으로 가는 길이 선의로 포장돼 있다지만 후발국이 천국으로 가는 길 또한 예외 없이 모두 선의로 포장되어 있다. 이 두 길이 같은 선의를 표방하고 있는 것 같지만 결코 같은 포장이 아니다. 정치와 권력을 목적으로 국가발전원리에 역행하는 포장이면 지옥으로 가는 길이고, 민생과 국익을 목적으로 국가발전원리에 순응하는 포장이면 천국으로 가는 길이다. 그래서 제대로 된 국가발전원리를 알기 위해서는 변화하는 사회의 생태계를 알아야 한다. 농업사회에 '농업생태계'가 있었다면 산업사회에서는 '산업생태계'가 있다.

참새 박멸의 결과

문화혁명 기간에 중국의 전 국민이 참새 박멸에 나선 적이 있었다. 추수 전 알곡을 쪼아먹는 참새를 보고 마오쩌둥이 '저 새는 해로운 새다' 한마디 하자 전국 방방곡곡에서 참새 소탕 작전이 벌어졌다. 참새가 이리저리 쫓겨 날아다니다 지쳐 떨어질 정도로 전 중국 인민들이 냄비와 세숫대야를 두드리며 쫓아다녔고 약 2억 마리 이상의 참새를 잡았다고 한다.

그렇다면 참새가 없어져 농민은 배불리 먹을 수 있었을까? 참새가 없어지자 오히려 메뚜기 등 해충이 창궐해 농작물이 초토화되기 시작했다. 뒤늦게 잘못을 깨닫고 마오쩌둥은 스탈린에게 부탁해 참새 20만 마리를 몰래 수입했다는 소문이 전해진다.

이와 비슷한 사례가 또 있다. '심경밀식深耕密植'은 논에 벼를 촘촘하게 더 많이 파종함으로써 쌀 생산량을 획기적으로 늘리는 계책이다. 논을 깊이 갈아엎어 대기로부터 질소 공급을 원활하게 해주면 파종 간격을 줄여도 일조량에 문제가 없으니 수확량을 획기적으로 높일 수 있다는 것이었다. 미국 캘리포니아 공과대학에서 우주공학을 한 첸쉐썬錢學森 박사의 이론에 마오쩌둥은 신묘한 계책이라면서 전국적으로 실시를 명령했다.

그래서 쌀 수확량이 획기적으로 늘어났을까? 벼를 빽빽하게 심자 광합성을 서로 더 많이 하려고 벼들이 경쟁적으로 키를 더 키우기 시작했다. 알곡 생산보다 볏잎의 성장에 더 많은 영양분을 소비한 것이다. 그러자 결과적으로 알곡 생산은 줄어들고 쓸데없는 볏짚만 엄청나게 늘어났다. 이는 또한 병충해가 전염되기 좋은 조건이 되어버렸다.

위의 2가지 사례는, 중국의 대약진운동大躍進運動 과정에서 있었던 대표적인 농업진흥정책이었다. 그러나 농업생태계가 파괴되어 농업생산이 급격히 감소하는 대흉작이 왔을 뿐이었다. 당시 약 4,000만 명에 달하는 중국 인민이 굶어 죽은 것으로 추정되고 있다. 이것은 2차 세계대전의 총 사망자에 비견되는 숫자다. 농업생태계를 모르는 농업 정책은 아무리 민중을 배불리 먹이겠다는 선의로 포장된 것이라 할 지라도 지옥으로 가는 길이 될 수밖에 없었다.

통일벼 개발의 결과

이와 정반대되는 사례도 있다. 우리나라는 1970년대 초까지만 해도 쌀이 턱없이 부족했다. 그래서 쌀막걸리를 금지하고 혼식과 분식을 장려하느라 학교에서 학생들 도시락까지 검사했다. 이듬해 보리가 수확되기까지 굶어 죽는 이가 속출해 '보릿고개'라는 말이 나올 정도였다.

이때 허문회 교수가 개발한 것이 통일벼였다. 병충해에도 강했고 수확량이 다른 품종보다 30% 정도 많았다. 통일벼는 1972년부터 우리나라 전국으로 확대, 보급되기 시작했다. 1977년 600만 톤 이상의 쌀을 생산하게 되었으며 쌀의 자급률도 113%에 달했다. 바야흐로 쌀 자급자족의 시대를 맞게 된 것이다. 한국의 식량자급을 가져다준 통일벼는 대한민국의 녹색혁명이라고까지 일컬어지기도 했다.

1980년대부터 쌀의 과다생산 우려와 맛이 다소 떨어진다는 약점 때문에 재배면적이 줄고 1992년 정부 수매가 중단되면서 통일벼는 이제 더 이상 재배되지 않는다. 그러나 그 어렵던 시절 통일벼가 식량문제를 해결해준 것이 한강의 기적에 밑거름이 되었다는 사실만큼은 아무도 부인하지 않는다.

이처럼 농업생태계를 잘 아는 농업정책은 선의로 포장된 천국으로 가는 길이었다. 똑같이 민중을 배불리 먹이겠다는 선의로 포장된 길이라 할지라도 농업생태계에 맞는 정책인가 아닌가에 따라 농민을 천국으로 혹은 지옥으로 보내는 길이 될 수도 있다.

행운의 여신은 용감한 자를 돕는다

농업생태계를 발전시키는 동력이 자연현상이라면 산업생태계를 발전시키는 동력은 인간의 욕망이다. 인간의 욕망의 크기는 비용편익분석(cost benefit analysis)에 의해 결정된다. 비용은 금전적 비용과 법적, 물리적 위험을 모두 포함한다. 편익은 금전적 이윤과 사회적 인정, 존경을 포함한 것이다. 편익이 비용보다 크면 클수록 기업가는 의욕적으로 투자와 고용을 늘린다. 이렇게 확대재생산 체제가 원활하게 작동하는 것이 산업생태계의 원리다.

그러나 비용이 편익보다 크면 기업가는 위축되어 투자를 줄인다. 그러면 고용이 줄어든다. 기업가를 가장 크게 위축시키는 것은 금전적 손실도 물리적 사고의 위험도 아니다. 위험을 무릅쓰고 미래로 나아가는 진취적 기업가의 '앙트레프레너십'을 가장 크게 위축시키는 것은 바로 법적·사회적 제재다. 그리고 그 피해는 고용 감소로 직장을 잡지 못하는 근로자의 몫으로 남는다. 그중에도 가장 큰 피해자는 사회에 새로 진입하는 청년들이 될 것이다.

흔히 신대륙을 발견한 크리스토퍼 콜럼버스를 '최초의 앙트레프레너'라고 부른다. 콜럼버스는 1차 항해 때 기함 산타마리아호가 좌초하여 선원 39명을 신대륙에 남겨두고 돌아왔다. 그들은 모두 사망한 것으로 알려졌다.

또 최초로 세계 일주를 한 페르디난드 마젤란은 배 5척에 265명의 선단을 이끌고 항해에 나섰다. 그러나 배 1척과 겨우 18명의 선원만이 살아 돌아왔다. 마젤란 본인도 귀환 전 필리핀에서 사망했다. 만약 이렇게 많은 고귀한 생명을 희생시킨 콜럼버스와 마젤란에게 그 책임을 물어 처벌하는 법이 있었다면 신대륙도, 지구촌도, 또 현대 문명도 인류 역사에서 한참 멀어졌을 것이다.

'행운의 여신은 용감한 자를 돕는다'는 말이 있다. 목숨을 걸고 망망대해 미지의 세계를 향해 용감하게 나아간 유럽인들에게는 영광이 있었고 그들의 후손들에게는 꿀과 젖이 흐르는 신대륙이 주어졌다. 그러나 백성의 고귀한 생명을 보호하겠다는 '선의로 포장된' 해금령海禁令은 결과적으로 중국과 조선을 사실상 서구의 식민지로 전락시키고 말았다.

선의로 포장된 법을 일방적으로 매도해서는 안 된다. 그 수많은 법이 국민의 재산과 안전을 보호하고 있기 때문이다. 그러나 그중에 앙트레프레너의 열정과 의욕을 꺾는 법이 있다면 아무리 훌륭한 선의로 포장되어 있다 하더라도 그것은 지옥으로 가는 지름길에 지나지 않는다. 모든 피해는 고스란히 무고한 근로자의 몫이고, 또 국가와 민족의 미래를 포기하는 결과를 초래하고 말 것이기 때문이다.

가령 2021년 1월 국회를 통과한 '중대재해기업처벌법'이나 2015년 제정된 '화학물질관리법' 등은 심각하게 우려되는 법들이다. 물론 입법 과정에서 국회의원들과 전문가의 세심한 검토를 거쳤을 것이다. 예상되는 사회적 부작용에 대한 보완책들도 논의되고 있다고 한다. 그럼에도 불구하고 그러한 법의 존재 자체만 해도 앙트레프레너를 심각하게 위축시킬 것은 틀림없다. 왜냐하면 4차 산업혁명 시대의 미래 신산업은 어디에 어떤 위험이 도사리고 있는지 아직 아무도 알 수 없기 때문이다. 마치 대항해시대에 거친 바다와 미지의 신대륙 곳곳에 도사리고 있었던 위험처럼.

그럼 왜 정치권에서 4차 산업혁명 시대의 해금령과 같은 규제 입법이 나올까? 정치란 여론을 먹고 사는 생물이라는 말이 있다. 국민 여론의 기저에 4차 산업혁명, 즉 과학기술과 기업 발전에 관한 상당한 우려와 오해가 부지불식간에 깊이 자리 잡고 있기 때문이다.

4차 산업혁명에 대한 우려

그렇다면 4차 산업혁명에 대한 오해는 어떤 것들일까? 정말 4차 산업혁명이 인간의 삶에 대한 위협일까?

2017년 시장조사 전문기업 엠브레인 트렌드모니터(trendmonitor. co.kr)에서 전국 만 19~59세의 성인남녀를 대상으로 '4차 산업혁명'과

'공유경제'에 대한 인식 조사를 한 적이 있다. 응답자들은 4차 산업혁명에 대한 기대감(41.7%)보다는 우려감(49.5%)이 더 큰 것으로 나타났다. 기대되는 부분으로는 생활의 편리성(66.3%)을 가장 많이 꼽았다. 또한 편리한 교통환경(37.3%)과 질병으로부터의 해방(34.0%), 수명 연장(31.6%), 여가시간 증대(30.6%)에 대한 기대감도 높은 편이었다(복수응답).

반면 4차 산업혁명으로 인해 염려되는 것으로는 일자리 감소(39.9%)와 인간 가치의 하락(32.2%)을 꼽았다. 이와 함께 데이터 오류 등으로 인한 도시 시스템 마비(27.4%), 빈부격차의 심화(22.5%), 인간관계·소통의 단절(22.0%)도 꼽았다(복수응답).[1]

'서울포럼 2016' 개막에 앞서 <서울경제>가 조사한 '이달의 과학기술자상' 수상자 34명(이들은 그래도 과학자이면서 4차 산업혁명에 대해 남다른 이해도를 가진 이들이 아닌가)의 의견조차 크게 다르지 않았다.[2] 양극화 심화(61.7%)와 대량실업(14.7%), 인간의 효용가치 하락(8.82%), 기계의 인간지배(2.9%)를 4차 산업혁명의 부작용으로 꼽았다.

4차 산업혁명에 대한 불안감은 크게 일자리 감소와 인간가치 하락, 그리고 빈부격차 심화 등으로 요약해볼 수 있다. 정말 그럴까? 그래서 이번 장에서는 정말 4차 산업혁명으로 일자리가 감소하는지, 경제가 발전하면 인간의 가치가 하락하고 빈부격차가 심화되는지를 '양극화'와 '낙수효과' 측면에서 살펴볼 것이다.

역사란 역류할 수 없는 강물과도 같은 것이다. 4차 산업혁명이라는 불가역적 문명사의 흐름은 이미 시작되었다. 그런데 우리는 아직 익숙하지 않다는 이유로, 익숙한 것이 안전한 것인냥 착각하며 현실에 안주하려는 휴리스틱 장애를 보이는 것은 아닌가.

4차 산업혁명과 직업의 미래

2016년 다보스포럼의 보고서 <직업의 미래>에는 '2020년까지 520만 개의 직업이 없어진다'고 되어 있다. 과학기술이 발전해 인공지능과 로봇이 인간의 노동을 대체할 것이기에 720만 개의 직업이 없어지고 200만 개가 새로 생겨 결국 520만 개의 직업이 없어진다는 것이었다. 이 보고서가 나오자 온 나라가 발칵 뒤집혔다. 학자, 전문가, 연구자들이 TV에 연일 나와 직업이 없어진다고 한걱정을 했다. 어느 TV 프로그램을 보니 10살 정도 돼 보이는 꼬마가 이렇게 질문했다.

"직업이 다 없어져 버리면 우리는 어떻게 살아요?"

방송은 아주 침울한 분위기 속에서 끝났다.

직업이 줄어든다는 착각

산업혁명이 시작되었을 때 영국에서 기계를 파괴하는 '러다이트 운동'이 일어났다. 기계가 일자리를 빼앗아간다는 생각에 노동자들이 밤에 몰래 기계를 때려 부쉈다. 이 운동은 영국 전역으로 빠르게 퍼져갔다. 1810년 영국 의회가 버밍엄 지역의 러다이트 운동을 제압하기 위해 보낸 군대의 숫자가 나폴레옹을 격파하기 위해 웰링턴 장군에게 보낸 숫자보다 많았다고 한다.⁵ 산업혁명으로 생산설비가 기계화되자 노동기회가 줄고 실업자가 증가한 것은 사실이었다. 그런데 산업혁명이 일어난 후 정말 직업이 계속 줄기만 했을까?

인간의 근력을 쓰는 위험하고 고된 직업은 줄었다. 대신 그림34의 그래프에서 보듯 행정이나 사무직 같은 깔끔하고 안전한 직업은 늘었다. 산업혁명으로 생산현장의 육체노동 같은 소위 '3D' 직업은 줄었다. 그러나 쾌적한 환경에서 일하는 지식집약적 업무와 서비스 분야의 일이 대폭 증가해 결과적으로 총 직업은 엄청나게 늘었다. 단기적으로는 기계 도입으로 대량실업이 초래되었지만 장기적으로는 오히려 새로운 고용이 더 많이 창출되었으며 무엇보다 1인당 노동시간이 획기적으로 단축되었다.

영국 시사주간지 〈이코노미스트〉에 따르면 '영국의 실질소득이 3배로 뛰는 데 산업혁명 이전에는 300년(1575~1875년)이 걸렸지만 산업혁명 이후에는 100년(1875~1975년)밖에 걸리지 않았다'는 것이다. '산업혁명과 기계의 등장은 단기적으로 실업을 낳았지만, 중장기적으로 오히려 새로운 일자리를 만들어내고 소득을 기하급수적으로 늘렸다'는

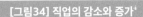

[그림34] 직업의 감소와 증가[4]

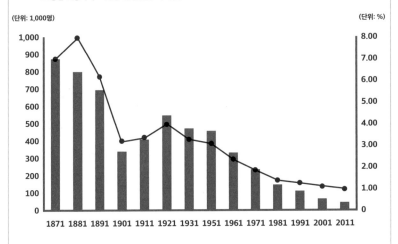

노동집약적 직업의 감소

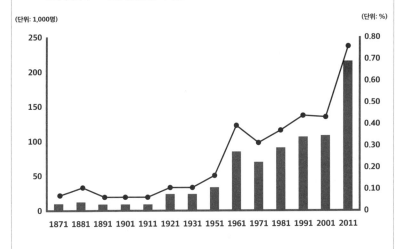

지식집약적 직업의 증가

대목을 주의 깊게 볼 일이다.[5]

그렇다면 산업혁명의 가장 큰 수혜자는 누구일까? 물론 산업혁명 초기에는 노동자의 희생도 있었다. 그러나 산업혁명이 성숙한 후 가장 큰 수혜자는 노동자 계층이었다. 생활수준이 향상되고 작업환경이 개선되었음은 물론 비근한 예로 부자들의 장난감이라고 불리던 승용차를 노동자도 가질 수 있었다. 컨베이어 벨트가 도입되며 포드자동차 모델T의 가격이 850달러에서 260달러까지 떨어지고[6] 일당은 2배나 올라, 부를 과시하기 위한 사치품이었던 마이카를 노동자도 갖게 된 것이다.

흔히들 기업가가 노동자보다 더 큰 수혜자가 아니냐고들 하는데 성공한 기업만 놓고 보면 그럴 수도 있지만, 실질적으로 성공한 기업가는 극소수에 지나지 않는다. 지금이나 그때나 적자생존의 기업 세계에서 극소수 성공한 기업가를 제외한 대부분의 실패한 기업가들은 맨손으로 거리에 나앉기 마련이다. 산업혁명의 가장 큰 수혜자가 노동자였고, 앞으로 다가올 4차 산업혁명의 가장 큰 수혜자도 또한 근로자가 될 것이다.

다보스포럼은 2년 후 2018년에 새로운 <직업의 미래> 보고서를 발표했다. 2022년까지 1억 3,300만 개의 직업이 생기고 7,500만 개가 없어져 약 5,800만 개의 직업이 새로 생긴다는 것이다. 2020년까지 520만 개 없어진다던 직업이 2022년까지 5,800만 개 새로 생긴다는 것이다. 연구범위가 확대되긴 했다. 2016년에는 '고용(employed)'을, 2018년에는 '직무(roll)'를 연구했지만 둘 다 직업의 다른 표현이다. 한 직무 속에 여러 개의 고용이 있을 수 있다면 5,800만 개보다 더 많은 직업이 생길 수도 있다. 안타깝게도 2016년 보고서는 많이 인용되고 회자되었는데,

2018년 보고서는 별로 잘 알려지지 않았다.

노동의 종말은 '오래된 미래'

무려 25년 전에 발간된 제러미 리프킨의 《노동의 미래》 이래, 4차 산업혁명과 과학기술의 발전이 직업을 없앨 것이라는 잘못된 주장이 설득력을 갖는 이유는 우선 로봇과 공장자동화가 생산 현장에서 노동을 대체하는 것이 당장 눈에 보이기 때문이다. 그러나 더 큰 이유는 산업혁명이라는 문명사적 대혁신에 관해 과학기술과 경제 그리고 역사를 아우르는 종합적 식견이 부족해서 생긴 것들이다.

첫째, 이들은 생산현장의 단편적 모습만으로 직업의 감소를 과장하고 있다. 아디다스 인도네시아 공장에서 종업원 600명이 50만 켤레의 신발을 생산했는데, 독일 스마트팩토리로 변신하면서 단 10명이 50만 켤레를 맞춤 생산하게 되었다. 4차 산업혁명의 상징으로 회자되고 있는 실제 사례.[7] 물론 590명의 직업이 없어진 것은 사실이다. 그러나 스마트팩토리를 위해 컴퓨터, 인공지능, 자동제어 등 부품과 장비제조는 물론이고 공장의 유지와 보수를 위한 외부인력의 누적된 보이지 않는 고용이 있었음은 간과하고 있다. 또 이런 맞춤생산으로 운동화를 1켤레 가질 사람이 용도별, 계절별로 여러 켤레 보유함으로써 늘어날 수요증가로 인한 고용증가 또한 보지 못하고 있다.

둘째, 산업혁명 전후를 비교해보면 근로자의 노동시간이 절반 정도로 줄었고 4차 산업혁명은 노동시간을 또다시 절반 수준으로 줄일 것인데,

그것이 고용에 미치는 영향을 그들은 고려하지 않고 있다.

4차 산업혁명은 노동시간을 하루 약 3시간 또는 주 3일 근무제로 단축할 것이다. 그러면 우선 기존의 1개 직업에 2~3명이 일하는 고용증가가 예상된다. 또한 노동시간 축소로 늘어난 여가를 보내기 위해 오락, 여행, 건강, 스포츠 등의 서비스 분야에서 엄청난 수의 새로운 직업이 창출될 것이다. 서비스 분야는 기계화와 자동화가 어려우므로 생산에서 줄어든 고용보다 더 많은 고용이 창출될 수밖에 없다.

마지막으로, 가장 중요한 이유는 4차 산업혁명은 수없이 많은 새로운 서비스 분야의 직업을 만들어낼 수밖에 없다는 사실이다. 산업혁명이란 한마디로 인간의 일상을 상품화해가는 과정이기 때문이다. 가정에서 주부가 손으로 짜던 면직물을 공장에서 기계로 상품화한 것이 영국에서 처음 일어난 산업혁명이었다. 기업이 상품을 생산하기 시작하면서 제사공, 직조공, 기계공, 경영자 등의 직업이 새로 생겼다. 인간의 식생활이 상품화되면서 식음료 산업이 생기고, 인간의 주거가 상품화되면서 건설과 가구 등 관련 산업에 새로운 직업이 수없이 생겼다.

4차 산업혁명이 인간의 의식주를 완전히 상품화하고 오락, 여행 등 취미와 여가활동은 물론이고 질병치료와 건강증진에서 영생을 향한 수명연장까지 모두 상품화하면서 새로 생길 직업과 고용은 거의 무한대로 불어나게 될 것이다. 다만 상상력의 한계로 인해 이런 새로운 미래의 모습을 조목조목 그려낼 수 없을 뿐이다.

4차 산업혁명은 아파트를 조리도, 세탁도 하지 않는 호텔처럼 바꿀 것이다. 아침, 저녁으로 혈압 같은 건강상태와 영양 밸런스가 수시로 자동 검증될 것이다. 출퇴근 자동차는 회의실로 혹은 플레이스테이션으로 바뀔 것이다. 인간의 삶은 모든 순간순간이 새로운 상품과 새로운 서비스로 가득 채워질 것이다. 또한 그런 새로운 산업은 모두 수없이 많은 새로운 직업과 고용으로만 가능할 것이다.

비록 생산과정에서 로봇과 인공지능 등으로 고용이 줄어들겠지만, 생산에서 10배, 100배 늘어난 '가치창출'이 서비스 업종의 '가치소비' 과정에서 훨씬 더 많은 새로운 고용을 창출할 수밖에 없다.

혹여 4차 산업혁명으로 인해 직업이 없어질까 염려하는 것은 식량생산보다 인구증가가 앞설까 봐 빈민을 구제하지 말고 질병과 기아에 방치함으로써 인구증가율을 낮추자는 맬서스의 '인구론'의 주장(1798년)만큼이나 잘못된 것이다.

그럼에도 불구하고 노동 종말론을 얼른 떨쳐버릴 수 없는 것은 당장 눈에 보이는 직업의 감소가 4차 산업혁명이 만들어낼 아직 이름조차 정해지지 않은 수없이 많은 새로운 직업들의 생성보다는 훨씬 설득력이 있게 느껴지기 때문이다.

레온티예프Wassily Leontief는 컴퓨터 도입으로 인간의 역할이 감소될 것이라고 했다. 자크 아탈리Jacques Attali는 노동계급에게 해고통지서가 발급되고 있다고 했다. 그리고 제러미 리프킨은 1994년에 출간한 《노동의 종말》에서 노동의 종말은 문명화에 사형선고를 내릴 수 있다는 섬뜩한 경고와 함께 미래는 우리가 어떻게 준비하느냐에 달려 있다고 여운을 남겼다.

선택은 둘 중 하나이다. 과거 '그 좋았던 시절'에 안주하느냐 아니면 '용감하게 미래로' 나아가느냐. 사실 객관적인 통계자료와 과학적 기준으로 비교해보면 현재보다 좋은 과거는 없었다. 그리고 많은 경우 아직 가보지 않은 미래에 대한 맹목적인 우려와 두려움으로 문명의 발전을 거부해왔다. 과거에 안주한 국가와 민족은 쇠퇴와 소멸을 피할 수 없었다. 현대 문명과 단절한 채 농업사회 지상낙원에 안주하려 한 아미시 Amish 공동체가 한낱 관광상품으로 전락해버린 것처럼.

길게는 100여년 짧아도 4반세기 이전에 예측한 노동의 종말은 앞으로 다가올 미래가 아니라 이미 '오래된 미래'일 따름이다.

물질만능 시대가 온다?

기업 채용에 AI를 도입한다는 얘기가 들린다. 사랑조차 AI 로봇이 대체할 것이라고 한다. 4차 산업혁명 시대에는 과학과 기술이 우리의 상상을 초월할 정도로 발달하여 물질이 압도하는 세계가 전개될 것이며 이에 따라 사람의 가치가 떨어질 것이라고들 한다. 물질 만능시대가 인간에게 재앙이 될 것이라는 극단적인 견해까지 있다.

그렇다면 역사적으로 한번 살펴보자. 누구를 위한 산업화였을까? 경제가 발전하면서 정말 사람의 가치가 떨어졌을까?

경제발전이 미세먼지 줄인다?

아래 그림 35의 그래프는 국가별 미세먼지와 GDP를 표시한 것이다. 그래프를 보면 GDP가 올라가자 미세먼지 농도는 역으로 내려갔다. 방글라데시나 인도처럼 개발도상국일수록 미세먼지가 높고 미국이나 싱가포르 같은 선진국일수록 미세먼지 농도가 낮다.

우리나라도 마찬가지다. GDP가 낮았던 1980년대 후반에는 미세먼지 농도가 높았다가 GDP가 높아질수록 낮아졌다. 88올림픽 당시 우리나라 미세먼지 농도는 상당히 높았다. 그때 신문 기사를 보면 대기오염이 심각해 선진국에서 선수단 파견을 자제하고 있다고 할 정도였다. 경기는 한국에서 치르고 훈련캠프는 일본에서 차리자는 의견도 있었다. 그런데도 당시 미세먼지를 걱정하는 한국인은 없었다. 먹고살기 힘든

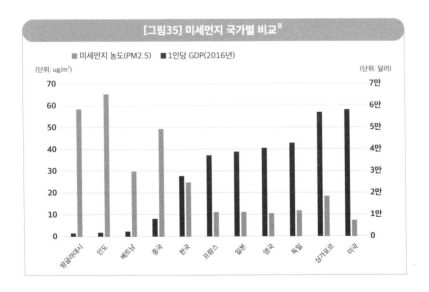

[그림35] 미세먼지 국가별 비교[8]

국민에게 미세먼지 걱정은 사치에 지나지 않았다. 그때는 미세먼지 측정을 못 해서 '부유 분진(TSP, Total Suspended Particles)'이라고 불렀다. 황사의 한 종류인 PM10을 측정하게 된 게 1990년대 중반이고 PM2.5를 측정하기 시작한 게 2000년대 중반이다.

후발산업국의 대기오염은 대부분 값싼 에너지를 과다 사용하는 데서 온다. 선진국에서 포기한 중후장대重厚長大한 저부가가치 산업은 에너지 소비량이 많다. 하지만 신재생에너지나 천연가스 같은 깨끗한 에너지는 고가여서 후발국에서는 대부분 값싼 저질탄을 연료로 사용할 수밖에 없다.

대기오염 문제를 근본적으로 해결하는 방법은 저질탄 대신 값비싼 청정에너지를 쓸 수 있는 경제력을 확보하고, 저부가가치 에너지 과소비산업을 고부가가치 기술집약산업으로 대체할 기술력을 확보하는 것이다. 미세먼지를 줄이는 초저임계압(USC) 탄소포집저장(CCS) 같은 신기술의 도움을 받을 수도 있다. 만일 미세먼지를 막기 위해 저질탄 사용을 금지하는 등 강력한 오염금지법률을 시행하면 어떻게 될까. 선진국 수준의 대기 질을 유지할 수는 있겠지만 많은 공장이 문을 닫고 경제 형편이 어려워져 국민은 배고픔과 추위에 떨어야 할 것이다.

경제학자인 쿠즈네츠Simon Kuznets의 기념비적인 연구에 의하면, 소득이 증가하면 빈부격차가 커지다가, 소득이 더 증가하면 빈부격차가 줄어든다. 이를 적용해 후학들이 '환경 쿠즈네츠 곡선'을 만들었다. 소득이 늘어나면 환경이 오염되지만 소득이 일정 수준을 넘어서면 환경이 깨끗해진다는 것을 연구를 통해 증명했다. 템스강, 라인강, 한강 등의 수질도 경제발전 초기에는 3급수로 전락했지만, 경제가 발전하면서 수질이 점차 개선되어 현재 1급수를 회복했다. 그런데 개도국의 강들은 생활오수 등으로 아직 3급수 상태를 벗어나지 못하고 있다. 대기 질도 같은 추세를 보였다. 결국 경제성장이 환경문제도 해결해준 셈이다.

경제발전이 산업재해 줄인다?

이번엔 산업재해를 살펴보자. 통계적으로 경제가 발전하면 산업재해가 줄어든다. 예외적으로 미국 같은 나라는 경제가 발전했음에도 산업재해 수준이 상대적으로 높고 폴란드는 산업재해 수준이 상대적으로 낮다. 이런 현상은 국가별로 산업화 정도나 주력산업의 특성이 다르기 때문일 것이다. 또는 성장잠재력을 높이기 위한 산업이나, 환경·복지 같은 투자 우선순위에 대한 정책적 선택의 문제일 경우도 있다. 하지만 통상적으로 경제가 발전하면 산업재해는 줄어든다.

산업재해의 빈도가 높은 업종은 건설업과 광물·금속 제품 제조업, 금속 가공업 등이다. 영세한 소규모 사업장일수록 산재에 취약하다. 사고 유형도 높은 곳에서 떨어지거나 기계에 말려드는 등 후진국형이 대부분이다.

산업재해를 뿌리 뽑을 가장 완벽한 대책은 공장 문을 닫는 것이다. 공장을 모두 폐쇄하면 산재는 없어지겠지만 생산도, 일자리도 함께 없어지고 말 것이다. 산업재해를 막기 위해 강력한 법을 제정하고 엄정하게 시행한다면 많은 공장이 도산하고 실업이 만연하는 등 경제가 침체에

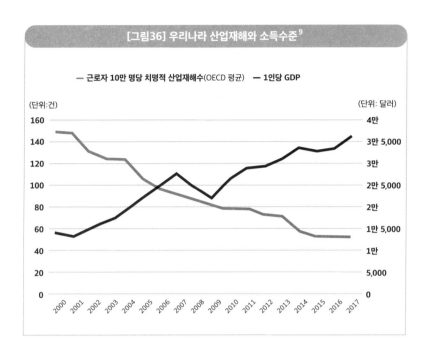

[그림36] 우리나라 산업재해와 소득수준[9]

― 근로자 10만 명당 치명적 산업재해수(OECD 평균)   ― 1인당 GDP

빠질 것이다. 경제 발전 없이 산업재해를 줄인다는 것은 공염불에 지나지 않는다. 낙후한 농업국에 산업재해는 없지만 대신 국민은 기아와 질병에 훨씬 더 많이 죽어가고 있다. 인류문명은 법으로 발전되는 것이 아니다.

　산업재해를 줄이는 가장 효율적인 방법은 경제를 성장시키는 것이다. 위험물을 다루거나 노동력으로 해결하던 고위험군의 작업현장에 안전장치를 설치하거나 자동화기계로 대체하면 인명사고는 저절로 줄어든다. 이처럼 후진국형 노동집약적 산업구조가 선진국형 자본집약적 산업구조로 전환되면 자연스럽게 산업재해는 줄어든다.

　경제가 성장해야 미세먼지도 줄고 산업재해도 준다는 것을 데이터를 통해 확인한 바 있다. 물론 경제성장 초기에는 환경이나 산업재해 문제가 발생하지만 경제성장이 어느 정도 진행되면 발생 빈도가 현격히 떨어진다. 경제성장을 빨리하면 할수록 산업재해나 환경문제도 더 빨리 해결할 수 있다는 사실을 선발국이 통계수치가 보여주고 있지 않은가. 그림36의 그래프에서 보듯 우리나라도 경제가 발전가도를 걸으면서 산업재해가 줄었다. 산업화와 경제개발로 발생한 환경파괴나 재해 같은 부작용의 궁극적인 해결책은 경제성장과 기술혁신뿐이라는 사실을 수치로 보여주고 있다.

경제발전이 인간성 회복한다?

우리는 평균 약 8시간, 하루의 3분의 1을 온라인 상태로 살고 있다. 약 25억 대 이상으로 추정되는 스마트폰이 전 세계에 보급되어 신체 일부처럼 활용하고 있다.

특히 우리나라 휴대전화 보급률은 100%에 근접한 것으로 집계됐다. 이 중 스마트폰 사용자가 95%를 차지해 조사대상국들 가운데 스마트폰 보급률이 가장 높았다. 물론 표본조사이기는 하지만 IT 강국답게 휴대전화를 사용하지 않는 사람이 없는 유일한 국가로 분류됐다.[10] 쉽게 예측할 수 있는 결과지만 소득수준이 높을수록 스마트폰의 보급률도 높다.[11] 의사 보급률과 자동차 보급률도 마찬가지로 GDP가 높을수록 보급률이 높게 나타났다.[12]

이것이 물질만능 시대라고 비난받을 현상인가? 한때 우리나라 교통

사고 사망자 수가 1년에 6,000명에 육박했던 적이 있었다. 지금은 약 3,000명대[13]로 떨어진 것으로 알고 있다. 만일 이 많은 무고한 목숨을 구하기 위해 자동차 운행을 전면 금지해버리면 어떤 일이 일어날까? 병원에 빨리 못 가서 죽는 사람이 4만 명이 될지 40만 명이 될지 알 수 없는 일이다. 교통사고 사망자를 획기적으로 줄일 방법은 하루빨리 자율주행 자동차를 도입하는 것이다.

해외여행을 다니다 보면 누구나 한 번쯤 느꼈을 것이다. 국민소득이 5,000달러가 되지 않는 나라에선 차가 사람보다 우선이다. 사람이 차를 피해 다녀야 한다. 그러나 국민소득 5만 달러가 넘는 나라에선 사람이 우선이다. 차가 사람을 피해 다닌다. 이것은 종교나 윤리교육 때문이 아니다. 자동차문화가 성숙해진 결과다. 자동차문화의 성숙은 경제성장의 결과다.

경제가 발달할수록 물질만능 시대가 오는 것이 아니라 오히려 인간성이 회복되고 인간의 가치가 올라간다. 경제란 더 나은 내일을 위한 욕망이고, 기술이란 그 욕망을 구체화하는 수단이다. 지배당하기 위한 혁명이 아니라 산업과 기술을 지배하기 위한 혁명임을 알아야 한다. 혁명의 궁극적인 목적은 더 나은 내일을 위한 가치창출이고 인간의 행복이기 때문이다.

그렇다면 경제적 빈곤은 인간에게 어떤 영향을 끼칠까?

2013년 <사이언스>에 실린 논문에 따르면, 가난이 뇌의 인지기능을 떨어트려 잘못된 결정이나 실수를 하게 할 가능성이 크다고 한다. 소득이 높은 사람일수록 돈을 사용하는 데 현명한 결정을 했을 뿐만 아니라 논리 테스트와 인지능력 테스트에서 모두 좋은 성적을 낸 것으로 나타났다. 연 소득이 높은 사람과 낮은 사람의 문제 해결력은 2배 가까이 차이가 났다.[14] 빈곤은 생활의 불편함 정도가 아니었다. 사회적 경쟁력뿐만 아니라 지능적 경쟁력에서도 떨어져 가난을 대물림할 수도 있다는 사실이 새삼 놀라울 뿐이다.

유발 하라리는 인간 행복의 역사를 '힘'으로 표현하고 있다. 소득, 자산 등의 경제력을 힘(energy)으로 표현한 것은, 소유도 화폐도 없던 수렵채집 시대부터 인간의 행복을 설명하기 위함이었다. 세월이 흐를수록 인간이 활용하는 힘의 크기는 극명하게 올라가지만 행복 수준은 그대로라는 것이다.

이와 비슷한 이론으로 미국 경제사학자 리처드 이스털린Richard Easterlin이 주장한 '이스털린의 역설'이 있다. 경제성장과 행복 수준과의 상관관계를 조사한 결과, 경제가 성장하면 행복 수준도 올라가지만 소득이 일정 선을 넘어서면, 소득이 증가해도 더는 행복 수준이 올라가지 않는다는 것이다.

소득이 계속 증가해도 행복 수준은 어느 순간 정체되는 것이 사실이다. 그러나 소득이 감소하기 시작하면 행복수준이 어떻게 변하는지에 대해서는 아무도 언급하지 않는다. 누구나 연봉을 삭감당하면 분노할 것이다. 연봉이 오르지 않거나 오르더라도 기대 수준에 미치지 못하면 실망하고 화나게 마련이다. 그런데 행복을 연구하는 이들은 소득이 늘어나도 더 행복해지지 않는다는 말만 계속하지 소득이 줄면 얼마나 불행해지는지에 관해서는 전혀 언급하지 않고 있다. 만약 의사가 약의 효과만 일방적으로 알려주고 부작용은 일절 언급하지 않는다면 환자는 심각한 후유증을 앓을 수도 있다.

경제의 본질은 성장이다. 인간이 더는 행복해지지 않더라도 최소한 현재의 행복 수준을 유지하기 위해서라도 경제는 계속 성장해야 한다. 이것은 오늘보다 더 나은 내일을 추구하는 인간의 본성에 기인한 아주 자연스러운 현상이다.

부익부는 있어도 빈익빈은 없다

4차 산업혁명이 일어나면 빈부격차가 심해져 양극화 사회가 오게 될 것이라고들 한다. 앞에서도 선발산업국과 후발산업국의 경제성장과 격차 확대에 대해 여러 번 설명했다. 시간이 지날수록 선발국과 후발국의 격차는 기하급수적으로 벌어지게 될 것은 자명한 사실이다. 선진국이 세금을 걷어 후발국을 도와줄 리 없고, 그런 제도적 장치도 없다. 우리 또한 세금을 걷어 개도국을 도와줄 수 없다. 국가 간 양극화를 극복하는 방법은 무조건 우리나라를 잘사는 나라로 만드는 수밖에 없다. 경제를 더 빨리 성장시켜 선진국과의 격차를 줄이는 방법뿐이다.

양극화가 아니라 단극화다

후발국이 선진국을 추격하려면 경쟁력 있는 상품이 있어야 한다. 좋은 기업, 선진기술, 우수한 인력 등을 확보해야 하고, 그러기 위해서는 선택과 집중을 피할 수 없지만, 이것이 때론 국내의 빈부격차를 악화시키기도 한다. 그러나 국내 빈부격차는 세금을 걷어 취약계층을 보호할 수 있는 다양한 정책수단이 존재한다.

통계청 자료에 따르면 그림37의 제일 하단의 점선이 우리나라 1분위, 즉 하위 10%의 소득이다. 맨 위의 선이 상위 10%의 소득이다.

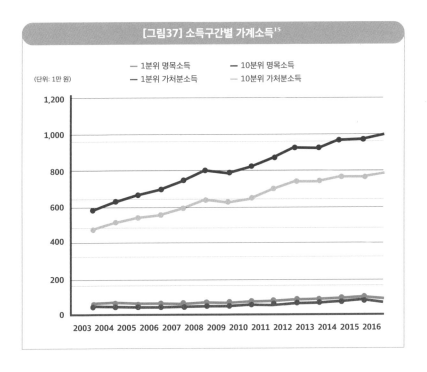

[그림37] 소득구간별 가계소득[15]

산업화가 진전될수록 국내 상위 10%와 하위 10%의 경제적 격차는 어쩔 수 없이 벌어진다. 그런데 잘 살펴보면 잘 사는 이의 소득이 점점 올라가는 동안 하위 10% 소득이 마냥 내려가지는 않았다. 이는 가난한 사람들이 점점 더 못살게 되는 것이 아니라 어느 수준 이상의 소득은 유지하고 있다는 것이다.

그런데 사실 하위 10%가 계속 그 자리에 머무는 것은 아니다. 1분위 사람의 경제사정이 좋아져 2분위, 3분위로 올라가기도 하고 사업에 실패한 사람이나 은퇴한 노인들이 아래 분위로 내려오기도 한다. 또 사회 초년생이 새로 1분위로 진입하기도 한다. 하위 10%의 소득수준이 수평선을 그리고 있다는 것은 우리 사회에 일정 수준의 사회안전망이 작동하고 있다는 의미이기도 하다.

그런데 이 상위와 하위의 소득격차를 양극화라고 부르는 이들이 있다. 진짜 양극화는 부자는 더 부자가 되고 가난한 이는 점점 더 가난해지는 '부익부 빈익빈'이다. 그러나 앞의 그래프에서 확인했듯 산업사회의 경우 부익부는 있지만 실제 빈익빈은 없다. 가난한 계층이 더 가난해지지는 않는다는 뜻이다. 그래서 양극화보다는 단극화라는 말이 더 정확한 표현이다.

위의 현상을 양극화로 보는 것은 산업사회를 '제로섬 게임'으로 착각하는 사람이다. 세상의 재화 총량은 일정하며 그래서 한 사람이 더 가지면 다른 사람이 덜 가질 수밖에 없다고 생각하기 때문이다. 이는 경제성장이 감속하던 농업사회의 구태의연한 사고방식이다. 이런 잘못된 인식이 우리 사회에 빈부갈등과 사회적 반목을 초래하고 있다. 자신의 정당한 몫을 부유한 사람이 빼앗아갔다고 착각하기 때문이다. 그러나 산업사회는 제로섬 사회가 아니라 '포지티브섬 사회'다. 각자 자신의 노력으로 자신의 몫을 새로 만들어가는 사회다.

산업사회의 경제를 가속적으로 발전시켜주는 힘은 '민간의 기업가 정신'과 '사회적 과학기술 마인드', '국가 차원의 산업정책'이다. 이들이 위험을 무릅쓰고 땀 흘려 일해 더 많이 생산하는 과정에서, 고용이 창출되어 중산층이 형성되고 기업가와 근로자가 상생하는 동반성장의 사회가 가능해진다. 부자가 더 부자가 되는 동안 가난한 사람에게도 돈 벌 기회가 생긴다. 세금을 통해서 부자가 벌어들인 부를 가난한 사람에게 재분배할 수 있는 사회가 바로 포지티브섬 사회다. 하위소득자의 소득이 매우 느리게 늘긴 해도 더 줄지 않는 것은 산업사회가 단극화의 사회이기 때문이다. 부자들의 가처분소득이 내려가고 빈곤층의 가처분소득이 올라가는 것은 세금 등으로 구축된 사회안전망 때문이다. 이들 하위소득자들은 도움을 필요로 하는 이들이다. 사업에 실패하거나 사고나 질병으로 가산을 탕진한 불운한 사람들이다. 또는 초고령 노인이거나 맨손으로 사회에 진입하는 어린 청소년들이다.

어떻게 이들 가장 가난한 이들에게 재기와 자활의 기회를 주고 또 인간다운 삶을 살아갈 수 있도록 사회안전망을 강화하느냐는 국가가 총체적으로 얼마나 더 많은 세금을 걷을 수 있느냐에 달려 있다.

기업을 키우고 고용을 늘리는 게 해법

소득이 높은 이는 세금도 그만큼 많이 낸다. 그러면 고소득자의 가처분소득은 떨어진다. 반대로 소득이 적은 사람은 여러 가지 혜택을 받는다. 세금 외에도 다양한 준조세를 통해 빈부격차 문제를 완화할 수 있다. 우리의 의료보험 서비스가 세계적으로 호평을 받고 있는데 이는 소득에 따라 건강보험료를 차등징수하기 때문이다. 고소득자는 건강보험료를 많이 낸다. 저소득자는 건강보험료를 적게 내거나, 내지 않으면서도 의료혜택은 동일하게 받는다. 결국 우리 사회가 얼마나 많은 세금을 부담할 능력이 있느냐에 따라 우리의 사회안전망 수준이 결정될 것이다.

그런데 현재 거둬들일 수 있는 세금만 갖고는 우리 사회가 안고 있는 저출산이나 청년실업, 노인빈곤 등의 문제를 충분히 해결할 수 없다. 그 이유는 우리 사회에 세금을 많이 낼 수 있는 고소득계층이 적어서다. 그래서 우리가 아직 선진국 수준의 사회안전망을 구축하지 못하는 것이다.

취업을 못 하는 젊은이나 쪽방촌 노인을 위로하고 신용불량자가 된 베이비부머에게 용기의 말을 건네는 사람은 많다. 그러나 그들을 진정으로 도와주는 것은 측은지심과 따뜻한 말 몇 마디가 아니다. 이 문제를 근본적으로 해결하기 위해서는 결국 세금을 많이 거둘 방법을 찾아야 한다.

세율을 높이면 당장 세금을 더 많이 걷을 수 있지 않을까? 그러나 세율을 어느 수준 이상으로 높이면 실제 정부의 세금 수입은 줄어든다. 이것을 래퍼 곡선이라고 한다.

세율을 너무 높이면 수입의 대부분이 세금으로 나가기 때문에 기업이든 개인이든 돈을 더 많이 벌려고 하지 않는다. 그래서 세율을 높이면 세금이 많이 걷히는 게 아니라 실제로 더 적게 걷힌다. 세율을 무조건 높이는 것은 문제를 해결하는 방법이 아니라 더 큰 문제를 발생시키는

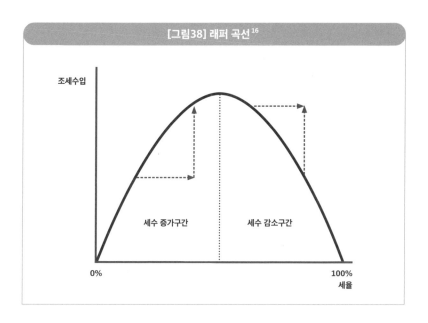

[그림38] 래퍼 곡선[16]

조세수입

세수 증가구간   세수 감소구간

0%   100%
세율

것이다. 세금을 많이 걷을 수 있는 유일한 방법은 세금을 많이 낼 수 있
는 기업과 고소득층을 많이 만드는 것이다. 이것이 바로 산업사회의 확
대재생산이고 가속하는 경제성장이며 국가발전의 기본원리다.

경제가 가속성장하는 확대재생산 과정에서 수없이 많은 기업과 고용
이 창출된다. 이들 중소벤처기업이 성장해 중견기업이 되면 고용 또한
그만큼 늘어난다. 중견기업이 대기업이 되면 고용 또한 더 많이 늘어난
다. 기업이 성장하는 과정에서 하청기업, 재하청기업이 함께 발전하고,
또 모기업으로부터 자기업, 손자기업과의 동반성장이 가능해진다. 이처
럼 기업이 늘어날수록, 고용이 창출될수록 국가의 조세수입이 증가한
다. 이것이 선진국이 거쳐간 길이고, 성공한 후발산업국이 뒤쫓아간 길
이며, 또 앞으로 우리가 가야 할 길임을 반드시 기억해야 할 것이다.

낙수효과가 없다?

          —————————————————————●—————————————————————

"상류층에 넘어간 돈이 부디 빈민들에게도 낙수(trickle down)되기를 고
대한다."

  미국의 칼럼니스트며 희극배우인 윌 로저스Will Rogers가 31대 허버
트 후버Herbert Clark Hoover 대통령의 대공황 극복을 위한 경제정책을
비꼬면서 처음 세간에 등장한 말이다. 고소득층의 소득증가가 소비나
투자로 이어져 저소득층의 소득도 증가되는 현상을 '낙수효과'라고 한
다. 'trickle-down'은 물이 위에서 아래로 떨어져 바닥을 적신다는 의미
로 '적하滴下효과', '하방 침투 효과'라고도 한다. 낙수효과의 유무는 많
은 논쟁을 불러왔다. 그러나 낙수효과가 없다는 말은 경제성장에 대한
이해의 부족 때문에 나온 오해다.

기업활동의 부와 불로소득의 부는 다르다

그러나 모든 부의 축적이 낙수효과를 불러오는 것은 아니다. 부의 축적에는 2가지 유형이 있다. 기업의 가치창출 활동과 불로소득이다. 여기서 말하는 불로소득이란 물론 부정축재를 의미하는 것은 아니다. 가치를 창출하는 경제활동 '이외'의 금전적 이익을 취하는 것으로 부동산 투기나 주식, 유가증권의 단타 매매에 의한 양도차익, 취약계층을 대상으로 한 고리대금 등이 해당된다. 공장을 짓기 위한 부동산 투자나 기업의 채권이나 주식 장기보유 등 기업의 가치창출을 돕는 투자는 불로소득이 아니다. 농업용지 개간이나 위락단지 조성 같은 부동산 개발도 가치를 창출하기 때문에 불로소득이 아니다. 기업활동에 의한 부는 고용과 산업 연관 효과로 대중에게 낙수 되지만 불로소득에 의한 부는 오히려 대중에게 해악을 끼치고 빈부의 극심한 격차를 초래할 뿐이다.

그런데 왜 기업활동에 대한 낙수효과가 의심받는 것일까? 노벨경제학상 수상자인 스티글리츠 교수Joseph E. Stiglitz는 미국 워싱턴에서 열린 거시정책 컨퍼런스[17]에서 성장이 모두에게 이익이 되는 것은 아니라고 했다. 대부분의 나라에서 낙수효과가 없어졌다는 것이다. 또 그는 '금융 부문의 혁신은 새로운 부를 창출하기보다 저소득층의 부를 고소득층으로 이전하는 데 기여했다'고 꼬집었다.

이처럼 세계적으로 불평등이 심화되는 주요 원인으로 지대추구와 세계화 등을 꼽았다. 사회적 기여 없는 지대추구의 전형이 부동산이나 금융투기이고 그러한 불로소득의 재원은 세계화를 통한 유동성 과잉공급에서 촉발된다는 사실을 적시한 것으로 보인다. 결국 낙수효과가 없다는 연구결과는 기업활동에 의해 낙수효과보다 '금융이나 부동산 투기 등 불로소득' 등에 의한 양극화 효과가 더 크기 때문에 낙수효과가 없는 것으로 보이는 것이다.

기업활동을 하다 보면 노동조합과 충돌할 수 있다. 임금협상 등 의견이 충돌하면 때로는 비이성적인 과격사태가 발생하기도 한다. 그런데 부동산이나 금융투기에는 노사문제가 없다. 기업활동을 하다 보면 갑질문제가 생긴다. 예를 들어 재고가 쌓이면 빨리 팔아야 하니까 대리점에 독촉하는 경우 등이다. 그러나 부동산이나 금융투기에는 갑질문제가 없다. 임야든 아파트든 사서 내버려 두고 기다리는데 무슨 갑질문제가 발생하겠는가. 기업활동을 하다 보면 산업재해도 생기기 마련이다. 사람이 다치거나 죽는 경우도 있다. 그러나 부동산이나 금융투기에 이런 문제가 발생할 리 없다.

노조와의 갈등, 갑질문제 등 기업활동에 대해 좋지 않은 이미지가 종종 부각된다. 그런데 실제 기업활동은 그 자체가 바로 동반성장이다. 기업을 운영하려면 근로자를 고용해야 한다. 이게 낙수효과다. 기업이 제품을 생산하려면 원자재를 사 와야 한다. 이게 낙수효과다. 제품생산은 곧 고용이고 협력사와의 동반성장이다. 그러면서 전방산업·후방산업을 발전시킨다. 그러니까 낙수효과 없는 기업활동은 없다고 해도 과언이 아니다.

기업활동을 통해 돈을 버는 것이 마치 빈부의 격차를 확대하는 것으로 생각하는데 사실은 불로소득이 '그 짓'을 하고 있다. 결과적으로 기업활동에 의한 낙수효과가 없다는 것은 말도 안 되는 소리다. 기업활동은 낙수효과가 분명히 있다. 아니, 없을 수가 없다. 불로소득이야말로 낙수효과가 전혀 없을 뿐만 아니라 고용도 없고, 동반성장도 없다. 기업가와 근로자라는 숙주의 땀과 꿈을 몰래 빨아먹어 사회구성원의 근로의욕과 창의력을 감퇴시키고 소득분배와 불평등을 심화시키며 상대적 박탈감을 조장해 건전한 국민경제를 교란시키는 등 사회정의를 파괴할 뿐이다. 그래서 부동산 투기와 금융투기 소득에 대해서는 강력한 규제를 해야 하고 기업활동에 대해서는 규제완화를 통해 최소한 규제만 남겨두어야 한다.

산업발전이 빈부격차 줄인다

다음 페이지의 그림39는 한국, 일본, 미국의 상위 소득 1%의 지분율 변화를 나타낸 것이다. 저 그래프가 밑으로 내려가면 빈부격차가 줄어든 것이고, 위로 올라오면 빈부격차가 늘어난 것이다. 그런데 그래프를 보면 산업사회가 발전할 때는 실제로 빈부격차가 줄었다. 조선의 경우 상위 1%의 소득점유율은 일제강점기까지는 당시의 미국보다 높았다. 실제로 1933년 미국의 상위 1%의 소득점유율은 15.16%였던 반면, 조선은 21.13%였다. 이것이 산업국 미국과 농업국 조선의 차이였다. 이후 산업화에 성공한 1990년대 초 한국의 빈부격차는 역사상 가장 낮은 수준으로 내려갔다. 그러다 1997년 IMF 외환위기가 오고 신자유주의 시대가 도래하여 '금융산업'이 자율화되면서 부동산투기, 금융투기 등의

[그림39] 한국, 미국, 일본의 자본소득 포함 가계소득 비중[18]

(단위: %)

금융자유화
부동산투기, 금융투기 등
불로소득

산업사회 성숙기

불로소득이 늘어나자 다시 빈부격차가 벌어지기 시작했다.

기업가가 돈을 많이 벌면 당연히 빈부격차가 늘어날 것으로 생각하는데, 사실 기업활동은 빈부격차를 줄인다. 기업활동을 하려면 우선 사람을 고용해야 한다. 공장이 자동화되어도 자동화 설비의 생산과 보수에 사람이 고용된다. 그 고용은 산업사회에 중산층이라는 민주사회의 근간이 되는 사회계층을 형성한다. 기업활동은 곧 고용창출이고, 고용창출이 곧 중산층 형성이며 그것이 바로 빈부격차 해소다.

그뿐 아니다. 재료를 사는 것부터 시작해 기업활동 하나하나가 전방산업, 후방산업을 모두 함께 발전시킨다. 또한 기업이 성장하고 산업이 발전하려면 그 규모에 상응하는 도소매업과 금융의 발전을 동반한다.

은행, 보험, 증권 등 금융이 부족한 경제는 빈혈에 걸린 몸처럼 제대로 작동할 수 없기 때문이다.

그러니까 부자가 돈을 벌면, 즉 상위 1% 혹은 0.1%의 자산이나 소득이 늘어나면 빈부격차가 커진다는 연구결과는 기업활동이 아니라 불로소득에 의해 부자의 자산이나 소득이 증가했기 때문에 생긴 착시현상이다.

물론 금융은 산업자본주의 발전에 필수적이다. 그런데 금융산업이 자유화되면 빈부격차가 늘어난다. 선진국에서 과잉발전한 금융자본이 국경을 넘어 후발국으로 진출하여 투기자본이 됨으로써 금융이 가치를 창출하는 산업보다 투기 같은 불로소득을 만드는 데 더 많이 쓰이기 때문이다. 이런 현상은 금융자유화가 정상적인 기업활동이나 산업발전을 돕는 순기능과 함께 부동산투기, 금융투기를 조장하는 방향으로 과잉발전했기 때문이다.

빈부격차의 주범은 기업이 아니라 바로 부동산투기, 금융투기 같은 불로소득이다. 낙수효과가 없다는 것은 불로소득에만 해당하는 것임을 분명히 알아야 한다. 기업활동에 의한 낙수효과는 있다. 그냥 있기만 한 것이 아니라 오히려 고용창출, 중산층 형성, 동반성장 등에서부터 주된 담세기능에 이르기까지 사실상 현대 산업사회에서 빈부격차 해소의 주역이 바로 기업활동이고 산업발전이다.

●● 반기업 정서는 왜 생겼을까? ●●

자본주의 효율을 가장 먼저 설명한 것이 애덤 스미스의 핀 공장이다. 한 사람이 핀을 처음부터 끝까지 혼자 만드는 것을 '자급자족식 생산방식'이라고 한다. 그러다 18개 공정으로 나눠 분업하니, 한 사람이 평균 20개 만들던 것을 4,800개나 만들 수 있었다. 기업형 생산방식에 의해 효율이 240배 올랐다. 한 사람이 혼자 열심히 일해 창출할 수 있는 가치는, 한 사람이 기업에 참여함으로써 창출할 수 있는 가치의 240분의 1밖에 안 되었던 것이다.

여기에 현대적 과학기술과 대량생산기법, 선진경영 노하우까지 도입되면 수천 수만 배 이상의 가치를 창출할 수 있다. 생산방식에 따라 이렇게 엄청난 생산량의 차이가 나는 것은 바로 이윤을 추구하는 기업가의 열정과 노력 때문이다. 분업이든 기술혁신이든 이 모든 경이적 성취는 바로 이윤추구가 기업의 목표이기 때문에 가능한 것이다. 이윤이 있어야 고용이 생긴다. 높은 이윤이 거대자본을 축적해야 고용이 대거 창출된다.

정부나 공공기관, 시민단체 등에서도 사람을 고용한다. 그러나 이것은 국가경제적 측면에서 고용에 포함시켜서는 안 된다. 이들 고용은 민간기업이 창출한 가치에서 나온 일종의 '간접 고용'에 해당되는 것이다.

공무원 등 모든 비영리단체의 고용은 기업이 창출한 가치를 일부 세금으로 거두거나 기부받아 월급을 주는 것이기 때문이다. 기업의 이윤이 늘어나면 직접 고용도 늘고, 더 많은 세금을 내면 간접 고용도 는다. 기업의 이윤이 줄면 직접 고용도, 간접 고용도 모두 줄어든다. 그래서 일자리 만들기는 기업, 그중에서도 오직 '영리 기업'만이 할 수 있는 일이다.

이윤을 추구하는 민간기업이 생기기 전, 즉 산업혁명 이전에는 고용도 없고 중산층이라는 개념도 없었다. 잘사는 귀족 특권층과 못사는 일반 평민 두 계층뿐이었다. 이들은 태어날 때부터 신분이 달랐고 가난한 자는 죽을 때까지 가난에서 벗어날 수 없었다. 빈부격차는 논란거리조차 될 수 없었다. 중산층이라는 용어는 산업혁명이 일어나고 기업이 대량고용을 창출하면서 생겼다. 기업이 없으면 고용도 없다. 다시 말하면 기업이 몰락하면 중산층도 몰락한다. 바로 이 중산층이, 인류문명이 추구하는 지고의 가치인 자유, 평등, 박애의 원천이다. 그래서 현대 자유민주주의적 자본주의 사회는 이윤을 추구하는 민간기업에 의해 시작되었고, 발전하고 있으며, 또한 완성될 것이라고 단언할 수 있다.

압축성장과 반기업 정서

그러나 기업을 바라보는 우리의 시선은 그리 곱지 않다. 우리나라의 반기업 정서는 일제하에서 기업이 태동했고 개발연대의 특혜 문제도 있겠지만, 그 연원은 주자학으로부터 비롯된 것으로 보인다. 주자학적 사고에 젖어 '이윤은 비도덕적이고 부의 축적은 곧 사리사욕'이라는 농업사회의 잘못된 편견이 우리의 잠재의식 속에 아직 뿌리 깊게 남아 있는 듯하다.

기업가의 사회적 위상이 높은 서구에서도 중세까지는 우리와 같은 편견에 사로잡혀 있었다. 서구사회를 자유, 평등, 박애의 사회로 만든 주역이 바로 영국에서 산업혁명을 일으킨 젠트리계층, 즉 부르주아다. 이들은 산업화 과정에서 기업가로 변신했다. 프랑스의 대혁명을 '시민혁명'이라고 부르는데, 실제로는 '부르주아 혁명'이었다. 서구사회에서는 자유롭고 평등한 사회를 만들기 위해 피 흘린 부르주아의 공적으로 지금 기업가가 사회적으로 인정받는 것이다.

그러나 우리 근대사에서는 부르주아가 국가나 사회발전에 기여한 공로를 찾아보기 힘들다. 독립도 우리 힘으로 쟁취한 것이 아니라 미국에 의해 일제가 패망하면서 거저 얻은 것이었다. 국가와 사회의 발전에서도 부르주아 계급의 희생이나 기여는 별로 없었다.

조선의 지주 부르주아는 대부분 몰락했지만 혹간 기업가로 변신에 성공하기도 했다. 일제하에서 처음 자리 잡기 시작한 조선의 기업은 일제 체제에 순응하며 발전해갔다. 그래서 우리 기업가들은 독립 후에도 친일 기업가로 낙인찍혀 따가운 시선을 받아야 했다.

한국기업이 본격적으로 발달한 것은 경제개발 5개년 계획이 추진된 1960년대 초반부터다. 후발국인 우리나라는 시장 주도의 내생적 성장만으로는 선발국과의 격차확대를 피할 수 없었기에 정부 주도의 압축성장이라는 외생적 성장을 시도했다. 당시 정부 당국자들이 이런 국가발전원리를 알고 있었다기보다는 앞서 성공한 후발산업국, 특히 이웃인 일본의 사례를 벤치마킹해 '한국형 압축성장'을 시도한 것이리라.

이러한 압축성장을 성공시키려면 국제경쟁이 가능한 수준의 기업을 정책적으로 육성하여야 한다. 비록 불가피한 선택이었다고는 해도 이런 외생적 성장을 위한 정책이 기업에 대한 특혜였다는 사실은 부인할 수 없다. 압축성장을 과감하게 밀어붙인 정부가 독재정권일 수밖에 없었다면 압축성장과 함께 성장해온 한국 기업들은 정경유착의 수혜자일 수밖에 없었다. 특히 성공한 대기업이라면 더욱더 그랬다. 그래서 우리 사회에 반기업 정서가 또 한 번 깊이 뿌리 내리게 된 것이다.

그렇다고 일부 기업과 기업가들에게 문제가 없었던 것은 아니다. 한강의 기적이 악덕 기업가에 대한 면죄부가 될 수는 없다. 부정축재, 탈세, 지배주주 일가의 사익편취, 병역비리, 문란한 사생활 등 범법과 졸부 근성으로 한강의 기적을 퇴색시키고 선진국의 꿈을 좌절시킨 악덕 기업을 건전한 국민기업과 혼동해서는 안 된다.

'돌 섞인 밥'으로 계속 남을 것인가?

한국의 부르주아는 사회적 책무인 노블레스 오블리주noblesse oblige를 실천해서 모범을 보여야 한다. 법을 위반하지 않고 자선을 베푸는 것만으로 국민대중이 절대로 만족하지 않는다.

부정부패와 범법행위를 척결하는 것만으로는 충분치 않다. 기업활동이 반反민주적, 반反사회적 이미지에서 벗어나려면, 우리 사회에서 합법적으로 용인되고 있는 부동산투기나 금융투기 같은 불로소득을 합법의 테두리 밖으로 몰아내야 한다.

기업활동으로 인한 부의 축적과 불로소득이 근절됨으로 인해 국민대중의 삶이 실제 개선되고 체감될 때 기업활동에 대한 대중적 지지와 사회적 존경을 제대로 받을 수 있을 것이다. 국민 한 사람 한 사람이 땀 흘려 일한 데 대한 정당한 보상이 돌아오는 정의사회가 구현될 때, 확대재생산의 성과가 공정하게 배분될 때 비로소 기업이 존중받고 기업인이 존경받는 정의로운 선진사회가 될 수 있다.

지금 대한민국 기업인은 돌이 섞인 밥과 같은 취급을 받고 있다. 밥을 먹다가 돌을 씹으면 그 몇 개 안 되는 돌 때문에 밥 한 그릇이 모두 돌 밥으로 치부되는 것과 같은 이치다. 그래서 불로소득은 철저히 발본색원해야 한다. 불로소득에 의한 부의 축적은 기업활동에 의한 부의 축적과 분명히 구별되어야 한다. 기업이 이윤을 추구하는 것은 정당한 일일뿐더러 격려받고 존중받아야 할 일이다. 불로소득이 아니라 기업이 가치창출로 획득한 이윤은 확대재생산과 경제성장을 통해 국민의 삶의 질을 개선하고 더 행복한 내일을 만들어가는 원동력이기 때문이다.

PART 5

4차 산업혁명은 정책으로 일으키는 것이다

미래는 여기 있다. 아직 널리 퍼지지 않았을 뿐.

The future is already here. It's just not evenly distributed yet.

- 윌리엄 깁슨William Gibson, 미국 소설가

3대 비밀과 3대 비책

3장에서 한강의 기적을 성공시킨 3가지 비밀을 살펴보았다. 역사상 가장 나쁜 조건 속에서 가장 성공적인 산업혁명을 가능케 한 비결이었다. 그때는 우리에게 따라 할 롤모델이 있었다. 확대재생산 체제의 임계경로를 확장해 외생적 혁신을 성공시킨 독일, 일본 등 성공한 후발산업국들의 시행착오를 보고 배울 수 있었다.

그런데 지금 막 도래하기 시작한 4차 산업혁명은 아직 아무도 가보지 않은 미지의 세상이다. 미국의 실리콘밸리가 가장 앞서 있고 EU와 중국이 맹렬히 뒤따르고 있다. 이들 경제권이 가진 3가지 공통점은 첫째, 기업활동에 대한 획기적인 규제완화, 둘째 우수인력의 육성 및 확보역량 그리고 셋째 정치적 안보에 기반한 거대한 시장이라는 점이다.

한국은 4차 산업혁명 성공을 위한 위의 3가지 조건을 단 하나도 충족

하지 못하고 있다. 미국처럼 기업이 자유롭게 내생적 성장을 마음껏 하기 좋은 나라도 아니고, 중국처럼 독재 이상의 전제 정권이 외생적 성장을 무자비하게 밀어붙일 수 있는 나라도 아니다. 세계적인 인재가 몰려드는 미국은 물론이고 EU나 중국 같은 인력공급도 기대할 수 없다. 북핵 위기와 동북아의 정치적 불안정과 함께 왜소한 국내시장 규모는 물론이고 영어권, 유럽권, 중화권 같은 해외시장 접근 능력에서조차 떨어진다.

이쯤이면 각자 지금 하는 일만 열심히 하다 보면 '언젠가 4차 산업혁명이 저절로 일어나겠지' 하는 것이 얼마나 안일하고 무지한 생각인지 알 것이다. 이런 우물 안 개구리 같은 착각은 일제와 열강에 주자학으로 맞서서 나라를 지키자던 조선시대 위정척사론 수준이다. 산업혁명에 실패한 조선은 일제가 아니더라도 다른 서구 열강의 제물이 되었을 수 있다. 앞으로 4차 산업혁명에 실패할 경우 국제사회의 일원으로서 우리가 국가적 존엄성과 민족적 자존심을 얼마나 지켜나갈 수 있을지는 근자의 사드 사태나 한일 무역갈등만 봐도 미루어 짐작할 수 있다.

한강의 기적에 3가지 비밀이 있었다면 우리가 4차 산업혁명을 성공시키기 위한 3가지 비책이 준비되어 있다. 규제 완화를 위한 정부혁신, 인재 확보를 위한 사회혁신, 활로 개척을 위한 대외혁신이 바로 그것이다.

정부혁신 – 규제 완화

산업혁명의 시대는 '북극성 시대'였다. 북두칠성을 기준으로 어디에 서든 나갈 방향을 정할 수 있었다. 에너지, 섬유, 기계, 화학, 철강 등 기간산업이 바로 그것이었다. 산업혁명 전반부인 영국의 석탄, 야금, 직물 혁명이나 산업혁명 후반부인 독일과 미국의 전기, 화학, 철강 혁명 등 이들 기간산업을 무조건 따라 하고 벤치마킹하면 산업혁명에 성공할 수 있었다. 기간산업이 존재하는 '북극성의 시대'였던 셈이다.

그러나 북극성의 시대가 가고 '은하수의 시대'가 왔다. 4차 산업혁명 시대는 인공지능, 빅데이터, 디지털, 바이오, 나노nano 등 산업의 종류가 은하수 별처럼 많다. 수없이 많은 새로운 산업이 수시로 등장하고 또 소멸하는 시대다. 더 이상 기간산업이 존재하지 않으며 선진국의 특정 산업 분야를 따라 해서 성공할 수 있는 시대도 아니다.

산업혁명 시대에는 정부가 민간기업에게 특정 기간산업을 지정해서 때로는 반강제적으로 떠맡기다시피 하기도 했다. 이것이 규제 중에 가장 강력한 포지티브 규제에 해당된다. '이 사업을 꼭 하라'는 것이다. '무엇만 하면 안 된다'는 네거티브 규제보다 100배 강력한 규제였다. 현재 우리나라에 규제가 특히 많은 이유는 역설적이게도 우리가 강력한 규제를 통해 한강의 기적이라는 산업혁명을 성공시켰기 때문이다.

그런데 다가올 4차 산업혁명과 지식기반사회는 전혀 다른 새로운 시대다. 4차 산업혁명 시대는 민간기업이 각자 잘할 수 있는 사업을 자율적으로 선택할 수 있도록 규제를 최대한 완화해야 하는 네거티브 규제의 시대다. 다양한 분야에서 크고 작은 성공과 실패가 수없이 터져나올 수 있도록 그런 자율적인 환경을 조성해주는 것이 중요하다.

그래서 4차 산업혁명 성공을 위한 혁신은, 과거에 규제를 잘해서 성공한 공직사회를, 이제 규제를 안 해서 성공하는 새로운 공직사회로 환골탈태시키는 정부혁신으로부터 시작해야 한다.

사회혁신 - 우수인재 확보

4차 산업혁명도 결국 사람이 하는 것이다. 인재가 많이 있어야 4차 산업혁명도 성공할 수 있다. 그런데 어떤 국가든 총인구 중 인재의 분포에는 큰 차이가 없다. 우수한 인재가 4차 산업혁명 분야로 많이 오는 나라는 성공할 것이고 그렇지 않은 나라는 실패할 것이다. 1차 산업혁명에 영국이 가장 먼저 성공할 수 있었던 것도 영국의 인재가 기업가, 기술자로 진출했기 때문이었다. 반면 스페인이나 프랑스 등에서는 인재가 모두 기사(knight)가 되었다. 인재가 기업과 기술을 외면한 결과 산업혁명에 뒤떨어질 수밖에 없었다.

그런데 우리나라는 '사농공상'이라는 봉건적 사고에서도 아직 완전히 벗어나지 못한 듯하다. 게다가 IMF 외환위기를 겪으며 공직이나 면허증을 가진 법률가, 의사, 약사 등 직업 안정성이 높은 쪽으로 인재의 쏠림현상이 심해졌다. 첨단과학기술 분야로 진출해서 4차 산업혁명을 선도해야 할 한국의 영재들이 공무원 시험 준비에 젊음을 낭비하고 또 서비스 업종에서 호구지책에 안주하고 있다.

이것이 우리가 4차 산업혁명 경쟁에 이기기 힘든 이유다. 가능한 한 더 많은 젊은 영재들이 과학, 기술, 벤처, 특허, 산업 디자인, 패션 등 4차 산업혁명 관련 분야로 진출할 수 있도록 적극적인 유인책을 마련해야 한다. 이런 사회 분위기를 조성하고 경제적 지원을 제도화하는 등의 사회혁신은 이제 피할 수 없는 시대적 요구가 되었다.

대외혁신 – 북극항로 선점, 러시아로 진출

'고르디우스의 매듭'은 알렉산드로스 대왕이 단칼에 잘라버렸다고 하는 전설 속의 풀리지 않는 매듭이다. '풀기 어려운 문제를 해결한다'는 뜻으로 인용된다.

지금 우리의 대외적 상황은 어떤가? 북핵 위기, 사드 사태와 중국의 경제보복, 일본의 화이트 리스트(안보 우방국) 제외, 미중 사이에서 일방적 선택을 강요하는 상황 등 글로벌 차원의 첨예한 갈등과 충돌이 한반도를 중심으로 복잡하게 얽히고설켜 해결의 실마리조차 보이지 않는 것이 마치 고르디우스의 매듭을 연상시킨다.

기존의 통상적인 노력으로는 풀어낼 수 없다면 발상의 전환을 통해서 판을 새로 짜야 할 것이다. 주어진 조건에서는 아무리 갑론을박하며 당장 실행 가능한 전술적 선택지를 이리저리 주물러보아도 뾰족한 해법이 존재하지 않기 때문이다. 해법이 있었다면 벌써 찾아냈을 것이다. 산업혁명이라는 문명사적 차원에서 거시적으로 조망하여, 알렉산더 Alexander의 일도양단—刀兩斷 같은 발상의 전환이 필요한 순간이다.

이제 근시안적 전술적 선택지를 과감히 탈피하여 판을 바꾸는 전략적 선택지로 옮겨가야 한다. 한국, 중국, 일본의 협력도 잘 안 되고, 미국이 개입해서도 안 된다면 남은 선택은 단 하나, 러시아와의 획기적인 관계개선이다. 러시아는 한반도를 둘러싼 4강 중 하나일 뿐만 아니라 북극항로를 장악하고 있는 나라이기 때문이다. 그리하여 한중일의 연횡과 한미러의 합종이 균형을 이룰 때 비로소 우리는 열강의 중재자 혹은 캐스팅 보트casting vote 역할을 확보할 수 있을 것이다.

북극항로는 대한해협을 지나 베링해협과 러시아 북쪽 해안을 지나는 인류문명의 마지막 큰길이다. 인류 역사를 돌아보면 새로운 길이 열릴 때 비로소 새로운 시대가 열려왔다. 고대문명을 연 비단길(silk road), 상업문명을 연 향신료길(spice road), 산업문명을 연 대서양 항로(the atlantic route) 등 이들 문명사적 큰길은 모두 저 멀리 있었다. 단 한 번도 한반도를 스쳐 간 적이 없었다. 그런데 이제 북극항로가 단군 이래 처음 한반도를 경유하게 된 것이다. 우리가 이런 천재일우의 기회를 놓치는 것은 5,000년간 이 땅을 지키고 기다려온 조상들에게 죄를 짓는 일이고 앞으로 영원히 이 땅을 가꾸어 살아갈 후손에게도 누를 끼치는 일이 될 것이다.

그렇다면 과연 4차 산업혁명은 어디서 일어날 것인가? 앞서 산업혁명이 '일어난' 것이 아니라 '일으킨' 것이라고 했다. 4차 산업혁명도 마찬가지다. 미국이 4차 산업혁명을 선도하면 미국의 패권이 유지되고, 중국이 따라잡으면 중국의 패권시대가 올 것이다. 그러나 한국을 비롯한 다른 나라에도 기회가 있다. 왜냐하면 4차 산업혁명은 꼭 한 나라만 독점할 수 있는 것이 아니며 아직 정해져 있지 않은 미래이기 때문이다. 그래서 우리가 먼저 일으켜야 한다.

4차 산업혁명을 일으킬 수 있는 3가지 비책, 그것이 바로 규제 완화를 위한 정부혁신, 인재 확보를 위한 사회혁신 그리고 활로 개척을 위한 대외혁신이다.

규제는 왜 없어지지 않는가

벤처를 지원하고 육성하려던 역대 정부의 노력은 참으로 가상했다. 그러나 왜 카카오와 네이버는 구글이 못 되고 아마존이 못 되었는가. 왜 그렇게 많은 벤처 지원 정책이 쏟아져 나왔는데 한국은 실리콘밸리로부터 점점 더 멀어져가고 있는가? 그것은 무수한 규제 때문이다.

국산 자율주행차의 대표주자 스누버가 규제 그물에 걸려 한국이 아닌 미국 실리콘밸리에서 먼저 상용화된다고 한다. 우버, 카카오 카풀, 타다 등의 혁신적인 서비스가 택시 업계 등 이해관계자들의 반발로 무산되거나 금지되었다. 선진국에서는 공유경제가 빠른 속도로 발전하고 있는데 참으로 가슴 아픈 일이다.

공무원 전문성 부족의 결과

규제 철폐는 새로운 정권이 들어설 때마다 한 번도 빠트린 적이 없는 대국민 약속이었다. 대불공단에 전봇대를 뽑아낸 대통령도 있었고 끝장 토론 7시간 만에 푸드트럭을 개선한 대통령도 있었다.

그러나 규제는 계속 늘어났다. 외환위기 당시 1998년에 1만 185개였던 규제는 김대중 정부에서 30%가량 줄어드는 듯하더니 이명박, 박근혜 정부 때 다시 1만 4,000건 이상으로 늘었다. 아래 그래프에서 2007년 잠시 규제가 줄어든 것도 규제에 관한 기준을 바꾸는 바람에 나타난 착시현상이라고 한다. 정부 부처의 규제현황을 알려주는 '규제정보포털'마저 2015년 10월부터 슬그머니 사라져 규제 건수는 물론이고, 규제 자체가 늘었는지 줄었는지조차 알 수 없게 됐다.[1]

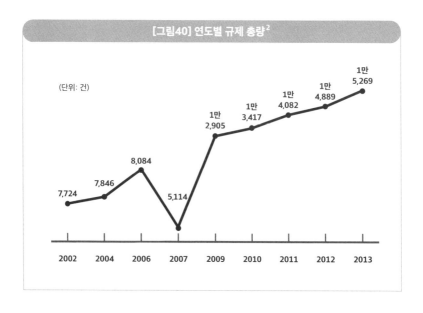

[그림40] 연도별 규제 총량[2]

(단위: 건)

| 2002 | 2004 | 2006 | 2007 | 2009 | 2010 | 2011 | 2012 | 2013 |
| 7,724 | 7,846 | 8,084 | 5,114 | 1만 2,905 | 1만 3,417 | 1만 4,082 | 1만 4,889 | 1만 5,269 |

과잉규제는 산업발전을 저해하고 10~20년 후에 경제성장 동력을 상실시킨다. 지금 경제상황이 좋지 않고 4차 산업혁명에 진척이 없는 것도 아직 규제가 개혁되지 않았기 때문이다.

대부분 규제는 좋은 의도에서 시행된다. 규제는 공직자가 국민의 재산과 안전을 지키기 위해 만든 법적·제도적 조치이기 때문이다. 그런데 왜 좋은 의도와는 달리 어떤 규제는 나쁜 규제가 돼버리는 것일까?

과소규제와 과잉규제를 구분하지 못했을 때 그 규제는 나쁜 규제가 돼버린다. 가령 4차 산업혁명 기술의 낙후는 과잉규제 때문이다. 반대로 세월호 참사 같은 것은 과소규제 때문에 일어났다. 선박 운항연한을 연장하고 내부구조 변경을 허가함으로써 무고한 시민의 생명이 위험에 노출된 것이다. 그래서 어떤 규제는 암 덩어리에 비유될 만큼 지탄받는다. 그렇다면 왜 공직자는 좋은 의도로 나쁜 규제를 하게 되는 것일까? 어쩌다 과소규제로 참사를 초래하거나 과잉규제로 경제를 옭아매는 것일까?

문제의 핵심은 공무원의 전문성 부족이다. 1년이 멀다 하고 부처 내에서 순환보직을 한다. 처음 생소한 보직을 맡게 되면 어떤 공직자는 의욕적으로 기존 규제를 완화하고 새로운 사업을 추진한다. 또 어떤 공직자는 업무가 파악될 때까지 사고가 터지지 않도록 규제를 강화한다. 과소규제든 과잉규제든 피해자는 국가와 국민이고, 그 원인은 공직자가 결국 업무를 잘 몰라서 생긴 일이다.

그런데 규제를 완화하면 당장 사고가 터지고 공직자 신상에 화가 미칠 수도 있다. 반면 규제를 무조건 강화하면 비록 십수 년 후에 국가경쟁력이 상실되고 민생이 도탄에 빠질지라도 해당 공무원은 무사히 승진해서 더 좋은 보직으로 승승장구할 수 있다. 게다가 규제 완화는 종종 특혜시비에 휘말리게 한다. 그래서 공무원은 규제를 완화해서 혹여 자신의 발목을 잡을지도 모를 골칫거리를 만들려고 하지 않는다. 이것이 바로 나쁜 규제의 악순환이다.

코이의 법칙

빌 게이츠, 스티브 잡스, 래리 페이지, 제프 베조스…. 바로 4차 산업 혁명 시대를 선도해서 세계 최고의 부자가 된 기업가이다. 그런데 저들은 어떻게 그토록 엄청난 성공을 할 수 있었을까? 타고난 능력 때문일까? 그것도 맞다. 행운 때문일까? 그것도 맞다. 그렇다면 만약 저들이 한국에 와서 사업을 했으면 저만큼 성공했을까? 여기에는 아무도 동의하지 않을 것이다.

그들이 그토록 크게 성공할 수 있었던 가장 큰 이유는 실리콘밸리와 같은 환경에서 사업을 했기 때문이다. 실리콘밸리라는 좋은 환경이 이들이 거둔 성공의 충분조건이다. 물론 머리가 좋고 운도 좋았겠지만 그런 것들은 필요조건에 지나지 않는다. 첨단 신기술과 고급인력 확보가 쉽고, 세제 혜택과 엔젤 투자 등 벤처기업의 인큐베이팅에 더없이 좋은 실리콘밸리가 없었다면 이들은 결코 이렇게 크게 성공하지 못했으리라.

우리나라에도 한때 이병철, 정주영, 구인회, 최종현 등 걸출한 기업가들이 비슷한 시기에 속속 등장했다. 이전에는 그런 뛰어난 기업가가 없었을까? 그 이후에는 왜 그런 입지전적인 기업가가 계속 나타나지 않는 것일까? 그들이 능력을 발휘할 수 있었던 것은 마침 그때 우리나라에 1차 산업혁명, 특히 압축성장을 위해 기업 하기 좋은 환경이 조성되었기 때문이다. 인간은 환경의 동물이다. 따라서 좋은 환경이 만들어지면 사람도 능력을 충분히 발휘하게 된다.

자라는 아이에게 새총을 주면 산에 가서 참새를 많이 잡는 꿈을 꿀 것이다. 엽총을 주면 호랑이나 사자 같은 맹수를 사냥하는 꿈을 꿀 것이다. 만일 대포를 주면 무슨 꿈을 꿀까. 아마도 대륙을 정벌하는 꿈을 꾸지 않을까?

일부에서는 도요토미 히데요시가 조선 국왕에게 명나라로 가는 길을 비켜달라고 해서 임진왜란이 일어났다며 그의 야망과 배포를 우상시하는 경향이 있다. 그런데 만일 도요토미 히데요시에게 조총이 없었다면 감히 길을 비켜달라고 할 수 있었을까? 유럽 최강의 포병이 없었다면 황제 나폴레옹도 없었고 '청년이여 야망을 가져라Boys be ambitious' 같은 명언도 없었을 것이다. 시대가 영웅을 먼저 만들면, 영웅도 시대를 만들기 마련이다.

코이의 법칙도 같다. 코이는 일본 사람들이 좋아하는 비단잉어다. 코이는 어항에서 키우면 10cm 이상 크지 않고, 연못에서 키우면 30cm 이상 크지 않는다고 한다. 그러나 강이나 호수에서 키우면(키운다기보다는 그냥 혼자 살게 내버려두면) 120cm까지 큰다는 것이다. 어떻게 똑같은 코이가 어항에서는 10cm, 연못에서는 30cm, 강에서는 120cm까지 클수 있을까? 그것이 바로 코이가 클 수 있는 생태환경이고 실리콘밸리이며, 또한 정부의 규제이고 사회적 한계이며 대외적 제약이다. 벤처기업을 성공시키고 중견기업으로 또 대기업으로 육성하는 방법은 비단잉어에게 모이를 주는 것과 같은 직접적인 지원이 아니다. 서식처를 어항에서 연못으로, 또 호수로 바꿔주는 것과 같은 간접적인 생태환경의 혁신이다.

실리콘밸리 벤처기업 1호로 꼽히는 휴렛패커드, 실리콘밸리의 현재와 미래를 상징하는 애플, 구글, 이 세 회사엔 한 가지 재미난 공통점이 있다. 이 세 회사가 똑같이 차고(garage)에서 창업했다는 점이다. 미국 가정에서 차고란 잡동사니를 아무렇게나 쌓아두는 헛간 같은 곳이다. 난방도 안 되고 그저 비바람 정도만 겨우 막아주는 자투리 공간이다. 창업 환경을 멋있게 만들어준다고 벤처기업이 성공하는 것이 절대 아니란 의미다. 기업 하기 좋은 사회 환경만 만들어주면 아무리 지저분하고 허접한 곳에서 창업해도 성공할 수 있다는 것을 보여주는 사례다.

그런데 우리나라는 벤처육성센터를 만들고 지원금을 주는 등 온갖 노력을 다해왔다. 물론 성과도 있었다. 그러나 크게 성공한 것은 아니었다. 그 이유는 무엇 때문일까? 우리나라의 벤처 정책은 마치 코이한테 모이를 아침에 많이 줄까, 저녁에 많이 줄까, 무슨 모이를 어떻게 줄까 같은 직접지원에만 집중되어 있었다. 강에 있는 코이에게는 모이를 주지 않아도 100cm 이상 크는 것처럼 직접지원을 하지 않아도 기업 하기 좋은 환경만 제대로 만들어주면 벤처기업이 성공하고 중견기업으로, 대기업으로, 스스로 얼마든지 커나갈 수 있다.

우리나라 벤처 산업정책이 투입한 노력만큼 또 우리의 기대만큼 성공하지 못한 것은 코이를 먹일 생각만 했지 연못을 키워 호수 같은 환경을 만들어줄 생각은 미처 하지 못했기 때문이다.

그렇다면 코이가 클 수 있는 환경을 어떻게 만들어주어야 할까? 우리같이 경제 규모가 작은 후발국에서 실리콘밸리 같은 환경을 만들어주는 것이 과연 가능할까? 그것은 불가능해 보인다. 대신 우리는 그에 필적할 만한 다른 환경을 만들어줘야 한다.

대한민국이 4차 산업혁명에 성공하여 선진국으로 도약하려면 우선 신생 벤처기업이 뿌리내리고, 그들이 중견기업으로, 대기업으로 커나갈 수 있는 기업생태환경이 조성되어야 한다. 이러한 환경을 구체적으로 제시한 것이 바로 규제 완화를 위한 정부혁신이다.

정부의 유전자를 변화시켜라

'한강의 기적'을 일으킨 일등 공신이 우리나라의 엘리트 관료였다는 것은 세계의 석학들도 대부분 인정한 사실이다. 그 존경받던 대한민국 관료들이 언제부턴가 철밥통으로 조롱받고 있다. 도대체 대한민국 관료에게 무슨 일이 일어난 것일까.

존경받던 엘리트 관료는 다 어디로 갔을까?

산업화를 시작하던 당시에는 공개 경쟁시험인 행정(기술)고등고시로 고급 관료를 등용했다. 그러나 시대는 산업사회를 거쳐 서서히 지식산업사회로 이행하고 있는데 여전히 유사한 방식의 시험으로 관료를 뽑고 있다. 과목별 성적은 크게 향상되었지만 오히려 업무성과는 뒷걸음질 치고 있다. 그 이유는 시대환경은 변했는데 공직사회는 변하지 않았기 때문이다. 세상이 변하면 사람도 따라 변해야 한다. 그리고 사람이 변하려면 제도가 먼저 변해야 한다. 따라서 이것은 공무원 개개인의 잘못이 아니다. 시대환경에 적응하지 못한 공직인사제도 때문이다. 이 때문에 결국 공무원도, 국민도 모두 피해자가 돼버렸다.

1차 산업혁명 시대는 앞장선 선발국의 뒤를 밟는 시대였다. 유능한 관료가 갖춰야 할 소양은 몇 가지 기간산업에서 선진국 사례를 빨리 학습하여 민간기업의 발전을 선도하는 것이었다. 그런데 4차 산업혁명 시대는 수없이 많은 새로운 산업 분야에서 선발국과 앞서거니 뒤서거니 하며 각자 제 갈 길을 찾아가는 시대다. 유능한 관료가 갖춰야 할 소양은 미래사회에 대한 이해와 창의력을 기반으로 민간기업이 직면할 구시대의 한계와 규제를 풀어 미래지향적 산업환경을 조성하는 것이다.

지뢰밭에서 살아남는 방법

나는 육군공병학교 교관으로 잠시 지뢰과목을 교육한 적이 있었다. '지뢰밭에 들어가면 지뢰를 잊어버려라. 무조건 앞 사람의 군화 자국을 그대로 밟고 가면 살 수 있다'고 강의를 시작하곤 했다. 앞선 성공사례가 있으면 단순모방이 최선의 방법이기 때문이다. 그러나 지뢰밭 중간쯤에서 앞 사람의 군화 발자국이 사라졌다면 그때부터는 지뢰 전문가가 되어야 한다. 지뢰를 몇 미터 간격으로 몇 도 각도로 매설하는지 계산해서 다음 빌을 내디딜 위치를 결정해야 한다. 앞선 성공사례가 없을 경우, 전문지식 없이는 앞으로 나갈 길을 찾아낼 수 없기 때문이다.

제3공화국은 엘리트 공무원 제도를 확립해 한강의 기적을 이룰 수 있었다. 선진국의 성공사례를 벤치마킹하는 데는 일반 행정관료(generalist)로 충분했다. 꼭 거쳐야 하는 기간산업이 있었기 때문이다. 하지만 4차 산업혁명 시대에는 전문 정책관료(specialist)가 필요하다. 수없이 많은 신산업과 신기술들이 단기간에 생성하고 소멸될 뿐만 아니라 국제적으로도 서로 초연결된 사회이기 때문이다.

지뢰밭에 발자국이 없으면 지뢰 매설에 관한 전문지식이 있어야 지뢰밭에서 살아남을 수 있는 것처럼 4차 산업혁명 시대에는 선발국의 성공사례 없이도 미래로 앞서 나아갈 수 있는 전문지식을 갖춘 정책관료가 필요하다. 4차 산업혁명 시대란 미지의 세계로 나가는 것이기 때문이다.

그래서 우리가 4차 산업혁명에 성공하기 위해서는 가장 먼저 일반행정 관료를 전문 정책관료로 바꾸어야 한다. 구체적인 공직인사제도 개편방안은 《정부의 유전자를 변화시켜라》(김태유·신문주 지음, 삼성경제연구소)에 자세히 담았다. 여기서는 그 핵심만 추려 소개하겠다.

순환보직은 무능한 '만능 공무원'을 양산할 뿐

공무원이 제너럴리스트가 되는 것은 부처 내의 순환보직 때문이다. 잦은 순환보직의 폐해는 생각보다 심각하다. 선진국의 경우 동일 직무에서 4~5년 이상 복무하고 심지어 동일 국장, 과장직에는 10~20년 이상 재직하는 데 비해 우리의 경우는 승진에 유리한 자리를 차지하기 위한 전보가 잦아 직무에 숙달될 만하면 다른 직책으로 이동하곤 한다. 보직이 바뀌면서 담당 업무도 계속 바뀌다 보니 전문성이 떨어지는 것은 당연하다.

평균적으로 실국장급 재임기간이 1년 1개월 21일이고 과장급 이상은 1년 3개월 5일로 평균 재직기간이 1년을 약간 웃도는 정도여서 직무 전문성을 축적하기 어렵다. 승진이나 결원이라도 생기면 연쇄적으로 인사이동이 이루어진다. 특히 행정의 중추인 동시에 국제협상 테이블에서도 가장 핵심적인 역할을 수행해야 할 과장급 공무원의 잦은 교체는 심각한 문제가 아닐 수 없다.[3]

공무원 승진제도도 짚고 넘어가지 않을 수 없다. 현재의 공무원 승진제도는 상위직에 공석이 생겨야 하위직이 올라갈 수 있다. 또한 특정 지위에 대한 임용 요건도 설정돼 있지 않아 전문성에 대한 고려 없이 승진이 이루어진다. 재임기간 또한 짧아 하나의 정책이 기획수립단계부터 추진과 마무리까지 여러 명의 담당 공무원을 거친다. 그러다 보니 성과 평가에 객관성을 확보하기 어려워 근무성적평정의 왜곡을 가져오고 있다. 또한 인사권이 소속부처 상관들에게 독점되어 있기 때문에, 능력과 업무성과보다는 인간관계나 인사청탁에 의해 승진과 전보가 결정되기 십상이다.

앞으로 4차 산업혁명의 진행과정에서 이런 인사제도로 인한 폐해는 더욱 심각하게 드러날 것이다. 그래서 이러한 문제점을 근본적으로 해결하기 위해 직무군(직무열) 제도의 도입을 제안하는 것이다. 그리고 Y형 경력개발 제도, 조정실장 제도, 이모작 교육 제도 등 3가지 제도로 직무군 제도를 뒷받침하자는 것이다.

공직 인사제도 개편의 핵심은 현재 부처 내 순환보직에 의한 일반 행정관료를 범부처적 직무군 제도에 의한 전문 정책관료로 전환하는 데 있다. 예를 들어 조기축구회 같은 아마추어팀의 경우 오늘은 공격수였다가 내일은 수비수로 뛰기도 한다. 소속팀은 바뀌지 않지만 선수의 포지션을 상황에 따라 종종 바뀐다. 이와 반대로 프로팀에서는 소속팀이 바뀌더라도 선수의 포지션은 잘 바꾸지 않는다. 골키퍼는 골키퍼로 이동한다. 혹여 바뀐다 해도 특정범주를 벗어나지 않는 경우가 대부분이다. 이것이 아마추어와 프로의 차이이고, 비전문가와 전문가의 차이다.

지금까지 우리나라 고급공무원의 순환보직 제도는 조기축구회처럼 팀, 즉 부처 안에서 포지션을 계속 바꿔왔다. 그러나 직무군 제도는 프로축구팀처럼 부처가 바뀌더라도 포지션은 바꾸지 않는다. 이 작은 차이가 근본적인 차이를 만든다. 순환보직 제도와 직무군 제도는 아마추어 축구팀과 프로축구팀의 차이만큼 실력의 차이를 보이게 될 것이다. 고급공무원이 한 부처 내에서 순환보직을 한다는 것은 이런저런 경험을 두루 거친 무능한 만능 공무원을 양산해내는 것으로 4차 산업혁명 시대 국가발전에 가장 치명적인 손상을 초래하게 될 것이다.

골키퍼는 이적해도 골키퍼다

직무군(직무열) 제도란 일반 행정직군 중심의 공직 분류를 업무 전문성에 기반한 새로운 직무군·직무열 체계로 전환하는 것이다. 직무와 직책은 각 부처에 현행 그대로 두고 범부처적으로 유사한 업무를 묶어 직무군을 만든다. 그리고 승진과 전보는 직무군에 따라 이루어지되 부처 간 벽을 자유로이 넘나들 수 있도록 한다.

만일 산업통상자원부에서 산업 IT 관련 업무를 했다면 교육과학기술부, 행정안전부 또는 어떤 다른 부처로 승진 또는 전보되어도 유사한 IT 관련 업무를 계속 수행한다. 자신의 직무군이라는 전문성을 갖고 다른 부처로 이동하여 유사한 업무를 수행한다. 그러니까 프로축구선수가 전문 포지션을 갖고 다른 팀에 이적해서도 유사한 포지션을 계속 맡는 것과 같다.

예시로 7개의 직무군과 30개의 직무열로 나눠보았는데 이 개수는 더 많아질 수도 적어질 수도 있다. 7가지 직무군은 국토·환경 직무군, 과학·교육·문화 직무군, 재정·경제 직무군, 사회·복지 직무군, 외교·국방 직무군, 산업·IT 직무군, 일반행정 직무군 등인데, 7개의 직무군에 공무원이 각자 소속되어 있지만 승진과 전보는 해당 직무군·직무열 내에서만 보임토록 한다.

예를 들면 산업·IT 직무군이란 큰 분류 안에는 정보통신, 에너지, 기계소재, IT 등 세분된 여러 개의 직무열이 있다. 또한 각 부처의 특징에 따라 각 직무군에 해당하는 인원(position) 숫자가 달라질 것이다. 가령 산업통상자원부에서는 산업IT 관련 직무군에 소속된 인원이 많아질 것이다. 매트리스 식으로 직무군이 정한 직무열 포지션에 따라 승진과 전보를 할 수 있다.

지휘관형이냐, 참모형이냐

고위공직자를 정책관료와 전문관료로 이원화한 것이 바로 Y형 경력 개발 제도다. 자신의 전문분야에서 넓은 식견과 추진력으로 정책을 결정하고 집행하는 '정책관료'도 필요하지만, 좁고 깊은 시각에서 장기적으로 정책을 연구·분석하고 조언할 수 있는 '전문관료'도 필요하다. 그래서 공위공직자를 '집행하는 역할의 정책관료'와 '조언하는 역할의 전문관료'로 분리해 업무에 임하도록 한다.

정책관료란 직무군 범위 내에서 정책을 결정하고 추진할 수 있는 거시적 시각과 범부처적 관련 정책을 기획 조정할 수 있는 능력을 가진 지휘관형(line) 관료다. 전문관료는 넓은 직무군 내 좁은 해당 직무열에서 오랜 기간 근무하여 해당 분야의 깊은 전문성을 가진 참모형(staff) 관료다.

이를테면 사무관이 중견간부로 특정 부서에 배치되면 몇 개의 직무군 보직을 경험하며 경력을 쌓는다. 그러다 10년쯤 지나 서기관 승진을 전후하여 본인의 선택에 따라 이모작 교육 훈련을 받고 전문관료와 정책관료로 양분된다. 군조직의 지휘관형과 참모형 또는 미국 민간기업의 패스트 트랙과 슬로우 트랙을 떠올리면 이해가 쉬울 것이다. 전문관료는 직급은 높이 올라가지 않지만 정년이 보장된다. 대신 정책관료는 직급은 빨리 올라가는 대신 일정 기간 내에 성과를 못 내면 직급정년으로 조기 퇴임하여야 한다.

Y형 경력개발 제도는 서양의 발전된 민간기업과 군에서 개발된 인사 제도를 결합해서 연구개발한 제도다. 전문관료를 선택하는 이는 중견간부가 되면 직무열 내에서 좁게 순환을 한다. 예컨대 산업·IT 직무군 안

에서도 기계, 소재, 정보통신 직무열 등 1개의 직무열 보직에서만 근무한다. 만약 정책관료를 선택하면 직무군 내에서 여러 직무열을 넘나들며 범부처적으로 승진과 전보를 할 수 있다. 그러나 성과에 대한 책임을 진다. 이렇게 되면 직무군의 전문성을 가지면서도 국정을 총괄할 만큼 넓은 정책적 시야를 가진 지도자급 인재를 육성할 수 있는 장점이 있다. Y형 경력개발 제도는 고위관료를 속진임용 대상과 전문임용 대상으로 구분해 과도한 승진 경쟁을 지양하고 4차 산업혁명 시대의 미래지향적 전문성을 확보하는 것을 목적으로 한다.

선수와 심판

정책 혼선을 가져오는 부처 간 갈등 해결과 공무원의 성과평가를 위해 국무총리 밑에 혹은 별도의 행정조직으로 직무군별 조정실을 두는 것이 조정실장 제도다. 조정실장에게는 정책조정권과 성과평가권을 부여한다. 예를 들어 산업통상자원부와 과학기술정보통신부 간에 업무영역의 중복 등의 문제가 생길 경우 해당 직무군 조정실장이 이를 조절해 문제를 해결한다.

조정실장은 본인의 희망과 부처의 필요에 따라 공무원을 적재적소에 배치할 수 있도록 성과평가 결과에 근거해서 임명권자에게 인사에 관해 조언 또는 추천할 수 있다. 지금까지는 청와대 비서실과 국무조정실이 부처 간 정책을 조정했으며, 최근 대통령 소속의 국정과제위원회도 정책자문과 정책조정 기능을 일부 수행하고 있다. 하지만 상설조직이 아니고 권한과 전문성 또한 일천하여 정부조직의 팽창만 가져온다는 비판을 불러왔다. 또한 장관의 독단적 인사권 행사는 정치적 외압에 휘둘리는가 하면, 성과평가에 대한 전문성 객관성의 결여로 한계를 노출해왔다.

조정실장 제도는 정책조정, 인적 자원관리와 책임행정, 그리고 국무조정실에서 시행하던 정부 업무평가를 뛰어넘어 장기적인 정책 영향 평가를 담당할 수 있어 권력을 분산하고 부처 간 조화와 협력이 가능하다.[4] 평가하는 조정실과 평가받는 직무군 간의 심판과 선수의 문제는, 조정실을 감사원 등과 함께 소속 직무군을 실무로부터 분리함으로써 해결할 수 있다. 4차 산업혁명 시대를 선도하기 위한 직무군 제도의 원활한 작동을 위해서 직무군별 조정실의 설치라는 최소한의 조직 신설이 필요한 것이다.

최소 변화로 최대 효과를

혁명이 세상을 송두리째 바꾸는 것이라면 직무군 제도의 도입은 정부혁신의 소리 없는 혁명이 될 것이다. 간단하게 보이는 제도 도입 하나로 공직사회에 혁명 이상의 근본적이고 원천적인 변화를 이끌어낼 수 있기 때문이다.

이 제도의 가장 큰 장점은 최소 변화로 최대 효과를 거둘 수 있다는 점이다. 새 정부가 들어설 때마다 행정학자들은 새 정부의 조직체계를 짜느라고 바쁘다. 소부처주의, 대부처주의 등 쪼개고 붙이기를 반복해왔지만 그런 방법으로는 해결되지 않는다. 직무군 제도는 조직, 즉 하드웨어는 현행 그대로 두고 인사, 즉 소프트웨어만 바꾸기 때문에 지금 있는 정부조직의 큰 변화 없이 얼마든지 해낼 수 있다. 1년 이내에 시행이 가능하고 3년 이내에 가시적인 성과를 거둘 수 있다. 게다가 공직자 수용성까지 극대화할 수 있다는 장점이 있다.

관피아 문제를 해결하겠다고 퇴직 관료의 관련 기관 취업을 제한하는 것은 엘리트 공무원의 경험과 경륜을 사장시키는 것이다. 공직사회의 전문성을 강화하겠다고 민간 경력자 채용을 확대하는 것은 개방형 임용제도의 실패를 반복하는 것이다. 재난 대비와 부처 간 칸막이 제거를 위한 컨트롤타워 설치는 별 성과 없이 폐지된 내무부 재난관리국과 소방방재청을 상기시킨다. 공직자를 감사와 사법처리로 압박하는 것은 사기를 저하시키고 복지부동을 강요할 뿐이다.

직무군 제도는 발상의 전환을 통해 고급공무원의 유전자를 근본적으로 바꾸는 것이다. 고급공무원을 평생 특정 부처에 소속시켜, 이질적인 업무를 전전하며 '순환보직'하도록 해 쓸모없는 제너럴리스트로 만들어서는 안 된다.

직무군 제도하에서는 공무원이 특정 부처에 소속되지 않기 때문에 '관피아'가 있을 수 없다. 또 승진과 전보가 직무군 내에서 부처의 벽을 넘나들게 돼 당장 일하는 부처는 달라도 전임자와 후임자 사이이기 때문에 부처 간 칸막이도 저절로 사라진다. 한 직무군에 평생 소속된 공무원은 저절로 전문가 정책관료가 될 수밖에 없다. 이것은 과거의 문제를 해결하기 위해 꼭 필요한 혁신인 동시에 4차 산업혁명이라는 미래의 문제를 선제적으로 해결해나가기 위해 피할 수 없는 첫 번째 혁신이다. 4차 산업혁명 시대이든 지식기반사회이든 새로운 제도가 새로운 사람을 만들고, 새로운 사람이 새로운 시대를 열어가는 것이기 때문이다.[5]

국가경제 이모작 시대 열린다

저출산 고령화가 심각한 사회문제로 대두된 지 이미 오래다. 인구학자로부터 사회학자, 정치인, 관료 등 이 시대 지식인이라면 모두 저출산 고령화의 심각성에 입을 모으고 있다. 매스컴에서도 뉴스와 특집기사로 외국 사례부터 미래예측까지 꼼꼼히 다루지 않은 부분이 없다. 2006년 이래 우리 정부는 저출산 고령화 관련 총 268조 원[6]을 쏟아부었다. 그런데 결과는 실망스러운 정도를 넘어 허탈할 지경이다. 통계청에 따르면 2019년 기준 가임여성 1명당 출산율이 0.918명으로 세계에서 꼴찌다. 그 많은 돈을, 국민의 혈세를 어디 어떻게 썼기에 이런 처참한 결과가 나왔을까?

출산률 제로, 잔인한 세월이 오고 있다

서양 속담에 '서두르면 일을 그르친다(Haste makes waste)'는 말이 있다. 인구문제도 서둘러 졸속 땜질 처방만 쏟아낼 것이 아니라 이제 근본 원인을 알고 해결방안을 강구해야 한다.

8,000여 년 농업사회의 인구구조는 피라미드형이었다. 기아와 질병으로 유아사망률이 높아 많이 낳아야 인류가 멸종을 피할 수 있었다. 그런데 산업혁명으로 인해 식량 생산이 늘고 홍역, 패스트, 콜레라 등 질병이 퇴치되자 인구가 급격히 증가하기 시작했다. 평균수명도 2배 이상 증가했다. 그래서 경제개발 과정에서는 인구증가를 억제하기 위한 산아제한 정책이 추진될 정도였다. 생산가능인구 대비 부양대상인구 비율을 줄이기 위해서였다. 그래야 경제발전을 위한 투자재원을 다 소비해버리지 않고 남겨 재투자할 수 있기 때문이다.

경제발전에 어느 정도 성공하여 생존 이상의 삶에 여유가 생기면 출산율이 급격히 준다. 여성의 교육 수준 향상이나 사회활동 참여 등이 한몫했을 것이다. 특히 우리나라의 경우 인구과밀에 의한 과당경쟁이 주거비용의 상승과 교육 스펙 쌓기 경쟁 같은 한국적 문제점들을 심각하게 야기하고 있다. 그러면서 자녀 양육비와 교육 문제, 양육환경과 인프라 등에 대한 부담감으로 점점 출산율이 줄어들기 시작했다. 통계청에서는 이 추세대로 가면 2021년까지 출산율이 역대 최저치인 0.86명이 될 것이라고 내다보았다.

출산율은 점점 줄어드는 데 평균수명은 점점 늘어나고 있다. 한국인의 평균수명은 1990년 70세에서 2010년 80세로 늘어났다. 60세 이상을 부양대상 고령자로 가정할 경우, 사망률을 제외하면 고령자가 약 2배 증가한 셈이다. 평균수명이 90세가 되면 고령자가 약 3배 증가할 것이다. 늘어난 고령자의 부양을 위해 생산가능인구를 출산으로 해결하려면 자녀를 4명, 6명씩 낳아 인구가 2~3배 증가해야 한다. 이를 이민을 받아 해결한다면 외국인 숫자가 한국인보다 많아져 우리나라가 다국적 소수민족 합중국 형태 또는 아예 남의 나라가 될 판이다. 따라서 출산이나 이민으로는 고령화 문제를 근본적으로 해결할 수 없다.[7]

우리나라의 인구 피라미드의 변화를 살펴보면 1990년부터 지금까지 생산가능인구 비율이 70%를 넘는 기간이 30년이나 지속되었다. 하지만 2019년 통계청은 생산가능인구가 2050년에는 50%에 이를 것으로 전망했다. 생산가능인구가 75%면 3명이 일해 1명을 부양해야 한다.

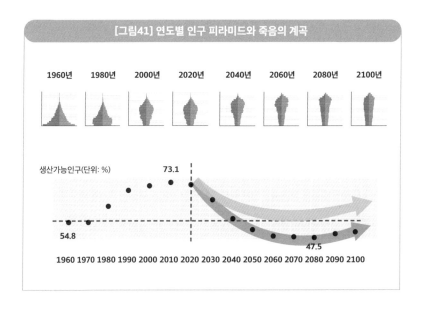

[그림41] 연도별 인구 피라미드와 죽음의 계곡

50%면 1명이 일해 1명을 부양해야 한다. 일하는 자의 부담이 3배나 커지는 것이다. 이렇게 되면 일하는 청년들이 허리가 휘어지다 못해 부러지게 된다. 여기가 바로 인구비율의 '죽음의 계곡(death valley)'이다. 그런 사회는 결코 존속할 수 없다. 문제의 핵심은 저출산과 고령화라는 현상이 아니라 '생산가능인구 비율'이라는 사실을 알아야 한다. 그렇다고 저출산을 막기 위해 출산을 강요할 수도 없고 고령화를 막기 위해 수명을 단축시킬 수도 없는 노릇이다.

상황이 이렇다 보니 저출산 고령화에 대한 대책이 각계각층에서 전방위적으로 쏟아져나왔다. 268조 원이나 써버릴 정도였으니 얼마나 많은 대책이 나왔겠는가. 그런데 그 허무한 성과를 보니 이제 초심으로 돌아가 발상의 전환을 통해 문제를 새로 직시해야 할 때가 된 것 같다.

방법이 있었다면 생산가능인구 비율이 높을 때 더 많은 자본과 기술을 축적하여, 생산가능인구 비율이 낮아졌을 때 더 자본집약적이고 기술집약적으로 산업구조를 고도화해 생산가능인구 감소효과를 상쇄하는 것이다. 생산가능인구 비율이 75%에서 50%로 줄어 부양 부담이 3배 증가하면 산업생산의 자본과 기술집약도를 3배 높여 해결할 수 있다. 예컨대 생산가능인구 1명당 2개의 인공지능 로봇이 함께 일하게 하면 3명분의 일을 할 수 있어, 생산가능인구 50% 시대를 무난히 극복할 수 있다는 말이다. 그러나 이제 후회해도 이미 돌이킬 수 없는 일이 돼버렸다.

생산가능인구가 70%를 넘던 그 좋은 시절, 우리는 도대체 무얼 하느라 선진국 대열에 진입하지 못했을까? 훗날 역피라미드 인구구조에 신음할 후손들에게 무어라 구차한 변명을 늘어놓을지 두고 볼 일이다. 앞으로 생산가능인구 비율이 급격하게 줄어드는 잔인한 세월이 우리를

기다리고 있기 때문이다

그런데 당장 우리가 할 수 있는 일이 과연 있기는 한 것일까? 생산가능인구 비율을 늘리는 가장 효과적인 방법은, 경제활동을 하지 않는 부양대상 인구에게 경제활동을 할 기회를 주는 것이다. 부양받던 사람이 부양하는 사람이 되면 효과가 배가되기 때문이다.

유동지능과 결정지능

고령자에게 제대로 된 일자리를 제공할 방법이 있을지 연구하던 중 발달심리학에서 하나의 가능성을 발견하게 되었다. 카텔과 혼Cartell & Horn의 모형에 따르면 젊은 층은 창의성과 연관된 유동지능(fluid intelligence)이 높고, 고령층은 경험과 관련된 결정지능(crystallized intelligence)이 높다고 한다. 젊은 층이 가진 능력과 중장년층이 보유한 능력이 다르다는 점에서 문제해결의 돌파구를 찾을 수 있을 것 같았다. 주변을 보아도 이공계 교수의 연구 업적은 30대를 분기점으로 하강하

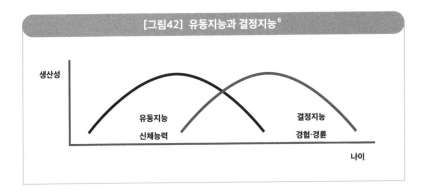

[그림42] 유동지능과 결정지능[8]

는데 인문계 교수들의 업적은 60대가 넘어 오히려 최고봉에 올랐다. 이 공계 교수의 업적은 유동지능을 필요로 하고 인문계 교수들의 업적은 결정지능을 요하기 때문이었다.

창의성과 신체적인 능력이 필요한 유동지능은 30대를 정점으로 떨어지기 시작한다. 경험과 경륜이 필요한 결정지능은 나이가 들어서도 감퇴하지 않거나 때로는 올라가기도 한다. 이 능력의 차이를 이용하면 세대 간 분업을 통해 국부를 다시 한 번 획기적으로 증가시킬 수 있지 않겠냐는 생각이 들었다.

젊은 층은 창의성과 유동지능이 필요한 과학·첨단기술·회계·산업디자인 등의 일모작 직업에 주로 종사토록 한다. 그리고 경험과 경륜이 쌓인 중장년층은 결정지능이 필요한 행정·관리·헬스케어 등 서비스 계통의 직업에 종사토록 한다. 그래서 나는 유동지능이 필요한 직업을 일모작 직업으로, 결정지능이 필요한 직업을 이모작 직업이라고 정의했다. 그리고 세대별 분업에 의한 이모작 사회를 제안한 바 있다.

젊어서 일모작 직업에 종사하다 중장년이 돼 이모작 직업으로 갈아타면 개인적으로는 일모작 직업으로 인생의 정상기를 한 번 갖고, 유동지능이 쇠퇴할 즈음 결정지능에 기반한 이모작 직업으로 또 한 번 인생의 정상기를 구가할 수 있다. 개인적으로는 자녀에게 손을 벌리거나 사회복지 예산에 기댈 필요 없이 노후생활비를 마련할 수 있다. 국가적으로는 이모작 직업에서 다시 한 번 세금을 거둘 수 있어 국가재원을 확충할 수 있다.

그러나 이모작 제도의 진면목은 한국 경제가 저출산 고령화로 인해 경제활동인구 비율이 하락하여, 개인의 삶과 국가경제가 파탄에 이르는 소위 죽음의 계곡을 뛰어넘는 비책이 될 수 있다는 점이다.

푸른색은 쪽에서 나왔지만 쪽 빛보다 더 푸르다는 뜻으로, 제자가 스승보다 더 나음을 비유하는 고사성어가 청출어람青出於藍이다. 후세까지 오래도록 모든 사람의 스승으로 숭앙받는, 덕과 학문이 높은 사람을 백세지사百世之師라고 한다. 일모작 직업에서 30년 정도 신나게 일한 후에 후배에게 자리를 물려주고, 이모작 직업으로 갈아타 또다시 20년 정도 마음껏 일할 수 있다면 이모작 사회야말로 청출어람의 시대이자 곧 백세지사 시대의 구현이 아니겠는가.

일본 도쿄 노인과학연구소에서 전수 조사를 했더니 1977년부터 2007년까지 수명이 18년 길어졌다고 한다. 아마 지금은 20년쯤 더 길어졌을 것이다. 이 말은 과학기술의 발전이 인류를 20년 이상 젊게 만들었다는 것이다. 그렇다면 25세에 일모작 직업을 시작해 이모작 직업까지 50년 일하고, 은퇴할 나이 75세가 되어서도 우리 윗세대가 은퇴한 55세보다 더 젊고 더 건강할 것이다. 50년 일해서 100세까지 여유롭게 살 수 있는 노후자금을 충분히 마련하고 또 노후를 즐길 건강까지 받쳐주니 이모작 사회야말로 금상첨화의 시대가 아닐 수 없다.

과거에는 일모작 교육밖에 없었다. 그러나 이제는 중년을 위한 이모작 교육을 한 번 더 해야 한다. 결정지능을 활용할 수 있는 새로운 직업을 가질 수 있도록 국가와 기업과 개인이 협동해야 한다. 이것만이 우리가 행복해지는 길이고 미래로 나갈 수 있는 길이다. 이모작 사회로 가는 것은 선택사항이 아니다. 초고령사회 진입이 임박한 이때 우리가 선택하지 않으면 다 함께 불행해질 수밖에 없는 필수사항이다.

이모작 경제의 성장원리

이모작 사회는 세계 어떤 나라도 아직 가보지 않은 미지의 세계다. 그래서 막연한 두려움을 갖고 있다. 국가경제를 이모작하는 것이 가능한 것인지, 우리가 과연 성공할 수 있을지 의문을 제기한다. 그러나 과거 1차 산업혁명에서 우리는 이미 유동지능과 결정지능의 분업체제로 성공한 사례가 있다.

1차 산업혁명의 성공은 농업인구 중 유동지능이 풍부한 젊은이들을 뽑아서 산업현장으로 보내 국가산업 생산력을 획기적으로 높인 것이었다. 우리나라도 1960년대까지는 국민의 대부분이 농업에 종사했다. 경제개발 5개년 계획을 시행하면서 농촌 청년이 마산, 여천, 창원공단 등 산업화 인구로 유입되었다. 그러나 청년이 농촌을 떠났다고 농촌이 피폐해진 것은 아니었다. 호미나 괭이로 농사를 짓던 농촌에 트랙터가 들어오고 비료와 비닐하우스 등 현대적 농업기자재가 도입되면서 농촌경제가 비로소 빈곤의 악순환을 벗어나고 주곡인 쌀의 자급도 가능해졌다.

이것이 한강의 기적이었다. 1차 산업혁명에 의한 제조업은 매뉴얼을 읽어 이해하고 기계를 작동하는 등 유동지능이 필요한 산업이고, 농업은 오랜 경험과 경륜으로 기후와 자연생태를 체득하는 등 결정지능이 필요한 산업이었기 때문이다. 이것이 일본의 메이지 유신이고 독일과 영국의 산업혁명이었다. 결정지능이 높은 고령층은 농촌에서 농사를 짓고, 유동지능이 높은 청년층은 산업현장으로 보내 경제를 획기적으로 발전시킨 것. 바로 이것이었다.

지금 우리는 청년실업 30만 시대에 살고 있다. 게다가 저출산 고령화 추세는 더욱 심각해질 것이다. 필자는 감히 이모작 제도가 청년실업과 노인빈곤 문제를 동시에 해결할 수 있는 현존하는 유일한 해결책이라고 단언한다. 청년 세대와 중장년 세대가 경쟁할 수밖에 없는 일모작 사회에서 청년들이 일모작 직업으로 가면 중장년이 이모작 직업을 가질 수 있다. 그러나 이것이 세대 간 일자리 갈등으로 비화되지는 않을 것이다. 왜냐하면 중장년이 경제활동을 지속하게 되면 청년들은 그만큼 노인부양의 부담을 덜 수 있다. 뿐만 아니라 청년들 본인에게도 은퇴 후를 대비한 자구책이 될 것이기에 이모작 사회는 노인복지 이상으로 청년복지를 위한 정책이기도 하다. 물론 청년들이 자발적으로 기꺼이 일모작 직업을 선택하도록 하는 유인책이 필요하다. 바로 이런 일을 하라고 정치인과 관료들에게 국민 세금으로 봉급을 지급하는 것이다.

유동지능이 높은 청년층을 일모작 직업으로 보내 가치창출을 극대화하고, 결정지능이 높은 고령층을 이모작 직업에 취업시킴으로써 세대 간 분업으로 일자리와 행복이 상생하고 동반성장하는 것이 가능하다. 또한 국가적으로도 국민총생산을 획기적으로 높일 수 있는데 망설일 이유가 없지 않은가.

이모작 직업, 즉 전문 서비스, 관리, 행정, 사무같이 결정지능이 필요한 직업군의 생산성은 점점 체감한다. 그에 비해 일모작 산업, 즉 창의, 혁신, 개념설계, 디자인 등 유동지능이 필요한 4차 산업혁명 시대의 새로운 사업들은 생산성이 엄청나게 빠른 속도로 증가한다.

때문에 유동지능이 높은 젊은 인재는 가능한 한 더 많이 4차 산업혁명 분야에 종사하도록 해야 한다. 1명의 젊은 영재가 벤처기업이나 중견기업에서 새로 차세대 스마트 반도체를 개발하면 공장자동화에서 가전산업에 이르기까지 전 산업의 생산유발 효과를 불러 수만 명을 먹여 살릴 수 있다. 이공계뿐 아니라 패션, 디자인 등 경제적 파급효과가 높은 일모작 직업에서 일할 수 있도록 유도해야 한다. 다른 한편으로 배려심, 경험, 경륜, 판단력, 이해력 등 결정지능이 높은 중장년 세대는 이모작 직업을 갖게 해야 한다.[9]

안타까운 것은 현재 우리나라는 파릇파릇한 유동지능으로 충만한 젊은이들이 의료나 법률 서비스, 공무원 같은 이모작 직업 쪽으로 너무 많이 쏠리고 있다는 사실이다.

지금 우리나라 공무원 숫자가 많으나 적으냐에 대한 논란이 많다. 국가가 발전할수록, 고령화 사회가 진행될수록 복지 관련 공무원이 많이 필요한 것은 사실이다. 온정과 배려심을 요하는 복지업무를 사회생활을 막 시작하는 20대 공무원이 더 잘할지 한평생 세파에 시달려본 50대 은퇴자가 더 잘할지는 논의할 필요도 없다. 특히 40대 경력단절 여성을 복지 공무원으로 뽑으면 가사와 육아를 통해 축적된 배려심으로 복지업무를 훨씬 효율적으로 잘 처리해낼 수 있을 것이다.

우리가 맞고 있는 고령화 사회는 인류문명이 아직 한 번도 경험해보지 않은 쓰나미 같은 것이다. 어떤 선진국도 저출산 고령화 문제의 근본적인 해결책을 아직 찾지 못했다. 필자는 감히 그 해법으로 이모작 제도를 제안한다.

놀랍게도 우리 조상은 이미 분업원리를 이용해 국난의 위기를 극복한 적이 있었다.

1593년 행주대첩은 결코 이길 수 없는 싸움이었다. 전국시대 전쟁터에서 잔뼈가 굵은 일본의 정예부대 3만 명과, 전쟁은 구경조차 해본 적이 없는 농민병, 승병 등으로 급조된 조선군 1만 명의 싸움이었기 때문이다. 그런데 알려진 것처럼 행주대첩은 예상을 뒤엎는 승리였다. 이 기적적인 승리의 비밀은 바로 '분업'에 있었다.

행주산성은 기암절벽 위에 세워진 난공불락의 요새가 아니라 구릉 수준이었다. 300m밖에 안 되는 산등성이에 며칠간 나무를 잘라 벽체를 세웠다고 하니 어떤 형세였는지 미루어 짐작할 수 있을 것이다. 그런데 그 급조된 요새에서 3배나 많은 일본 정예군을 맞게 되었다.

권율 장군은 고민했다. 어차피 질 싸움…. 전투가 가능한 모든 인력을 전투병으로 투입하자는 생각이었다. 농업시대의 전쟁은 전투병과 병참병으로 이루어진다. 직접 싸우는 전투병 1명마다 화살이나 식량 등을 공급해주는 병참병이 2명씩 붙었다. 그래서 인류역사상 최대의 단일 전투라고 알려진 수양제의 고구려 침공 당시 113만 대군이 움직였지만 병참병까지 합치면 실제로는 300만 명 이상이 움직인 것이다.

권율 장군은 이대로는 절대 이길 수 없다는 것을 알았기에 병참병까지, 전투가 가능한 남성 병력을 전부 전투병으로 투입했다. 그래서 총 군사 숫자가 3배나 되는 일본군과 대등한 전투력을 갖추게 되었다. 대신 병참병의 역할은 여성 행주치마 부대에 맡겼다. 남성 병참병 1명 대신 여성 2명에게 병참업무를 시키자 훨씬 효율적이었다. 그래서 일본군을 물리칠 수 있었다. 행주대첩은 명나라 군대가 벽제관에서 왜군에게 패한 이후 접전을 회피하던 중 육상전투에서 임진왜란의 승기를 되찾아준 아주 중요한 전투였다. 이 승리가 바로 전투 가능한 남성을 전부 전투병으로 투입하고 전투에 부적합한 여성을 병참병으로 동원해 성별 능력에 따른 '분업'에 의해 가능했다.

권율 장군이 남성과 여성의 분업을 통해 행주대첩을 승리로 이끌었던 것처럼, 지금이야말로 유동지능이 높은 청년과 결정지능이 높은 중장년의 이모작 분업을 통해 4차 산업혁명을 성공으로 이끌어야 할 때이다. 지금 유동지능으로 충만한 한국의 청년들을 대거 일모작 직업으로 보내기만 하면 영국, 프랑스, 독일, 일본 등 선진국과의 4차 산업혁명 경쟁에서 우리가 충분히 승산이 있을 것이다.

PART 6

북극항로를 선점하라

바람과 파도는 항상 가장 유능한 항해자의 편에 선다.

The winds and the waves are always on the side of the ablest navigators.

- 에드워드 기번Edward Gibbon, 영국의 역사가

길이 열리면 시대가 열린다

새로운 길이 열리지 않고 새로운 시대가 열린 적은 없었다. 새로운 길을 통해 단절된 문명과 문명이 만나면 공진共振이 일어나 에너지가 폭발적으로 증가한다. 그래서 새로운 길에는 새로운 에너지가 흐른다.

　그러면 새로운 길은 어떻게 열릴까? 바다에서 생선을 잡는 어부와 산에서 토끼를 잡는 사냥꾼이 있다. 동일하게 생선 1마리 잡는 데 1시간, 토끼 1마리 잡는 데 1시간 걸린다. 이를 기반가치(base value)라고 한다. 이때 생선 1마리와 토끼 1마리는 1대 1로 교환이 가능하다. 그런데 바다에서 잡은 생선을 산으로 옮기는 데 1시간이 걸렸다면, 산에서 생선 1마리의 가치는 총 2시간을 투입했기 때문에 2대 1로 교환하게 된다. 기반가치에 생선의 확장가치(extended value)가 추가되었기 때문이다.

　만일 생선 1마리를 9시간 걸려 멀리 옮겼다면 10대 1로 교환될 것이다. 바다로부터 멀리 떨어진 곳에서 생선을 먹고자 하는 이는 부유하고 권력을 가진 이들일 것이다. 상품의 희소성도 더욱 높아질 것이다. 그래서 10배가 아니라 30배라도 값을 지불할 의사가 있다. 이처럼 최종소비자의 지불의사가 상품가치의 척도다. 기반가치가 하나의 상품을 만드는 데 든 노력에 비례한 가치라면, 확장가치는 그것을 생산지역으로부터 소비지역으로 옮기는 데 든 노력에 비례하여 추가된 가치다. 생산은 많은 가치를 창출하지 못하는데 운송은 엄청난 가치를 창출한다.

　농업생산은 생산 규모가 커질수록 자연조건이나 생산설비의 한계로 인해 수익이 체감하여 이윤증가에 별로 도움이 되지 않는다. 그러나 운송 및 보관 비용은 규모의 경제로 평균비용이 하락하여 이윤증가에 크게 기여한다. 농민 즉, '기반가치 창출자는 생산 규모를 늘려도 산출체감으로 평균비용이 증가하기 십상이지만 상인 즉, 확장가치 창출자는 높은 가격에 의한 초과이윤에 규모의 경제로 인한 비용 절감'까지 가능하다. 그래서 농민은 항상 가난한데 상인은 부유하고 농업국은 항상 빈국貧國인데 상업국은 부국富國이 되는 것'이다.[1] 이것이 새로운 길이 열리면 새로운 시대가 열리는 원리이다.

실크로드, 향신료 루트, 대서양 루트

　인류 문명사에서 크게 3번 새로운 길이 열렸다. 그리고 길을 앞서간 국가와 민족은 새 시대의 주인공이 되었다. 실크로드는 유라시아 문명을 열었고 향신료 루트는 중동과 지중해 문명을 열었다. 그리고 대서양

항로는 현대 산업문명의 시대를 열었다.

처음 열린 길은 실크로드였다. 동북아시아와 로마를 동서로 연결하는 육상무역로로 중국의 비단이 서역으로 운반되었기 때문에 비단길이라고 불렀다. 당시 비단은 동북아시아에서만 생산되었는데, 이 비단이 쌍봉낙타를 타고 타클라마칸 사막을 종단해 파미르고원과 중앙아시아 초원, 이란 고원을 넘어 약 6,400km에 달하는 험난한 여정 끝에 로마에 당도하면 값이 엄청나게 뛰었다. 로마의 시저가 연극 구경을 갔는데 그곳의 청중이 연극은 안 보고 시저의 비단옷만 봤다는 기록이 있을 정도다.[2] 비단 수입으로 인한 재정지출이 로마의 쇠퇴를 재촉했다는 세네카와 플리니우스Plinius의 언급을 보면 엄청난 비단 무역 규모를 짐작할 수 있다.

동방에서는 비단, 도자기 같은 상품과 화약, 종이 등의 제조기술이 갔고, 서역에서는 호두, 후추, 깨 등과 유리제품 및 제조기술이 들어왔다. 이들 사치품의 장거리 무역과 함께 실크로드 선상에서 그리스, 로마, 페르시아, 이슬람, 훈, 몽골, 중국 등의 고대문명이 번영했다.[3]

그러나 한반도는 실크로드 선상에 위치하지 않았다. 물론 통일신라도 대단한 문명국이어서 서라벌(지금의 경주)에서는 식사 준비를 해도 연기가 나지 않았다고 한다. 연기 나는 장작 대신 청정고급연료인 숯을 썼다는 얘기다. 그만큼 문명국가였지만 고대문명의 중심에 있지는 않았다. 실크로드라고 하는 문명의 고속도로에 의한 확장가치의 수혜자는 아니었다.

또 하나의 길이 열렸다. 향신료 루트였다. 8세기경 향신료 루트가 열리면서 동북아시아에 있던 문명의 중심이 서서히 서쪽으로 이동하기 시작했다. 한때 검은 황금이라 불리던 후추, 정향, 육두구, 침향, 계피 등의 향신료들이 중동지역을 거쳐 알렉산드리아와 콘스탄티노플에서 지중해 상인에 넘겨졌다. 그런데 한반도는 이 향신료 루트로부터도 멀리 떨어져 있어서 향신료 냄새조차 맡지 못한 셈이다.

이 향신료 루트는 중동 무슬림(아랍) 지역을 통해 지중해 크리스천 지역으로 연결되었다. 중동 이슬람 문명과 지중해 크리스천 문명은 값비싼 향신료 무역의 가치사슬(value chain)을 반씩 나눠 가지며 번영을 누렸다. 그러나 한편 향신료 무역의 이익을 조금이라도 더 차지하기 위해 뺏고 빼앗기는 제로섬 게임의 치열한 싸움을 계속했다. 십자군 전쟁은 종교 전쟁이기도 했지만 사실 향신료의 벨류체인을 장악하기 위한 전쟁이었다. 1591년 레판토 해전과 1683년 빈 공방전도 마찬가지였다. 크리스천과 무슬림 간의 1,000여 년을 이어온 숙적관계는 그렇게 시작된 것이다.

9세기부터 12세기까지 전성기를 맞이한 이슬람 문명은 르네상스 문화의 기반을 제공했다. 술탄과 아라비안나이트의 부와 영광은 향신료가 만든 가치 창출과 이윤 축적에 의한 것이었다.[4] 15세기 말 베네치아에서 정향의 가격은 원산지인 몰루카 제도에서보다 약 100배나 비쌌다고 한다.[5] 그 향신료 무역 과정에서 베네치아, 그 조그만 도시가 르네상스의 본고장이 되었다. 피렌체, 제노바 등 지중해 도시국가들도 향신료를 유럽으로 전달하면서 상업혁명이 시작되었다. 이처럼 향신료 길이 열리면서 인류문명의 중심이 동북아에서 중동과 지중해 지역으로 서서히 이동하기 시작했다.[6]

한편 무슬림과의 지루한 무력충돌에 한계를 느낀 서유럽인은 아시아로 가는 새로운 길을 고민하기 시작했다. 1488년 포르투갈의 바르톨로메우 디아스Bartolomeu Diaz가 아프리카 남단으로 돌아가는 희망봉을 먼저 발견했다.

그리고 1492년 8월 콜럼버스가 스페인의 이사벨라 여왕의 후원을 받아 서쪽으로 항해를 시작했다. 콜럼버스는 지구가 둥글다고 굳게 믿고 있었기에 서쪽으로 항해하면 훨씬 빨리 동쪽 인도에 갈 수 있으리라 생각했다. 69일 만에 발견한 육지를 콜럼버스는 죽을 때까지 인도라고 믿었고 서인도 제도라고 불렀지만 그러나 그곳은 '아메리카 신대륙'이었다.

대서양 신항로는 스페인과 포르투갈이 먼저 개척했지만 네덜란드가 동인도회사(VOC)를 앞세워 향신료 무역을 독점했다. 그러다 칼레해전과 영란전쟁으로 영국이 대서양 항로를 차지하고 패권국으로 등극했다.

그런데 이미 향신료는 대중화되고 수요가 정체되어 더는 황금알을 낳는 거위가 아니었다. 뒤이어 차, 도자기, 설탕, 면직물 등의 새로운 사치품이 등장했지만 지역특산품으로 질적·양적 측면에서 한계가 있었다.

이에 영국인들은 서인도제도에서부터 대규모 사탕수수농장을 시작했다. 그리고 기계화된 공장에서 면직물을 생산했다. 향신료는 특별한 가공 없이 말려서 갈아 먹으면 됐지만 면직물과 설탕은 가공과정이 필요했다. 면직물은 목화에서 실을 뽑고 천을 짜기 위해 기계를 돌려야 했다. 설탕은 사탕수수를 압착해서 즙을 빼고 그것을 농축하고 정제해서 설탕을 만들어야 했다. 그러면서 제조업이라고 하는 새로운 산업이 생겼다.

이를 계기로 본격적인 산업혁명이 일어나게 되었다. '새로운 길이 열렸기 때문에 새로운 수요가 대거 창출되었고 기술혁신이 동력을 얻고 산업혁명을 일으켜 비로소 새로운 시대를 열게 된 것'이다. 영국이 몽골제국의 전성기를 넘어서는 최대의 제국이 될 수 있었던 것은 이처럼 대서양 항로가 열려 1차 산업혁명이 일어났기 때문이다.

그런데 당시 우리는 이 대서양 항로에서도 멀리 떨어져 있어 산업혁명의 소식조차 듣지 못한 채 갈라파고스제도에 갇힌 시조새처럼 시대 흐름과는 동떨어져 있었다. 5,000여 년 동안 우리 선조에게는 인류문명의 중심에 설 기회가 찾아오지 않았다.

북극항로가 열리고 있다

산업혁명에 먼저 성공한 선발국들은 대포와 총으로 무장한 함선으로 5대양 6대주를 누비기 시작했다. 열사의 땅 사막으로부터 북극 얼음대륙, 태평양 돌섬, 심지어 바다 밑 대륙붕에까지 전부 깃발을 꽂았다. 물론 그들이 자유무역이라는 명분으로 가장한 경제적 식민지를 선호한 것은 '자유무역 제국주의'가 비용편익분석상 가장 효율적이었기 때문이다. 군사적 점령과 정치적 지배에는 엄청난 비용이 들어가지만 경제적 식민지는 최소비용으로 최대이윤을 확보할 수 있었다.

80억에 육박하는 인구로 초만원인 지구는 이제 인간의 손길이 미치지 않은 곳이 단 한 군데도 없다. 지구상에 새로운 길이 나타나리라고는 아무도 상상하지 않았다. 그런데 최근 지구온난화로 인해 북극을 둘러싼 빙하가 녹기 시작하면서 북극항로가 열리기 시작한 것이다.

여기서 한 가지 짚고 넘어갈 것은 지구온난화의 심각성이다. 인간의 화석연료 사용으로 발생한 이산화탄소 같은 온실가스가 지구대기를 둘러싸는 바람에 지구의 평균 기온이 올라가는 것으로 의심되는 지구온난화는 생각보다 심각하다. 가뭄, 폭염, 혹한, 태풍 같은 기상이변을 일으키는 원인이 될 수 있기 때문이다. 실제 그린란드의 빙하 두께는 매년 2mm씩 얇아지고 있다고 한다.

기후변화에 관한 정부 간 협의체(IPCC)가 발표한 기후변화 시나리오에 따르면 인류가 이대로 온실가스를 배출할 경우 '21세기 말에는 이산화탄소 농도가 지금의 약 2배가 넘는 940ppm'이나 되고, 그럴 경우 '전 지구의 기온이 4.8도(섭씨온도 기준)가 오르고 한반도 기온은 약 6도 오르게 된다'는 것이다.[7]

기온이 1도 오르면 안데스산의 빙하가 소멸되고, 3도 오르면 지구상의 생물종이 50%까지 멸종위기에 처하며, 5도 오르면 해수면 상승으로 뉴욕, 런던, 도쿄 등 대도시와 해안의 인구밀집 지역이 대부분 수몰될 것이라는 가설이 있다. 듣기만 해도 등골이 오싹해진다.

그런데 반론도 만만치 않다. 지구상에는 100만 년 전부터 약 10만 년 주기로 빙하기와 간빙기가 반복되고 있다. 지구온난화는 인간이 배출한 온실가스와 무관하다는 것이다. 태양 활동, 지구 공존 궤도, 지구 내부 맨틀 등의 움직임이 원인이라고 한다. 또 다른 반론은 기후 예측 모형과 측정의 불확실성을 지적한다. 이처럼 변수가 많은 장기 기후 모형은 현재 지구상의 모든 슈퍼컴퓨터를 다 연결해도 신뢰성 있는 예측이 불가능하다는 것이다. 최근 지구온난화의 위험성이 과잉 포장되었다고 주장하는 과학자들이 점점 더 늘어나고 있다.

지구온난화가 큰 위기이든 아니든 간에 선진국들은 4차 산업혁명 선점을 향해 질주하고 있고, 미국·일본·중국은 동북아의 패권을 두고 각축하는데, 우리만 온실가스 감축 걱정에 넋 놓고 세월을 보낼 수는 없는 일이다. 우리는 지구환경과 생태계를 보호하기 위한 온실가스 발생 저감 노력에도 적극 동참하는 한편 북극항로가 시사하는 새로운 기회도 놓치지 말아야 한다.

실크로드도, 향신료 루트도, 또 대서양 항로까지도 한반도를 저 멀리 비껴가 우리 선조들에겐 아직까지 인류문명의 중심에 설 기회가 단 한 번도 주어지지 않았다. 그러나 최근 지구온난화로 빙하가 녹아 북극항로라는 인류문명의 큰길이 한반도의 대한해협을 경유하게 된 것은 5,000년 만에 처음 찾아온 민족사적 기회가 아닐 수 없다. 더욱이 북극항로를 중심으로 4차 산업혁명이 일어날 것이라면 이것만큼은 결코 포기할 수 없는 기회이며 포기해서도 안 될 도전이다.

현재 기존의 항로는 거의 만원이다. 극동에서부터 몰루카 해협을 지나 수에즈 운하와 지중해를 거쳐 유럽으로 가는 적도항로(Suez Canal Route)가 가장 많이 이용되고 있다. 그러나 말레이반도 허리를 뚫는 운하를 만들겠다는 것이 중국의 계획이다. 수에즈 운하는 확장공사가 끝났는데도 불구하고 물동량이 증가해 대기시간이 더 길어졌다. 기존의 항로는 이제 증가하는 물동량을 더는 수용하기 힘든 상황이다.

그런데 최근 지구온난화로 북극항로가 열리면서 1년에 3, 4개월 쇄

빙선 없이 운항이 가능해졌다. 2030년경이 되면 1년 12달 운항이 가능할 전망이다. 또한 북극항로는 적도항로에 비해 5,000km 더 가깝다. 단순비교에 의하면 아시아와 유럽 간 거리는 30%, 비용은 25%나 절감될 것으로 추산된다. 특히 북극항로를 항해하는 선박은 추위와 쇄빙 그리고 배의 모양이나 사이즈에 따라 화물수송 비용이 남방이나 적도항로 수송비의 72~89%까지 도달할 수 있을 것으로 추정한다.[8]

만약 우리가 한국형 북극항로 전용선을 개발하면 경제성을 획기적으로 높일 수 있다. 세계 5대 조선소 중 3개를 보유하고 있는 우리에게 북극항로 환경에 최적화된 전용선을 만드는 것은 그리 어려운 일이 아닐 것이다.

윈스턴 처칠은 한반도만 한 섬나라에서 세계대전을 승리로 이끈 대영제국의 마지막 영광의 지도자다. 그는 '비관론자는 모든 기회

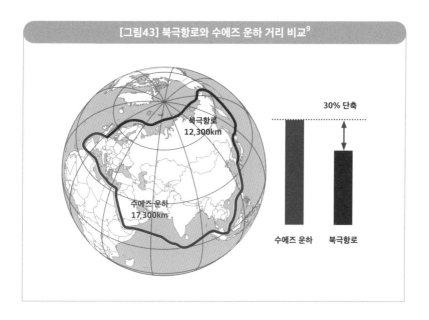

[그림43] 북극항로와 수에즈 운하 거리 비교[9]

북극항로
12,300km

수에즈 운하
17,300km

30% 단축

수에즈 운하   북극항로

opportunity에서 역경difficulty을 보고, 낙관론자는 모든 역경difficulty에서 기회opportunity를 본다'고 했다. 비관론이 실패의 전주곡이라면 낙관론은 성공을 향한 행진곡이다. 지구온난화와 북극항로의 개통, 이것이 위기인지 기회인지는 우리의 선택에 달려 있다.

북극항로, 왜 4차 산업혁명의 중심이 될까

그런데 많은 이들이 의문을 품을 것이다. 4차 산업혁명과 북극항로가 무슨 연관이 있냐고 말이다. 인류 문명사 측면에서 보면 과거 농업사회가 산업사회로 한 번, 그리고 산업사회가 미래 지식기반사회로 이행하면서 또 한 번 대혁신이 일어날 예정이다. 그런데 바로 그 2번째 대분기인 4차 산업혁명이 어떤 연유로 북극항로와 직결되어 있다는 것일까?

물동량이 폭발적으로 늘어난다

북극항로가 4차 산업혁명의 중심이 되는 첫째 이유는 지식산업경제는 산업경제를 확장하면서 오기 때문이다. 4차 산업혁명이 오면 인터넷

같은 디지털 비트 인더스트리가 활성화되면서 기존의 제조업, 아톰 인더스트리를 함께 확장한다. 4차 산업혁명이 아톰 인더스트리를 비트 인더스트리가 '대체'하는 것으로 착각하는 이들이 많은데, 대체하는 게 아니라 '보완'하는 것이다. 산업혁명이 일어난 후 산업이 농업을 대체한 것이 아니라 산업기술에 의해 농업생산이 더 늘어나 맬서스 트랩에서 벗어났던 것처럼, 4차 산업혁명의 비트 인더스트리는 아톰 인더스트리의 발전과 함께 동반성장한다. 그래서 해운 물동량이 늘어나고 북극항로가 각광받게 될 것이다.

둘째, 4차 산업혁명은 노동시간을 획기적으로 단축시킬 것이다. 로봇과 인공지능이 사람의 일을 대체하기 때문이다. 앞으로 4차 산업혁명이 성숙하면 하루 3시간 일하는 사회 혹은 주 3일 근무제가 올 것이다. 그만큼 여가시간이 생긴다. 그 많은 여가를 과연 어떻게 보낼 것인가? 결국 여행, 스포츠, 취미, 오락 등의 활동으로 보낼 것이다.

사람들의 버킷 리스트를 보면 여행이 항상 상위에 포진해 있다. 시간이 나면 사람들은 여행을 다닌다. 인류 역사의 95%는 수렵채집의 노마드 생활이었다. 그러한 유전자가 현대인에게는 여행이라는 모습으로 발현되고 있는지도 모를 일이다. 농업사회에서 해외여행은 일생에 한 번도 힘든 특권층의 사치였다. 그러나 산업사회에서 해외여행은 연례행사가 되었다. 이제 4차 산업혁명에 의한 지식산업사회에서는 주말여행이 해외여행이 될지도 모른다. 북극항로와 주변의 아직 때 묻지 않은 동토의 이색적 풍광은 여행과 관광 그리고 미지의 세계에 대한 호기심으로 세상 사람을 유혹하기에 딱 맞는 새로운 길이 될 것이다.

셋째, 2년 전쯤이었을 것이다. 인도네시아에 있던 아디다스 신발 공장이 독일의 스마트팩토리로 옮겼다. 인도네시아에서 종업원 600명이 운동화를 1년에 50만 켤레씩 생산하던 것을, 독일에서는 종업원 10명이 1년에 50만 켤레를 소비자 개인별 맞춤으로 생산하고 있다. 이 두 생산방식의 차이가 의미하는 것은 무엇일까?

인도네시아에서는 대·중·소 사이즈의 신발을 찍어서 박스에 포장해 통째로 소비지역으로 보낸다. 그러면 도매상과 소매상을 거쳐 사람들이 직접 매장에서 신발을 샀다. 그런데 지금 독일의 스마트팩토리에서는 세계 각국 주문자의 발 길이, 너비, 높이를 재서 주문받아, 개별맞춤으로 제작한다. 그리고 한 켤레, 한 켤레 포장해 개별발송한다. 물동량, 운송량의 부피가 몇 배나 증가했을 것 같은가. 정확하게 계산하기는 어렵지만 적어도 3~4배 이상은 족히 증가했을 것이다. 이는 4차 산업혁명으로 세계적인 물동량이 얼마나 증가될지를 보여주는 아주 단순한 예에 불과하다.

물론 2019년 아디다스가 미국과 독일의 공장을 중국과 베트남으로 이전 적용할 계획을 두고 국내외 상당수 언론은 아디다스의 스마트팩토리 실험이 실패했다고 평가했다. 2018년 사업보고서에서 '종전 공정과 비교해 3배가량 제품 생산속도가 빨라졌다'고 밝히기도 했지만, 보도된 것처럼 제한된 규모의 3D 프린터 설비로 정밀공정과 대량생산이라는 두 마리 토끼를 동시에 잡기에는 아직 기술적 한계가 많았을 것이다.[10]

그러나 이것은 실패가 아니라 성공으로 가는 통과의례일 따름이다. 4차 산업혁명은 로봇과 인공지능, 사물인터넷을 기반으로 제조업을 견인할 수밖에 없다. 분명한 것은 개별맞춤으로 생산되는 4차 산업혁명의 상품은 물동량을 획기적으로 더 증가시키게 된다는 사실이다.

넷째, 기존의 항로가 4차 산업혁명 시대의 화물과 여객을 더 이상 수용할 수 없는 지경에 이르렀다는 사실이 북극항로가 개통될 수밖에 없는 가장 중요한 이유 중 하나다. 앞에서도 설명했지만 4차 산업혁명은 비트 인더스트리가 아톰 인더스트리를 양적으로 확장시키는 것이다. 물동량이 증가할 수밖에 없다.

그러나 현재 화물과 여객의 폭발적 증가는 동북아에서 말라카 해협과 수에즈 운하, 지브롤터 해협을 지나 유럽으로 가는 기존 항로의 수용능력을 이미 넘어서고 있다. 말라카 해협 대신 말레이반도를 관통하는 새 운하가 계획되는가 하면, 확장공사가 끝난 스에즈 운하에서는 도리어 대기시간이 길어지고 있다. 또 확장공사를 마친 파나마 운하 외에 추가로 니카라과에 태평양과 대서양을 연결하는 새로운 운하가 추진되고 있다.

과거에 새로운 시대를 열었던 길은, 기존의 길을 대체하는 길이었다. 그러나 북극항로는 기존의 길이 모두 차고 넘쳐서 새로 열릴 수밖에 없는 길이다. 과거의 새로운 길이 인류문명이 기존의 길을 버리고 선택한 새로운 길이었다면, 지금 열리기 시작한 북극항로는 4차 산업혁명의 도래와 함께 인류가 선택의 여지 없이 떠밀려갈 수밖에 없는 마지막 남은 새길이다. 어차피 가야만 할 길이라면 우리가 먼저 선점해야 한다. 이것이 더 빨리 가속하는 지식기반사회의 가장 기본적인 속성이고 경제적 진실이다.

다섯째, 러시아 북극항로 지역을 가본 이들은 세상이 얼음덩어리로 덮여 있는데 어떻게 개발할 것이며 무슨 경제성이 있겠냐고들 한다. 그러나 상업혁명이 시작되던 대항해시대의 대서양 항로도 당시 해양 전문가들로부터 그 가능성을 인정받지 못했다. 대서양 항로는 죽음의 항로였다. 한 번 나가면 반밖에 살아 돌아오지 못하는 항해였다. 콜럼버스의 항해는 포르투갈 등 유럽 각국이 지원을 거절할 정도로 무모한 여정이었고, 마젤란의 세계일주도 260여 명의 선원 중 단 18명만이 살아 돌아올 만큼 험하디험한 길이었다.

북극항로에 매장된 에너지

북극항로의 가능성을 보고 개척을 처음 시도한 사람은 네덜란드의 항해사 빌럼 바렌츠Willem Barentsz였다. 1596년까지 3번에 걸쳐 시도했지만 모두 한파와 얼음에 갇혀 실패했다. 1879년에 이르러서야 스웨덴의 지리학자 아돌프 에릭 노르덴스키올드Adolf Erik Nordenskiold가 증기선으로 북동항로의 첫 항해에 성공했다.

지도와 기후정보 그리고 전 지구 위치 파악시스템(GPS, Global Positioning System)에 조선 및 쇄빙기술까지 갖춘 오늘날의 북극항로 항해는 대항해시대의 항해사에게는 마치 잘 포장된 고속도로를 달리는 것만큼이나 손쉽게 느껴지지 않을까.

또한 북극항로 주변에 매장된 에너지 자원 또한 세계 각국의 주 관심사가 아닐 수 없다. 러시아가 석유·가스 매장량 세계 1위를 자랑하는 자원대국이라는 사실은 모르는 사람이 없다. 빅데이터와 인공지능을 컴퓨터로 처리하는 비트 인더스트리만 해도 새로운 기억소자용 희유금속 자원과 엄청난 규모의 정보처리 에너지가 점점 더 필요하다.[11] 질적·양적으로 확장된 제조업의 원자재와 연료 수요 또한 획기적으로 증가할 수밖에 없다. 비록 청정에너지와 스마트 소비로 에너지 수요증가 추세를 낮춰간다고는 하나 지하자원과 화석에너지의 고갈적 속성은 북극항로 주변에 매장된 엄청난 규모의 다양한 자원이 인류에게 꼭 필요할 날이 임박했음을 예고하고 있다. 대한해협을 지나 베링해, 러시아 북단을 거쳐 유럽으로 가는 북극항로는 그래서라도 꼭 열릴 수밖에 없는 필연의 길이다.

주고받을 것이 많은 러시아와의 관계

대서양에서 러시아 북쪽 해안을 거쳐 베링해협과 태평양에 이르는 항로가 북동항로다. 그리고 대서양에서 캐나다 북쪽 해안을 거쳐 북동항로와 만나는 항로가 북서항로다. 그런데 우리는 대한해협을 지나 베링해, 러시아 북단을 거쳐 유럽으로 가는 북동항로를 북극항로라고 부르고 있다.

북극항로의 대부분이 러시아의 영향권 하에 있다. 대한해협과 캄차카 반도의 남단 배링해를 거쳐 유럽으로 가려면 러시아의 영해를 지나야 한다. 영해 밖으로 돌아가면 되지 않을까 생각할 수도 있지만, 북극에 가까울수록 빙하가 두꺼워서 얼음 깨는 비용이 많이 든다. 그래서 러시아 영해를 통과해야 한다.

그런데 러시아가 과연 한국을 북극항로 개척의 동반자로 받아들일까? 러시아는 한국에 많은 기대를 갖고 있다. 러시아는 구소련 시절 연방에 소속된 우크라이나에서 배를 건조해왔다. 그런데 그 우크라이나가 독립해서 지금은 적국이 되었다. 현재 블라디보스토크에 즈베즈다 조선소를 건설했지만, 세계적 수준의 선박 건조능력을 갖추기까지 얼마나 오랜 시간이 소요될지 알 수 없다. 그런데 우리는 세계 5대 조선소 중 1, 2, 4등의 3개 조선소를 보유하고 있다. 2020년 대우조선해양은 LNG 운반선 6척(2조 274억 원 규모)을 수주했고,[12] 삼성중공업은 LNG선 2조 8,000억 원어치를 수주한 바 있다.[13] 러시아로서는 한국의 조선 능력에 눈독을 들이지 않을 수가 없다.

또 하나는 셰일 혁명이 일어나 미국의 셰일 가스가 전 세계로 판매되면서 러시아 동부에 있는 가스를 더 이상 수출할 곳이 없어졌다는 사실이다. 러시아가 셰일 가스를 판매할 수 있는 곳은 인접한 중국, 한국, 일본뿐이다. 우리 입장에서도 러시아 천연가스(PNG) 파이프라인이 한반도를 관통해야 할 7가지 이유가 있다.

첫째, 6자회담이 답보상태에 있는 근본원인은 세력균형 때문이다. 가스관으로 러시아가 직접 이해 당사자가 되면 한반도 안정 쪽에 더 무게가 실리게 된다. 추가로 가스관을 일본까지 연결해 이해 당사자로 만든다면 한반도 평화를 보장하는 보험 같은 역할을 하게 될 것이다.

둘째, 가스관은 마치 강물과도 같다. 나일강, 유프라테스강, 메콩강, 요르단강 등 물 분쟁에서도 승자는 상류국 또는 강대국이었다. 러시아에서 중국을 거쳐 한국으로 오는 가스관을 건설하게 되면 러시아 가스 공급이 중국 수요에 못 미칠 경우에는 우리 몫이 보장되지 않는다. 러시아 가스관을 하류의 일본까지 연장해야 좋은 것 또한 같은 이유다.

셋째, 가스관이 일단 건설되고 나면 안정적인 가스 공급을 보장받을 수 있다. LNG 운반선은 행선지를 바꿀 수 있지만, 가스관은 거대한 투자비 때문에 소비처 변경이 불가능하기 때문이다. 가스관의 건설로 한국이 준 산유국이 되는 셈이다.

넷째, 러시아는 시베리아에 한국이 200년간 쓸 수 있는 10조㎥의 가스와 석유, 전력 등 주요 자원을 보유하고 있다. 그러나 한국은 이 모든 자원을 수입한다. 다른 한편 러시아의 주 수입 품목은 자동차·ICT 통신기기·합성수지 등이다. 그러나 이 모든 품목에서 한국이 수출 경쟁력을 보유하고 있다. 따라서 한·러 경제협력은 윈윈이 보장되는 최적의 궁합인 셈이다. 가스관은 경제 전반에 걸친 포괄적인 한·러 경협의 물꼬를 트는 뇌관과 같은 역할을 하게 될 것이다.

다섯째, 북한은 러시아 가스관을 손상할 만큼 어리석지 않다. 금강산 자산동결, 천안함 폭침, 연평도 포격 등 어떤 도발도 중국이나 러시아의 이해와 직결되었다면 하지 않았을 것이다. 우크라이나와 러시아의 가스관 분쟁은 주변의 10개 독립국가연합(CIS)과 NATO 회원국들 사이에서 가능했다. 고립무원인 북한으로서는 감히 엄두조차 낼 수 없는 일이다.

여섯째, 통일을 대비해 북한경제를 회생시키려면 우선 에너지를 공급해야 하는데 1억 달러 이상의 가스관 통과료는 중국에 지급하고 따로 경유를 사다주는 중복부담을 자초하는 것은 참으로 어리석은 일이다.

게다가 기체연료라서 전쟁물자로 전용할 수 없는 가스를 주는 것이 경유보다는 훨씬 안전하다.

일곱째, 중국은 해묵은 국경분쟁, 일본은 북방 4개 섬(남쿠릴열도) 반환문제 등의 역사적 갈등 때문에 러시아와 천연가스 협상에 어려움이 있다. 비록 한국이 러시아가 선호하는 상대라 해도 현금확보가 급한 러시아가 언제까지나 마냥 기다릴 수만은 없을 것이다.

이 내용은 2012년에 한 일간지에도 발표한 것이다. 필자가 이 칼럼을 쓴 지 2년 후인 2014년에 중국이 러시아와 천연가스 파이프라인을 건설하기로 했다. 실제 이 가스가 2019년 말부터 북경 쪽으로 공급되기 시작했다. 덕분에 중국은 값싼 가스를 얻었을 뿐만 아니라 미세먼지 걱정도 덜게 되었다. 최근 들어 중국발 미세먼지가 점점 줄어드는 이유 중 하나가 바로 석탄을 가스로 대체했기 때문이다. 중국의 지도자는 이 천연가스 파이프라인이 얼마나 중요한지 알고 있었던 것이다.

그런데 일본 아베 전前 총리가 '사할린부터 도쿄만까지'라는 캐치프레이즈를 내걸고 일본 열도를 따라 남하하는 천연가스관을 놓으려고 시도했다. 원래 일본 열도는 섬으로 이어져 있고 화산대이기 때문에 천연가스관을 놓기가 힘들뿐더러 경제성도 없다. 그런데 왜 아베 총리는 군이 천연가스관을 놓으려고 했을까? 천연가스관 하나만 건설하면 경제성이 없을지 모르지만 추가로 송유관이나 송전선 등의 건설까지 감안하면 장기적으로는 충분히 경제성이 있을 것이기 때문이다.

일본은 이런 경제적인 계산과 더불어 남쿠릴열도 반환문제 등을 천연가스 협상에서 유리하게 이용하려고 했다. 그런데 러일 정상회담에 앞서 푸틴이 '우리는 일본과 영토 분쟁이 없다'고 선언했다. 이것은 정상회담에서 영토 문제는 꺼내지도 말라고 사전에 못을 박은 것이었다. 정말 다행한 일이 아닐 수 없다.

아베 전 총리의 '사할린부터 도쿄만까지'는 대한민국에 재앙이 될 것이다. 천연가스 파이프라인이 러시아로부터 중국으로 또 일본으로 들어가면 앞으로 송유관, 송전선을 비롯한 21세기 동북아의 모든 에너지가 그 파이프라인을 따라 함께 흐르게 된다. 그렇게 되면 우리 삼천리 금수강산은 에너지 부족으로 마치 물이 없는 논처럼 쓸모없는 땅이 돼버리는 것이다.

[그림44] 중국 경유 천연가스관 vs. 북한 경유 천연가스관[14]

한반도는 북한발 미세먼지 지옥 될 수도

또 한 가지 심각한 문제가 있다. 북핵위기가 해소되어 북한경제가 역동적으로 발전하기 시작하면 에너지 사용량이 기하급수적으로 늘어날 것이고, 그러면 한반도는 인도 뭄바이를 넘어 세계 최악의 대기오염 지역으로 떠오르게 될 것이다. 중국발 미세먼지는 봄에 한두 차례 오고 말지만 북한발 미세먼지는 우리가 1년 12달 내내 마셔야 한다.

WTO와 세계보건기구가 2017년 발표한 '대기오염으로 인한 사망 인구' 조사 결과에 따르면 북한은 10만 명당 238명이 대기오염으로 인해 사망하는 것으로 나타났다.[15] 지금 북한의 에너지 소비량은 채 남한의 10%도 안 된다. 하지만 에너지 열량당 미세먼지 발생량은 아무리 적게 잡아도 우리보다 수십 배 더 많다.[16] 그 이유는 에너지 중에서도 오염물질이 많이 나오는 석탄, 갈탄 등 많이 사용하고 있기 때문이다. 연탄가스라고 불리는 일산화탄소의 배출량도 현재 남한의 1.5~4배로 알려져 있다. 실제 인구밀도가 높고 산업활동이 활발한 평양과 평안남북도의 경우 미세먼지(PM10)와 이산화탄소 등의 배출량이 가장 많은 것으로 조사됐다.[17]

언젠가 북핵위기가 해소되어 북한경제가 본격적으로 개발되면 당분간 봉제 등 노동집약적 산업에 주력할 것이다. 이후 철강·조선 등 중후장대 산업으로 옮겨갈 것이다. 경제적으로 어려운 북한이 값비싼 신재생에너지나 LNG를 구매해서 쓸 수는 없는 노릇이다. 돈도 없고 경제성도 없기 때문이다. 풍부한 저질 석탄자원을 활용할 수밖에 없다. 북한이 석탄으로 공장을 돌리고 저질탄으로 연탄 난방을 하면 한반도는 1년

365일 방독면을 쓰고 살아야 하는 미세먼지 지옥이 되어버릴지도 모를 일이다.

이러한 문제를 선제적으로 방지할 수 있는 한 가지 해결책이 바로 러시아에서 북한을 거쳐 남한까지 천연가스 파이프를 건설하는 것이다. 이때 북한에 파이프라인 통과료로 천연가스를 넉넉하게 주면 북한은 저질 석탄이나 연탄 대신 천연가스를 에너지원으로 사용할 수 있게 될 것이다.

최대한 서둘러야 한다. 천연가스는 우물의 물처럼 필요할 때 퍼내서 공급하는 것이 아니다. 천연가스 공급이 결정되면 그때 천연가스가 매장된 지역을 정밀 탐사해 매장량을 확보한다. 또 장거리 파이프라인을 깔아야 해서 자재생산과 지하매설 등에 시간이 무척 오래 걸린다. 러시아와 국경을 맞댄 중국이 2014년 도입 계약부터 지난해 말 실제 천연가스를 공급받기까지 6년이나 소요됐으니 우리는 지금부터 서둘러도 실제 가스를 공급받기까지는 상당히 오랜 시간이 소요될 것이다.

지금이라도 러시아와의 협상을 서둘러 북한을 통과하는 천연가스관을 건설해야 한다. 그래서 북한이 천연가스를 에너지원으로 쓸 수 있도록 만들어야 한다. 한반도를 경유해 일본 남부까지 연결하면 한반도는 동북아의 맹지에서 벗어나 동북아시아의 에너지와 물류의 허브가 될 뿐만 아니라 한반도를 대기 청정 지역으로 보존할 수 있다.

러시아 하면 일단 안보 문제부터 걱정하는 사람이 있는데 러시아 천연가스 도입은 한반도를 더 안전하게 만들 것이다. 우리는 북한의 핵 보유를 막지 못했다. 서울은 북한의 화생방이나 재래식 무기의 공격에조차 속수무책으로 노출되어 있다. 비록 예측불허의 도발을 수없이 저지른 북한이지만, 강대국 러시아의 핵심이권을 손상하는 행위만큼은 절대로 하지 않을 것이다. 게다가 미국의 기술과 EU 등 선진국 자본을 끌어들이고 천연가스를 일본까지 연결한다면 한반도는 북핵위기로부터 지금보다도 훨씬 더 안전해질 것이다. 이것만 봐도 러시아가 지금 우리한테 얼마나 중요한지 알 수 있을 것이다.

한중일의 연횡

농업사회가 성장이 감속하고 정체되어 빼앗고 빼앗기는 제로섬 시대였다면, 산업사회는 기술혁신에 의해 경제가 가속적으로 성장하는 사회여서 더는 뺏고 빼앗지 않아도, 너도 나도 다 같이 더 잘살 수 있는 포지티브섬 시대다.

동북아의 본격적인 산업과 함께 한중일 간에도 포지티브섬 시대가 도래했다. 이웃국가 간 서로 협력함으로써 각자 자국의 국내생산을 늘려 경제를 얼마든지 성장시킬 수 있는 동반성장의 시대가 가능해진 것이다.

실제로 2000년대 초반 한중일 경제는 괄목할 만한 성장세를 보였다. 일본은 소재, 부품, 장비 등 자본재를 한국으로 수출했고, 한국은 일본의 자본재로 반도체, 광판 디스플레이 및 센서, 합성수지 등 중간재를 만들어 중국으로 수출했다. 그리고 중국은 한국의 중간재로 만든 소비재 완제품을 전 세계로 수출했다. 동북아 각국의 개성과 장점을 살린 산업의 수직분업이 서로 상승작용을 하며 환상의 트리오를 이루는 듯 보였다. 유사 이래 처음으로 한국, 중국, 일본, 동북아 3국 간의 '경제적 연횡連衡'이 본격적으로 빛을 발하기 시작한 것이었다.

세계은행 자료에 따르면 2000년 이후 약 15년간 한국의 국내총생산은 약 3배, 중국의 국내총생산은 약 10배 가까이 증가하는 폭발적인 성장을 보였다. 일본도 약 10년간 수출입 규모가 2.5배, 국민총생산이 약 1.5배 증가하고 실업률이 최저치를 기록하는 등 잃어버린 20년에서 벗어나는 모습을 보였다. 한중일 3국의 경제가 동시에 역동적으로 발전하고 있었다. 1998년부터 2011년 사이 한국과 일본의 교역량(수출과 수입을 합친 총액)은 3.7배가량, 한국과 중국의 교역량은 12배 가까이 증가했다. 이러한 추세가 지속된다면 세계 경제의 중심이 미국에서 동북아시아로 옮겨 오는 것도 시간문제일 듯했다.[18]

동반성장 거부하는 한중일

그런데 한중일의 연횡에 균열이 가기 시작했다. 사드사태가 터지면서 중국에서는 한국 기업에 대한 무차별 공격과 파괴가 조장 또는 방조되었으며 중국 정부는 한한령限韓令을 휘둘러 한국경제를 무차별 압박했다. 일본도 수출규제로 한국을 옥죄기 시작했다. 한중일의 동반번영이

위기를 맞게 된 것이다.

　일본은 자국의 자본재로 한국이 중간재 산업을 세계 최고로 발전시킨 것을 시샘하고 있었다. 그래서 한국에 자본재 공급을 제한하면 일본의 중간재 산업이 한국의 중간재 산업을 대체할 수 있을지도 모른다는 막연한 기대를 가졌다. 아베 전 총리는 반한 감정을 자극하는 수출규제 등으로 67%의 지지율을 얻었다. 우리나라에 수출하던 플루오린 폴리이미드, 포토레지스트, 애칭 가스 등의 반도체 재료 수출을 제한하겠다고 협박도 했다. 2019년 8월, 결국 일본 정부가 안보상 문제가 없다고 보는 화이트 리스트에서 우리나라를 제외시키며 더 이상 수출 우대국으로서의 특혜를 누릴 수 없게 되었다. 한국으로 오는 수출품 1,000여 개가 개별허가로 바뀌었으며 심사기간도 마음대로 조절할 수 있는 재량권을 일본 정부가 갖게 됨에 따라 우리의 수출에 비상이 걸렸다.

　한국기업과 경제에 실질적인 타격을 가한 한중관계는 협박에 그친 한일관계보다 더욱 심각한 상태였다. 사드사태 당시 중국의 공영매체는 국가 간에 절대 해서는 안 되는 수준의 막말을 내뱉었다. '사드 배치 완료 순간 한국은 북핵위기와 강대국 사이에 놓인 개구리밥이 될 것'이라든지 '한국인은 수많은 사찰과 교회에서 평안을 위한 기도나 하라'는 둥 선전포고나 다름없는 거침없이 말들을 투척했다.

　결국 현대기아차는 직격탄을 맞아 중국 판매량이 52.2% 폭락했고, 롯데마트는 11년 만에 중국에서 사업을 접어야 했다. 삼성전자는 2013년 20%가 넘는 점유율로 중국 시장 점유율 1위를 차지했지만 한한령 이후로 2018년 2분기 0.8%로 1%대가 깨졌다.[19] K팝 등 한류 열풍을 주도하던 문화 콘텐츠의 막대한 피해는 일일이 거론하기조차 힘들다.

그러면서 모든 산업을 시작부터 끝까지 오직 중국이 다 해야겠다며 배터리굴기, LCD굴기, 자동차굴기[20] 등을 가속화하고 있다. 중국회사에는 특혜를 주고 외국회사에 대한 특혜는 철회하는 등 대국답지 않은 속 좁은 행보를 보이고 있다.

일본은 미국이 주도하는 패권질서의 글로벌 스탠더드 때문에 제도적 절차를 거치느라 우리에게 아직은 위협만 가하고 있다. 하지만 중국은 막무가내식 폭력부터 행사한 지 이미 오래다. 우리에겐 중국과 일본 사이에서 제대로 대항조차 못 하는 힘든 시기가 당분간 계속될 것으로 보인다.

물론 이러한 상황은 정치·사회적 문제로 촉발된 것이지만 진짜 문제는 경제다. 그리고 그 기저에는, 농업사회의 뺏고 뺏기는 제로섬의 오랜 역사적 갈등이 무의식 속에 깊이 각인되어 있기 때문으로 보인다. 산업사회는 남의 것을 뺏지 않고도 서로 협력함으로써 각국이 국내생산을 훨씬 더 많이 늘려 동반성장할 수 있는 시대다. 그런데 중국이나 일본의 지도자를 위시한 지식인들조차 아직도 농업사회의 제로섬 사고에 머무는 행태를 보여주고 있다. 더욱이 각국 정치인들이 이를 정치적으로 이용하여 국가 간 강경대치 국면을 만들고 또 민족 감정까지 자극하여 사태를 더욱 악화시키고 있는 것이 현실이다.

마상득지 마상치지

과거 동북아시아는 세상의 중심이었다. 세계 총생산의 절반을 차지했으며 인류문명의 4대 발명품을 모두 개발했을 정도였다. 당시 유럽 대륙의 2배가 넘는 동북아 대륙에는 원래 수십 개의 국가와 민족이 있었다. 그런데 언제부터인가 '천하통일관天下統一觀'이라는 강박관념에 사로잡혀 동북아 대륙의 수많은 민족과 국가들이 오직 천하통일을 향해 끝없는 싸움을 시작했다. 통일에 성공한 국가는 통일을 지키기 위해 국민을 착취, 탄압하였고, 착취와 탄압은 필연적으로 분열과 외침을 초래했다. 안으로부터의 분열과 밖으로부터의 침입은 또다시 통일을 향한 끝없는 전쟁의 수레바퀴를 가속화시켰다.

이처럼 동북아국가들이 통일과 분열에 의한 이합집산을 끝없이 반복하며 국가 경제적 에너지를 동북아 대륙 안에서 모두 허망하게 소진하는 동안 서유럽인은 5대양을 접수하고 6대주를 정벌하는 데 나섰다. 스페인과 포르투갈은 조그마한 이베리아반도에 이웃한 나라이다. 그들은 반도통일을 위해 안에서 서로 싸우기보다는 토르데시야스Tordesillas 협정으로 새로운 식민지를 나눠 갖기로 합의하고, 선의의 경쟁을 통해 밖으로 뻗어 나가기 시작했다. 뒤이어 네덜란드, 영국, 프랑스 등 서유럽 국가도 앞다투어 넓은 세계로 진출했다. 이들 국가 간에도 물론 전쟁이 끊이지 않았지만, 유럽의 통일보다는 주로 해외식민지를 선점하기 위한 것이었다. 유럽인은 제로섬 게임을 넘어서는 포지티브섬 게임을 하고 있었던 것이다.[21]

'마상득지馬上得之 마상치지馬上治之'라는 말이 있다. '말 위에서 천하를 얻을 수 있어도 말 위에서 천하를 다스릴 수는 없다'는 말이다. 한漢 고조 유방이 백등산白登山에서 훈족에게 포위당해 죽을 위기에 처하자 딸을 바치기로 맹약하고 묵돌선우冒頓單于의 왕비에게 뇌물을 바쳐 간신히 도망쳐 나온다. 이때를 즈음하여 육가陸賈라는 유학자 신하가 '마상득지 마상치지'라는 충언 아닌 충언을 유방에게 남겼다.

정복전쟁을 계속하지 말고 국민을 잘 다스리자는 좋은 의미로 알려졌지만 사실상 그 말은 농업제국의 발전원리인 정복전쟁을 더할 능력이 없으니 이제 농민 수탈로 체제 유지나 하며 특권층끼리 잘살아보자는 말이다. 농업사회는 안에서 내치만 잘해서는 절대로 잘살 수 없다. 인구는 계속 늘어나는 데 반해 농업생산은 정체되고 말 것이기 때문이다. 당장 듣기에 그럴듯한 유학자의 충언이란 것이, 의도한 것이든 아니든 간에 결국 사회를 철저히 수직적으로 신분화해 농민과 사회적 약자를 수탈하여 체제를 유지하는 결과를 초래하고 말았다.

중국의 천하통일관은 '마상득지 마상치지'라는 말로 대변되는 듯하다. 가까운 이웃을 탐하는 옹졸하고 편협한 통일관은 농업사회의 산물이자 곧 제로섬 사회적 발상이다. 농업국은 구조적으로 유목국이나 상업국과 싸워 이길 수 없다. 동북아국가들도 이웃과 동반성장을 시도해 세계로 진출했더라면 농업국의 한계를 벗어나 상업제국으로 발전할 수 있었을지도 모를 일이다. 그러나 중국이 탐한 '천하'는 고작 동북아시아 대륙에 한정된 소천하小天下였다.

그에 비해 유럽인은 '마상득지 선상득지船上得之'를 실천했다. '선상득지'는 내가 만들어낸 말이다. 즉, 말 위에서 천하를 얻고 5대양 6대주로 시선을 돌려 배 위에서 만천하를 모두 얻었다. 유럽 각국은 세계로 뻗어 가는 동반성장을 통해 농업국에서 상업제국으로 또 산업제국으로 진화할 수 있었다. 농업제국이 아무리 덩치를 키워도 혼자 산업제국 열강을 감당해낼 수 없는 법이다. 유럽인이 꿈꾼 천하야말로 진정한 대천하大天下였다. 이웃 국가 간에 선의의 경쟁을 통해서 동반성장을 추구한 대범하고 관대한 통일관이었다.

동북아의 미래를 결정할 힘 있는 중국(G2)과 일본(G3) 지도자들은 아직도 편협한 소천하의 통일관을 벗어나지 못한 듯하다. 일본이 소재 부품 장비를 더 많이 공급하고, 한국은 중간재를 더 많이 제조해서 중국이 완제품을 더 많이 생산하는 한중일의 연횡을 계속했더라면 동북아시아가 이미 세계 중심에 훨씬 더 가까이 다가갔을 것이다. 동북아의 강대국 중국과 일본이 포지티브섬 시대가 도래했는데도 불구하고 아직도 구시대의 제로섬의 사고에 머물러 있다는 사실이 몹시 안타깝다. 아쉽게도 한중일의 연횡은 무너지고 있다. 이것은 아직도 동북아인의 문명사적 지성 수준이 구미인歐美人의 지성 수준에 못 미치기 때문인지도 모른다.

동북아의 크고 힘 있는 국가의 국민과 지도자들이 농업사회의 옹졸한 문명관에 포획되어있는 한 미국이 선도하는 세계 패권질서, 팍스 아메리카나Pax Americana는 당분간 계속될 수밖에 없을 것이다.

한미러의 합종

아쉽게도 한중일의 연횡은 무너지고 있다. 한반도를 중심으로 한 강대국 간의 이해관계와 북핵 위기는 우리가 주도적으로 해결해 나가지 않으면 안 될 절체절명의 위기를 맞고 있다. 그러나 한중일의 연횡을 되살릴 방법이 전혀 없는 것은 아니다. 우리가 4차 산업혁명에 성공하면서 강대국 간의 이해관계와 북핵문제까지도 동시에 해결해나갈 수 있는 적극적인 대안이 바로 한미러의 합종合從이다. 그렇다면 한미러의 합종은 과연 가능한 것인가?

미국이 주도하는 세계질서

한미러의 합종이 정말 가능한지 알아보기 위해서는 강대국 간의 마주 잡은 손바닥의 온도와 맥박까지도 감지할 필요가 있다. 세상을 움직이는 것은 겉으로 드러내 보이는 외교적 미소가 아니라 속 깊이 감춰진 경제적·정치적 이해관계이기 때문이다.

먼저 한미관계를 살펴보자. 미국과 우리는 떼려야 뗄 수 없는 관계다. 우리가 독립한 것도 미국이 일본과의 전쟁에서 이겼기 때문이었다. 한국전쟁 때도 미국이 주도한 인천상륙작전이 6·25전쟁의 향방을 바꿨다. 전쟁은 휴전으로 마쳤지만 한국은 평화와 번영이라는 미국의 세계 경영전략이 옳았음을 보여주는 상징이 되었기 때문이다.

한국은 전후에도 국가예산의 4분의 1 정도를 미국의 원조에 의존했다. 그러나 한강의 기적과 민주화 등 경이적인 성과로 인해 미국 입장에서 한국전 참전은 미군 해외파병 중 가장 큰 성공사례가 되었다. 그리고 한국과 미국은 베트남에서 자유민주주의를 위해 같이 싸웠다. 현재 미국의 해외기지 중 최대의 단일기지인 캠프 험프리스Camp Humphreys가 우리나라 평택에 있다. 일부에서는 한미관계가 현재 최악이라고 하지만 이 정도가 최악이라면 역설적으로 앞으로 더 좋아질 일만 남았다는 것이 아닌가.

한미의 선린우호관계가 우리에게 절실한 이유는 미국이 우선 세계 최고의 초강대국이기 때문이다. 미국의 국가총생산은 2등인 중국과 3등인 일본을 합친 것보다 더 크고, 군사력은 가히 독보적이다. 대영제국이 세계를 지배한 원리는 중 하나가 2등과 3등의 해군력을 합쳐도 1등인 영국을 앞서지 못하도록 하는 것이었는데, 현재 2등부터 9등까지 군사력을 모두 합쳐도 1등인 미국을 따라가지 못하고 있다.

또한 미국은 월 스트리트의 자금력과 기축통화의 발권력으로 세계를 지배하고 있을 뿐만 아니라 실리콘밸리와 NASA 등 기술력으로 인류의 미래까지 지배하기 시작했다. 장기적으로는 진화론의 자연선택설처럼 미국이 만든 세계질서에 적응하는 나라는 살아남고 적응하지 못하는 나라는 도태되는 시대가 도래한 것이다. 그러나 이제는 로마제국이나 몽골제국처럼 무조건 점령하고 약탈과 살상을 자행하는 약육강식의 시대가 아니다. 비록 미국의 경성권력(hard power)과 연성권력(soft power)의 영향력 하에 있다 하더라도 기본적으로 모든 국가가 대등한 국제규범 안에서 각국의 자발적 동의를 전제로 국제관계를 이끌어가는 것이 미국이 주도하는 세계패권 질서이기 때문이다.

경제부터 안보까지 보완관계 가능하다

그러면 한러관계는 어떨까. 한러관계를 얘기하면 많은 이들이 먼저 고종의 아관파천을 떠올린다. 고종 황제를 러시아 공사관에 데려다 놓고 러시아가 조선을 마음대로 침탈했다고 생각한다. 그러나 사실 고종은 외국공관에 파천을 7번이나 시도했는데 영국, 미국 등 다들 거절하고 오직 러시아가 한 번 받아주었다. 이로 인해 러시아가 광산, 벌목 등 조선의 이권을 많이 확보한 것은 사실이다. 그러나 당시 사정으로 보면 그것은 러시아가 아니더라도 다른 열강에 빼앗길 수밖에 없었던 것들이었다.

당시 러시아는 산업국이었고 조선은 농업국이었다. 이는 경제적인 식민지 관계라는 의미다. 이를 달리 표현하면 러시아 경제는 육식동물과 같은 '포식경제'였고 조선 경제는 초식동물과 같은 '피식경제'였다. 산업국은 농업국으로부터 원자재를 들여와 상품을 제조해 팔기 때문에 경제력과 기술력이 가속적으로 발전하여 포식경제가 된다. 반대로 농업국은 경제가 정체하고 기술이 낙후하여 피식경제가 될 수밖에 없다.

그러나 지금은 상황이 역전되었다. 한국은 수출주도 산업국으로서 포식경제로 발전했다. 그에 반해 러시아는 지금 국내총생산의 45%가 1차 산업인 피식경제로 후퇴했다. 그래서 지금 한국과 군사 대국 러시아가 협력한다고 해서 옛날처럼 수탈당할 일은 없다. 어느 모로 보나 우리에게 불리할 이유가 없다.

한러관계는 한중관계나 한일관계처럼 경쟁하는 대체관계가 아니라 상생하는 보완관계가 될 것이다. 경제뿐만 아니라 기술에서 문화와 안보에 이르기까지 한국과 러시아 간 전천후 상호보완의 상생적 동반성장의 가능성은 필자의 편저서 《한국의 미래, 러시아에 있다》(출간예정)에 여러 명의 전문가가 분야별로 자세히 밝힐 예정이다.

그런데 한중일의 연횡이나 북핵문제에 있어서 운전자 혹은 중재자 역할도 제대로 하지 못하는 한국이 과연 '한미리의 합종'을 이끌어낼 수 있을까? 미국, 러시아, 중국, 일본 4강 간의 역학관계를 살펴보자.

미국의 중국 포위 전략

최근 러시아는 중국과 함께 대규모 연합군사 훈련으로 '혈맹'을 과시했다.[22] 지중해에서 펼친 해상 연합훈련에 이어 중국의 항일전쟁 승리 70주년 행사로 동해에서 대규모 합동 군사훈련을 개최해 새로운 밀월 관계를 과시했다. 이는 2차 세계대전 이후 최대의 훈련이라고 전해진다. 또한 중국도 막강한 자금력으로 러시아에 계속 러브콜을 보내고 있다. 2016년 LNG 프로젝트를 위해 실크로드 펀드를 조성하고, LNG 프로젝트에 자금을 조달하고, 베이징가스 그룹에서 시베리아 최대 석유가스 유전지분을 20% 인수했다. 2017년 포슝 그룹에서 금광업체 폴리우스 지분 15%를 인수하고, CEFC 차이나에서는 에너지기업 로스네프트 지분 14%를 인수하는 등 적극적인 경제협력으로 무척이나 견고한 관계를 형성해가는 듯 보인다.

그러나 이것은 눈에 보이는 현상일 뿐이다. 러시아는 내심 중국을 심각하게 경계하고 있다. 러시아는 과거에 200년이나 몽골의 지배를 받았던 까닭에 동북아인에 대한 피해의식을 아직 떨쳐내지 못하고 있다. 이걸 '황화현상黃化現象'이라고 한다. 중국의 960만km²도 작지 않은 면적이지만 러시아의 국토 1,700만km²에 비하면 상대적으로 작은 규모다. 그런데 중국 인구 14억 명에 비해 러시아 인구는 고작 1억 4,000여 명 남짓이다. 그래서 러시아는 중국 사람들이 러시아로 넘어 들어오면 언젠가는 러시아가 중국화될 것이라는 두려움을 갖고 있다. 그러니 러시아로서는 중국이 패권국이 되는 것이 달가울 리가 없다. 겉으로 보이는 양국 간의 돈독함은 일시적인 적과의 동침이라고 해도 과언이 아니

[그림45] 미국의 중국 포위망 전략

다. 그런데 지금 미국은 중국을 포위하는 전략을 펼치고 있다.

그림44에서 보듯 일본, 대만, 필리핀, 호주, 인도, 싱가포르, 아프가니스탄을 위시해서 해외파견 미군과 미국의 동맹국으로 포위전략을 펴고 있지만, 아직 대중국 포위망이 완성된 것은 아니다. 러시아가 빠져 있기 때문이다.

시대환경은 변해도 앵글로 아메리칸의 세계 경영전략에는 일관성이 있다. 영국이 패권국이었던 시절의 G2인 프랑스 포위 전략을 눈여겨볼 필요가 있다. 대영제국이 패권을 유지하던 비법 중의 하나가 의도적으로 현상을 유지하는 것이었다. 영국은 프랑스가 침공하는 나라를 뒤에서 후원은 했지만 어느 한 편의 일방적인 승리는 용납하지 않았다. 이것이 몇 차례 이어진 대불동맹이었다. 그러면서 프랑스의 경제력과 군사력을 새로운 적을 제압하는 데 활용했다. 영국의 G2 포위전략은 러시아에 대한 '그레이트 게임the great game'과 독일에 대한 봉쇄로 이어져 내려왔다.

미국의 전략도 이와 크게 다르지 않다. 중국을 포위하는 전략을 유지하게 될 것이다. 중국을 무너뜨리지는 않겠지만 그렇다고 더 강해지는 것을 용납하지도 않을 것이다. 그러면서도 중국의 생산력을 미국 경제에 유용하게 활용할 수 있도록 현상을 유지하려 할 것이다. 중요한 것은 미국이 대중국 포위망을 완성하려면 러시아와 손을 잡아야 한다는 것이다.

그런데 왜 러시아는 대중국 포위망에서 빠져 있을까. 러시아가 구소련의 일부였던 우크라이나를 분할해버린 것이 외견상으로는 미국과 돌이킬 수 없는 지경에 이르게 했다. 미국 대통령 선거에 러시아가 개입했다는 설도 있다. 그러나 미국의 주적이 이미 러시아가 아니고 중국이라는 사실에 미국의 정관계, 학계 등 사회적 합의가 이루어져 있기 때문에 어느 순간, 미국이 러시아에 대한 제재를 전격적으로 풀고 포위망에 러시아를 편입시킬 것이다.

벌써 그 조짐이 현실화되고 있다. 2020년 4월 미국 대통령과 러시아 대통령이 1945년 미군과 당시 소비에트 연방군의 독일 엘베강 만남을 기념하기 위해 매우 이례적으로 공동성명을 냈다. 또 G7 정상회의에 한국, 호주, 인도, 러시아를 초대하는 G11을 제안했다. 러시아를 끌어들여 중국에 대한 포위망을 완성하겠다는 것이 제안의 핵심이었다.

그런데 미국이 러시아에 대한 제재를 푼 다음에는 우리가 얻을 수 있는 이득이 별로 없다. 러시아에 대한 국제제재가 풀리면 미국뿐 아니라 중국도, 일본도, 유럽도 막대한 자금력으로 앞다투어 광대한 러시아 대륙의 알짜사업에 뛰어들 것이다. 우리에겐 그들과 경쟁할 만한 자금력도 없을뿐더러 외교적 영향력도 없다. 게다가 공산주의적 사고와 관행에 젖어 있는 러시아의 생소하고 이질적인 환경에 한국의 중소중견기업이 국가적 지원 없이 홀로 뛰어들어 사업을 추진하다가는 큰 낭패를 보기 십상이다.

물리학적으로 질량 곱하기 가속도는 힘이다. 질량이 반일 때 가속도가 2배면 똑같은 힘을 낼 수 있다. 질량이 10분의 1일 때, 가속도가 10배가 되면 똑같은 힘을 발휘할 수 있다. 경제력, 즉 질량에서 떨어지는 우리가 할 수 있는 것은 기회가 왔을 때 번개 같은 속도로 먼저 러시아 관련 사업에 뛰어들 수 있도록 미리미리 '준비'를 해두는 것이다.

지금부터 한러협력이 러시아에 얼마나 도움이 되는지 진지하게 러시아를 설득해서 한러관계를 통상적인 국제협력 이상의 차원으로 끌어올려야 한다. 현재 러시아가 겪는 경제적 어려움을 한국이 가장 잘 해결해줄 수 있을 것이기 때문이다. 미국, 일본, 중국은 언제든 러시아의 주적으로 등장할 수 있기 때문에 러시아는 이미 한국에 상당한 호감을 보이고 있다. 다만 인류 문명사에 무지한 한국의 위정자와 지식인들이 그런 사실을 제대로 인지하지 못해 러시아의 천연가스와 북극항로를 강 건너 불 보듯 수수방관해왔을 따름이다.

미국이 러시아에 대한 제재를 푼다는 전제하에 우리는 가능한 한러협력을 위한 모든 준비를 갖추고 때를 기다려야 한다. 한러협력의 성공조건은 '속도'와 '특별한 관계수립' 2가지다. 만반의 준비를 하고 있다가 제재가 풀리는 순간, 서명에 잉크도 마르기 전에 뛰어 들어가야만 일본이나 유럽 등과의 경쟁에서 유리한 고지를 점할 수 있다.

아키다견과 트럼프의 푸들

러시아와 일본은 러일 전쟁 때부터 적대관계에 있었다. 메이지유신의 아버지 요시다 쇼인이 《유수록幽囚錄》에서 '무력 준비를 서둘러 군함과 포대를 갖춘 뒤 홋카이도를 개척하고 제후를 봉건하여 캄차카와 오호츠크를 빼앗고, 오키나와와 조선을 정벌하여 북으로는 만주를 점령하고 남으로는 타이완과 필리핀 일대의 섬들을 노획해야 한다'고 밝힌 바 있다. 이 사실을 러시아인들도 너무나 잘 알고 있다. 그래서 러시아에게 일본은 과거의 적인 동시에 미래의 적이다.

2016년 러일 정상회담을 앞두고 당시 일본 수상 아베가 천연가스 파이프라인과 북방 4개 섬 중 먼저 2개를 반환하는 협상을 하겠다는 의견을 언론에 피력한 적이 있다. 그러자 푸틴 러시아 대통령은 러일 정상회담에 즈음한 기자회견장에 이례적으로 선물받은 일본 토종개 아키다견을 데리고 나왔다. 말로는 일본과 러시아의 우호관계를 상징하는 개라면서 그 자리에서 "앉아! 일어서!"를 시켰다. 그런 굴욕에도 불구하고 아베는 물론 일본 골수우익들조차 그 험한 입 한번 떼지 못했다. 러시아와 일본 간에 영토분쟁은 없다는 푸틴의 말 한마디로 북방 섬 반환 협상은 정상회담 의제에서 제외되고 말았다.

또 마루야마 호카다라는 일본 중의원이 '전쟁을 해서라도 북방 섬을 되찾아야 한다'고 떠벌린 일이 있었다. 자민당보다 더 골수 우익당이었던 유신회 소속이었는데, 사태의 심각성을 인지했던지 유신회는 그를 제명해버렸다. 당시 러시아 군사전문가협회 부회장은 "러시아 공군이 마음만 먹으면 일본을 20분 안에 지구에서 소멸시킬 수 있다"고 발표했다. 러시아 같은 권위주의 국가에서 푸틴의 묵시적 승인 없이는 감히 할 수 없는 말이다.

그런데도 한국에는 이 같은 러시아와 일본 간의 간극을 한반도 평화와 안정에 유리하게 이용해보려는 의견도, 노력도, 전략도 찾아볼 수 없었다. 이것은 한국의 역대 정부와 사회지도층의 무능과 무지를 탓할 수밖에 없는 일이다.

그렇다면 미일관계는 어떨까. 전후 미일관계는 항상 좋았다. 일본은 일본열도 어디든 미국의 군사기지가 들어올 수 있다는 군사협정을 맺은 바 있다. 냉전시대에 일본은 미국의 소련 포위 전략에 일익을 담당했다. 지금 일본은 미국의 중국 포위전략에서도 주역을 자처하고 있다. 물론 이것은 일본의 국익과 직결되는 것이기도 하다. 그래서 아베는 한때 '트럼프의 푸들'이라고 불리는 데에 대해서도 별로 이의를 제기하지 않았다. 신임 스가 총리의 자세도 크게 달라지지는 않을 것으로 보인다.

지금 미일관계는 어느 때보다도 굳건하고 좋다. 그러나 일본인에게는 다테마에建前라는 겉마음과 혼네本音라는 속마음이 따로 있다고 한다. 사회적으로는 불편한 속마음을 감추고 호의를 보이는 척하는 것이 상대방에 대한 배려일 수도 있고 예의 바른 행동일 수도 있다. 일본과 미국의 더없이 좋아 보이는 관계는 일본의 다테마에다. 그러면 혼네는 무엇인가? 그 속마음에는 2방의 원자폭탄이 꽁꽁 감춰져 있다. 리틀보이Little boy라는 우라늄탄과 팻맨Fat man이란 플루토늄탄이 그것이다.

2차 세계대전 때 자살공격도 주저하지 않던 일본 군국주의자들을 무조건 항복시킨 원자폭탄을 잊어버린 일본인은 없다. 그런데 이뿐이 아니다. 1980년대만 해도 일본이 미국을 따라잡는 것은 시간문제인 것처럼 보였다. 그런데 욱일승천할 기세로 발전하던 일본 경제는 플라자합의[23]에 의해 한순간에 거품경제로 궤멸하고 만다. 물론 당시 일본 정책 당국이 환율변화에 대해 매우 미숙하게 대응해 사태를 악화시킨 것이 거품경제의 더 큰 원인이 되었다는 의견도 있다. 그러나 그 시작이 플라자합의였던 것은 사실이다. 아직도 일본경제는 거품경제의 후유증으로부터 완전히 벗어나지 못하고 잃어버린 20년에서 30년을 향해 가고 있다.

한 일본 경제학자는 사석에서 태평양전쟁에서 맞은 원자탄의 위력에 비하면 플라자합의는 수소탄 수준의 위력이었다고 얘기했다. 일본인이 느낀 충격이 그 정도라는 말이다. 물론 일본과 함께 플라자합의의 상대국이었던 독일의 경우는 상황이 달랐기 때문에 일방적인 해석은 위험하다. 이러한 사실을 미국도, 일본도 모두 알고 있다. 일본이 강해질 때 일본의 속마음이 어떻게 겉마음으로 표출될지는 두고 봐야 할 일이다.

투키디데스의 함정

　흔히 '투키디데스의 함정'이라고 일컬어지는 미중관계는 현재 세상 사람들의 가장 큰 관심사이고 또 관련 사건과 정보가 넘쳐나기 때문에 따로 언급하지 않겠다.

　전후 냉전시대에는 미소관계가 현재 미중관계 이상으로 정치, 경제, 안보, 문화 등 모든 면에서 강경하게 대치하고 있었다. 그러나 공산주의 체제는 이윤이라는 인센티브가 없는 사회, 다시 말하면 내생적 혁신이 없는 사회였기 때문에 필연적으로 몰락할 수밖에 없었다. 그 위대한 사상가와 혁명가들이 앞장서고 수없이 많은 이들이 목숨을 바친 공산주의 혁명이라는 범세계적 실험은 한낱 인간의 광기가 벌인 해프닝 정도로 세인의 기억에서조차 잊혀져가고 있다. 소련은 와해되고 공산주의 국가들은 모두 예외 없이 몰락했다. 소련을 승계한 러시아는 사회 곳곳에 있는 공산주의체제 망령으로부터 완전히 벗어나지 못하고 있다. 그러는 동안 러시아 경제는 석유, 가스 등 자연자원에 거의 전적으로 의존하다시피 하는 감속하는 농업경제 상태로 퇴행하고 말았다. 지금 미국에서 진보와 보수를 막론하고 그 누구도 러시아가 미국의 주적主敵이라고 생각하는 사람은 없다. 냉전시대의 해묵은 기억과 우크라이나 사태 등 몇 가지 악연과 오해가 당분간 미러관계의 장애요소로 남아 있을 따름이다.

　영국도 그랬지만 미국도 국익은 절대 선善이자 지고의 가치다. 어느 순간 어떤 명분을 붙이든 미국과 러시아의 관계개선은 약속된 미래다. 왜냐하면 미국의 주적인 중국에 대한 포위망은 러시아 없이는 결코 완성될 수 없기 때문이다.

중일관계는 한일관계와 크게 다르지 않다. 청일전쟁부터 태평양전쟁에 이르기까지 일본은 가해자였고 중국은 피해자였다. 그래서 많은 경우 한국과 중국은 반일정서를 공유하고 있다. 그러나 사실상 한국의 처지와 중국의 처지는 매우 달랐다. 한국은 나라를 완전히 빼앗겨 36년간이나 일본제국의 일부로 편입되었지만 중국은 침략을 받긴 했지만 나라를 잃은 것은 아니었다. 그래서 2차 세계대전 이후 중국은 전승국의 일원으로 모든 권리를 행사했고 국익을 챙겼지만 한국은 겨우 독립만 얻었지 자신의 미래에 대한 발언권조차 인정받지 못했다.

결과적으로 중국은(중화민국이든 중국 공산주의 인민공화국이든 간에) 내몽골, 티베트, 신장위구르 지역 등 청나라 시대의 국토를 대부분 회복했지만 한반도는 남북으로 분단되어 버렸다. 현재 중국은 미국 다음가는 세계적인 초강대국으로 발전했지만, 한국은 아직도 북핵위기와 주변 열강 간 충돌의 파고에 휘둘리고 있다.

도대체 한국과 중국은 무엇이 달라서 이런 다른 처지에 놓이게 되었을까? 물론 중국은 인구 14억에 국토면적 960만km²의 대국인데 한국은 인구가 중국의 20분의 1, 국토는 40분의 1도 채 안 되는 작은 나라다. 그러나 그것은 구차한 변명에 지나지 않는 것인지도 모른다. 한반도보다 조금 큰 섬나라 일본이 중국과 태평양 일대를 점령할 만큼 국력이 강성했던 것을 보라. 나라의 크기가 국가의 미래를 결정하는 것은 아님을 알 수 있다.

한국과 중국의 근본적인 차이라면 조선은 산업혁명을 거부함으로써 산업혁명을 시작도 못 해본 나라이고 중국은 양무운동으로 산업혁명에 절반이나마 성공한 나라였다는 사실이다. 물론 일본의 메이지유신 같은 완전한 성공은 아니었다 할지라도 양무운동으로 시작한 중국의 산업혁명은 청불전쟁, 청일전쟁, 중일전쟁 등을 수행하고 세계대전의 전승국 명단에 이름을 올리기까지 면면히 영향을 미쳐왔다. 현재 중국과 일본의 관계는 경제나 국방 등 양적 측면에서 보면 이미 역전된 지 오래다. 그리고 중일관계는 당분간 미중관계에 그대로 연동되어 함께 움직일 것으로 보인다.

합종이냐 연횡이냐

———————●———————

한중일의 연횡과 한미러의 합종! 현재 한반도를 둘러싼 4강이 팽팽하게 대치하고 있다. 각국이 이해득실에 관한 복잡한 방정식에 골몰하고 있겠지만 이 4강 사이에는 태풍의 눈과도 같은 공백이 존재할 수 있다. 바로 한반도에서 말이다. 그러나 한중일의 연횡에서 한국이 조정자의 역할을 할 수 없다는 것은 이미 증명되었다.

지금까지 역대 정부는 한중일의 연횡 사이에서 강온強穩 양면 전술을 쓰며 조종자의 역할을 시도해왔다. 그러나 북핵문제 대응만 보아도 박근혜 정부는 강하게 부딪쳐서 성공하지 못했고, 문재인 정부는 부드럽게 감싸 안아서도 성공하지 못하고 있다. 그 이유는 미국, 중국, 일본의 북핵 관련 이해관계를 조정할 '선택지'가 우리에게 없기 때문이다. 그러한 사실을 알아차린 북한조차도 이제 우리를 함부로 대하고 있다. 한중일의 연횡과 한미관계에서 우리가 조정할 수 있는 레버리지가 하나도 없다는 사실을 알기 때문일 것이다. 그리고 이제 중국과 미국은 한국에게 어설픈 조정이 아닌 분명한 선택을 요구하기 시작했다.

그렇다면 한중일의 연횡에 더하여 한미러의 합종이 우리에게 시사하는 바는 무엇일까? 그것은 대한민국의 선택지가 많아진다는 것이다. 선택지가 많아지면 그만큼 우리가 유리한 선택을 할 가능성이 높아진다는 의미다.

지금 미국, 중국, 일본 사이에서 우리가 선택할 수 있는 선택지는 몇 개일까. 중국, 일본, 미국 중 한 나라를 아주 강력한 우호국으로 동맹을 맺든가, 두 나라와 느슨한 동맹을 맺는 것. 그러면 6개의 선택지가 나온다. 여기에 러시아가 들어오는 순간 우리의 선택지는 총 24개로 늘어난다. 그러니까 훨씬 더 우리 입맛에 맞는 선택을 할 수 있게 되는 것이다. 6개 선택지 중에 설사 답이 없었다 하더라도 24개의 선택지 중에서는 운신의 폭이 훨씬 넓을 수 있다. 한중일의 연횡에 한미러의 합종을 합치면, 새로 4강이 균형을 이루게 될 힘의 공백을 비집고 들어가 중간자 또는 조정자의 역할을 하며 우리가 원하는 쪽으로 상황을 이끌어갈 수 있다.

신라의 합종과 연횡에서 배운다

그렇다면 합종과 연횡이 과연 성공할 수 있을까? 아니, 성공한 적이 있을까? 다행히도 한반도의 역사를 되돌아보면 이미 합종과 연횡으로 슬기롭게 국난을 극복한 통일신라의 성공사례가 있다. 나당 연합군이 동맹국 신라를 배신하고 한반도 흡수를 획책할 때였다. 신라는 당에 분연히 맞섰는데 마침 이때 당은 신라와 토번 양쪽으로 전력을 분산할 수밖에 없었고 이로 인해 신라는 나당전쟁에서 승리할 수 있었다.

대한민국의 실질적인 원형은 통일신라 때 형성된 것이다. 백제와 고구려의 압박 하에서도 통일의 꿈을 간직한 신라의 태종 무열왕 김춘추는 당나라를 2번, 일본을 2번 방문했다. 아마도 한중일의 연횡을 시도한 것이리라. 연횡이 뜻대로 안 되었던지 김춘추는 고구려를 방문했다가 연개소문에게 연금되어 죽을 고비를 넘기기도 했다. 이것은 합종을 염두에 둔 것인지도 모른다. 결국 신라는 당나라와 동맹을 맺고 나당연합군이 함께 백제와 고구려를 무너뜨렸다.

그런데 승전의 기쁨도 잠시, 신라는 당을 견제하는 데 힘이 부치기 시작했다. 고구려가 돌궐과 연계해서 당나라를 견제해왔는데, 고구려가 무너지자 정작 당나라를 견제해줄 세력이 없어져버린 것이었다. 당나라는 백제와 고구려 땅에 웅진도독부와 안동도호부를 설치했고, 신라의 왕을 당나라의 관직인 계림대도독부로 임명했다. 이는 한반도를 통째로 당나라의 영토로 편입시키겠다는 야욕을 노골적으로 드러낸 것으로서 동맹국 신라에 대한 추악한 배신이었다. 당나라의 야욕이 노골화되자 신라는 요동을 선제공격함으로써 나당전쟁을 시작했다. 670년 이때 공교롭게도 토번(티베트)의 명장 가르친링은 대비천大非川에서 당나라군을 괴멸시키고 설인귀薛仁貴 등 장수들을 포로로 잡는 등 대승을 거두었다. 같은 해 신라도 웅진도독부에 대한 전면공격을 감행하여 백제의 고토 80여 성을 일거에 회복했다. 토번과 신라가 당나라를 협공한 셈이었다.

토번과 신라의 양면 공격을 받았던 당군은 전열을 정비하고 고구려 부흥세력 진압에 성공했다. 그리고 672년 황해도 석문石門에서 신라군의 주력을 격파했다. 공세적 방어전을 펼치던 신라는 대장수 7명이 전사하면서 수비에 급급하게 되었다. 이 틈을 타서 당은 나당전쟁에 투입했던 대총관 유인궤劉仁軌 등을 점점 우려가 커지고 있던 토번 전선으로 급파했다.

그러자 비로소 신라는 전열을 재정비할 시간을 얻을 수 있었다. 그때 만약 당군이 숨 쉴 틈도 주지 않고 계속 밀어붙였다면 우리나라는 아마도 지금 중국의 조선성쯤으로 남게 되었을지도 모른다.

675년, 당군이 토번과 전쟁에 전력을 분산한 틈을 타서 신라는 백제와 고구려의 유민을 규합하고 전력을 가다듬어 일대 결전을 벌였다. 매소성에서 당나라의 20만 대군을 격멸했다. 3만 필 이상의 군마와 많은 무기를 노획하며 전세를 완전히 역전시켰다.

676년 신라는 뱃길로 역습을 시도한 당해군을 기벌포伎伐浦에서 대파하여 40여 척의 전함을 노획하고 4,000여 당군을 살상했다. 연이은 패배로 당나라는 전쟁의지를 상실했고 문무왕이 사죄사절단을 보내 당의 체면을 지켜주는 것으로 7년여에 걸친 나당전쟁에서 마침내 신라가 최종 승리를 쟁취할 수 있었다.

당시 신라가 토번과 연대하에 당나라를 협공하였다는 기록도 없고 또 그랬을 가능성도 없다. 다만 신라와 토번의 대당 전투 시기가 절묘하게 맞아떨어져 마치 당을 양쪽에서 협공한 것과 같은 효과를 볼 수 있었으리라. 신라와 토번의 합종 아닌 합종이 신라를 구하고 또 삼한三韓을 구한 것이다.

통일신라의 성공사례는 단지 과거의 기록이 아니다. 역사란 언젠가 다가올 미래이기도 하기 때문에 지금 당장이라도 재현될 수 있다. 한중일의 연횡과 한미러의 합종이 견제와 균형을 찾으려면 먼저 한국과 러시아의 관계부터 근본적으로 재정립하여야 한다. 대한민국의 4차 산업혁명 성공을 위한 대외혁신은 한미러 합종과 한중일의 연횡이 함께 균형을 이룰 때 비로소 가능할 것이기 때문이다.

지금 세계 전도를 한 번 펼쳐보라. 미국은 동부 13개 주가 영국에서 독립한 이후 전쟁과 점령으로 끊임없이 대륙의 서쪽으로 진출해서 결국 대서양에서 태평양 연안에 이르는 1,000만km²의 대륙국가로 발전했다. 미국 지도자가 비난을 무릅쓰고 나폴레옹으로부터 루이지애나를 매입하고 쓸모없는 동토 알래스카를 러시아로부터 인수한 것은 이미 미소냉전과 석유가스 시대의 도래를 예비한 것이리라. 그런데 지금 그것도 성에 차지 않아 얼음대륙 그린란드를 사겠다는 것이다.

우리는 사회지도층으로부터 국민대중에 이르기까지 전 국민이 지구온난화의 위기만 걱정하고 있는데, 미국은 이미 지구온난화로 인하여 새로 등장할 미래의 기회를 선점하려는 것이다. 이것은 지배당하는 자와 지배하는 자간의 사고지평의 차이를 단적으로 보여주는 것이다.

1차 산업혁명이 그랬듯 4차 산업혁명도 우리를 찾아오지 않을 것이다. 우리가 4차 산업혁명을 찾아 나서야 한다. 4차 산업혁명이야말로 우리가 가장 잘 해낼 수 있는 우리의 미래이기 때문이다.

4차 산업혁명을 성공시킬 3가지 혁신

앞 장에서 정부혁신으로 직무군 제도를 통해 공직사회를 개혁하고, 사회혁신으로 세대 간 분업을 통해 국가경제를 이모작 하자고 제안한 바 있다. 그리고 북극항로의 중요성에 대해서도 누누이 설명했다. 대서양 항로를 기반으로 소국 네덜란드와 영국이 패권국으로 일세를 풍미했다면, 우리가 북극항로를 기반으로 새로운 세기를 주도하는 데 한몫하지 못할 이유가 없다. 북극항로에는 한중일 3국과 한미러 3국이 함께 공존공영할 수 있는 공통 인수가 곳곳에 숨어 있다. 천연가스 파이프라인이나 동북아 슈퍼그리드 같이 당장 착수할 수 있는 에너지 협력에서부터 말라카 해협과 수에즈 운하를 대체 또는 보완하는 새로운 세기의 물류 중심축으로의 대이동에 이르기까지 무궁무진한 가능성이 열려 있다.

이것이 4차 산업혁명을 성공시킬 수 있는 대한민국의 대외혁신이다. 가깝게는 에너지 안보와 미세먼지 해결, 크게는 북극항로, 더 크게는 4차 산업혁명으로 열어갈 우리 민족의 미래다.

지금 한반도 주변의 모습을 한 번 살펴보자. 극동 러시아와 붙어 있는 한반도는 왼쪽으로 아직 소천하 통일관에서 벗어나지 못한 중국, 오른쪽으로는 여전히 제국주의적 망상을 버리지 못한 극우세력들이 준동하고 있는 일본 사이에 완전히 갇혀 숨이 막힐 지경이다. 좌우 어디를 둘러보아도 뚫고 나갈 구멍조차 찾기 힘들다. 지금 남중국해는 영해권을 놓고 중국의 치열한 공세와 일본·미국의 철벽 수비로 일촉즉발의 대치 상태다. 필리핀, 베트남, 대만 등 동남아 국가들은 남중국해에서 정당한 권리를 행사할 능력이 없고 우린 거기에 끼어들 권리조차 없다.

그런데 천우신조인지 조상의 음덕인지 북쪽으로 연해주라는 새로운 길이 광활한 유라시아 대륙을 향해 열릴 듯하다. 저 실낱같은 희망의 빛이 우리 민족의 앞날을 열어갈 혈로가 될지도 모른다. 연해주와 극동 러시아는 앞으로 우리 한민족이 마음껏 꿈을 펼칠 신대륙이 될 것이다. 이것은 과거 말장난에 그친 북방정책이 아니라 북극항로와 4차 산업혁명이 열어갈 실현 가능한 '미래형 신대륙 진출정책'이다.

어떤 이들은 우리가 동북 3성으로 진출해서 옛 고구려 영토를 회복해야 한다고 주장한다. 하지만 그것은 전혀 가능하지도 않지만, 설혹 가능하다 해도 절대 해서는 안 될 일이다. 우리가 고구려의 영토를 수복했

[그림46] 중국 동북 3성과 극동 러시아 9개주 인구와 면적

중국 동북 3성　인구: 1억 715만 명　면적: 78만 7,300km²

러시아

몽골

헤이룽장성

하얼빈

네이멍구자치구

창춘

지린성

선양

라오닝성

허베이성

베이징

산시성

톈진시

북한

동해

황해

러시아 9개국　인구: 626만 명　면적: 630만km²

추코트카주

마가단주

캄차트카주

사하공화국

하바로프스크주

사할린주

연해주　인구: 190만 명
면적: 16만km²

중국

일본

한국

아무르주

유대인자치주

연해주

다고 가정해보자. 동북 3성은 인구만 1억 명이 훨씬 넘기 때문에 인구 7,000만 정도의 한국은 중국에 동화되어 결국 중국화되기 십상이다.

그런데 극동 러시아 9개 주는 630만km²로 현재 중국의 면적보다도 훨씬 넓은데, 인구는 겨우 600만 명 안팎이 살고 있다. 물론 아직 사람이 살 수 없는 동토가 대부분이기는 하다.

일본 북단의 홋카이도는 원래 아이누족이 살던 땅이었다. 메이지 유신을 전후해 본격적인 대규모 개척이 이루어져 다수의 일본인이 각지에서 이주해 들어가 정착했다. 그 결과 일본은 지금 인구밀도가 1km²당 350명밖에 안 되는데 우리는 현재 500명이 넘는다.

그런데 홋카이도의 2배나 되는, 16만km²의 연해주에 지금 20만 명밖에 살고 있지 않다. 중국인도, 일본인도 눈독을 들이고 있지만 러시아가 막강한 군사력으로 가상적국(potential enemy) 인구의 유입을 막고 있다. 그러나 러시아를 잘 설득만 하면 우리는 얼마든지 들어갈 수 있다고 확신한다. 한국과 한민족은 어떤 경우에도 러시아에 위협이 되지 않을 것이기 때문이다. 러시아도 이런 사실을 너무나 잘 알고 있다.

연해주의 현대 중공업 농장이 10년 이상 적자를 내다가 몇 년 전부터 흑자로 돌아섰다. 지구온난화 때문에 지금 저 연해주가 서서히 옥토로 변해가고 있기 때문이다. 아마 앞으로 언젠가 머지않은 장래에 한반도는 아열대 기후로 바뀌고 연해주는 살기 좋은 온대기후로 변해갈 것이다. 그런데 대한민국 지도자들은 한반도 통일 이상의 꿈과 비전을 보여준 적이 없다. 마치 통일 한국은 저절로 지상낙원이라도 될 것처럼. 이런 맹목적인 통일관은 순진함이 아니라 무지함이다. 왜냐하면 북방진출은 통일 전에도, 통일 후에도, 또 통일과 병행할 수도 있는 것이기 때문이다.

　지도자들의 근시안적 안목 탓에 북방대륙 진출은 아예 꿈조차 꿔보지 못한 듯하다. 일본이 홋카이도를 접수했듯 우리가 대거 연해주와 극동 러시아로 들어가서 산다면 언젠가는 한민족 삶의 터전이 되고 말 텐데 말이다. 우리가 꼭 태극기를 고집할 필요는 없다. 러시아 삼색기를 들고 들어가도 상관이 없다. 유대계 미국인의 성공이 이스라엘을 버티게 해주는 힘이고 생존전략이라는 사실을 눈여겨보아야 한다. 정치적·군사적 점령은 낡은 제국주의 시대의 방식이다. 새로운 시대에는 새로운 방식으로 국가와 민족의 미래를 밝혀나가야 한다.

　러시아는 천연가스 파이프라인 건설 등 우리에게 여러 번 손을 내미는 제스처를 보여주었다. 서구열강과 패권을 다투고 세계대전 승리의 주역이었던 러시아는 세계 최대의 영토와 자원을 보유하고 있지만 당장은 경제적 어려움을 겪고 있다. 한러 경제협력은 장기적으로 러시아와 한국 쌍방에 엄청난 혜택을 제공할 것이 분명하다. 그런데 우리는 한 번도 그 손을 잡지 않았다.

　2021년도 1월 한국 리서치의 주간리포트 중 한국인의 '한반도 주변국 호감도' 조사에 따르면 러시아는 미국에 뒤이어 2등을 기록하고 있다. 또한 2019년 국가 이미지 조사에 따르면, 러시아인의 '한국인에 대한 호감도' 조사에서도 미국을 바짝 좇는 72%로, 중국(53.8%)이나 일본(18.6%)과 같은 주변국에 비해 상당히 높은 수치를 보였다. 이같은 양국 국민 간의 호감도는 한러관계를 통상적인 국제 우호관계 이상으로 격상하여 우리가 연해주로 진출하는 데 인종적 문화적으로 큰 문제가 없을 것으로 보이는 긍정적 신호다.

동방경제포럼은 러시아 정부가 추진하고 있는 극동 개발 프로젝트들을 깊이 있게 설명하고 사업 참여와 투자를 유도하기 위한 행사다. 푸틴 대통령령으로 2015년부터 매년 개최하고 있다. 2018년 4회 동방경제포럼에는 중국이 1,000명이 넘는 대규모 경제사절단을 파견하면서 푸틴 대통령에게 경제적으로 큰 선물을 안겼다. 또한 동방경제포럼이 진행되고 있는 같은 시간에 중국과 러시아는 합동군사훈련까지 진행했다. 항상 최대규모의 대표단을 파견했지만 시진핑 주석이 직접 참석한 것은 그때가 처음이었다. 이유는 간단하다. 러시아와의 우호증진이 중국의 국가이익에 큰 도움이 되기 때문이었다.

일본도 마찬가지다. 1회 때만 제외하고 대표단장으로 아베 전 수상이 계속 참석했다. 그런데 우리는 2, 3회 대표단장으로 대통령이 참석했지만 4회는 총리, 5회는 경제부총리가 참석했다. 이것은 무엇을 의미하는가. 우리 정부는 북극항로와 러시아의 지정학적 가치를 아직 충분히 이해하지 못한 것이다. 반면 일본은 수상이 꼭 참석할 만큼 동방경제포럼의 중요성을 알고 있는 것이다.

연해주는 우리에게 전혀 낯선 땅이 아니다. 대륙을 호령하던 고조선, 고구려, 발해 등 대륙을 말달리던 호쾌한 제국의 맥박이 살아 숨 쉬는 땅이다. 우랄 알타이 지방으로부터 밝은 해가 뜨는 아침을 향해 동진을 계속했던 우리 조상들의 체취가 남아 있는 곳이다. 고조선의 '조선朝鮮'을 풀어보면 '밝은 아침'이란 뜻이다. 우리는 우랄 알타이 지방으로부터 유라시아 대륙의 동쪽 끝 한반도까지 혹한의 시베리아 대륙을 가장 성공적으로 주파한 유목민족의 후예다.

유목사회는 가속사회의 유전자를 갖고 있다. 그동안 감속하는 농업사회에 억눌려 있던 유목의 피가 가속하는 산업사회를 맞이하여 끓어오른 것이 한강의 기적이었다. 그리고 이제 더 빨리 가속하는 4차 산업혁명 시대를 맞이하여 가속하는 우리 유목민족의 유전자가 다시 한번 본격적으로 발현되기 시작했다. LTE 다운로드 속도가 세계에서 제일 빠르고, 광케이블 보급률이 세계에서 제일 높고, 스마트폰 보급률과 상용화도 세계 최고다. 한국의 프로게이머들이 사이버 대륙을 종횡으로 누비고 있다. 이것이야말로 우리 유전자에 깊이 각인된 유목민족의 유전자가 발현된 모습이 아니겠는가. 유라시아 대륙을 평정한 몽골 기마 전사, 5대양을 석권한 영국 해양전사에 이어서 4차 산업혁명 시대, 더 빨리 가속하는 지식산업사회의 사이버 대륙을 제패할 한국 사이버 전사의 DNA가 이제 또다시 빛을 발할 시대가 도래하고 있다.

이제는 정치가 아니라 정책이다

조선조는 한마디로 정치 공화국이었다. 조선 중기 붕당 이래 조선에는 정치만 있었지 정책은 없었다. 이런 모습은 당시 조선을 방문한 외국인의 눈에도 보였던 모양이다. 1894년부터 1897년까지 4차례나 조선을 방문한 이사벨라 버드 비숍이 '조선의 정치적 당파싸움은 원칙을 둘러싼 갈등이 아니라 관직과 돈을 원하는 대로 쓸 수 있는 정부 내의 지위를 얻기 위한 다툼'이었다고 언급한 것을 보면 말이다.[1]

미국의 동양학자 윌리엄 그리피스William Elliot Griffis는 조선의 정파는 '명목상으로는 국익증진을 표방하고 있지만 그들의 실질적이고도 강력한 동기는 국익이 아닌 엽관獵官에 불과하다'고 지적했다. 정파 간의 싸움이 민생을 위한 것이 아니라 '자기 파에게 벼슬자리를 얻어주고 상대파는 내치기 위한 것'[2]이었다고 꼬집었다.

조선의 신식 교육기관 육영공원의 교수이자 감리교 선교사로서 한국인들에게도 잘 알려진 미국인 호머 헐버트Homer Bezaleel Hulbert도 비슷한 발언을 했다. '조선의 관리들은 서로 반목하여 반대파를 죽음에 처할 만큼 격렬하게 싸웠지만, 정작 그 어떤 정치적인 원칙도, 정강도 찾아볼 수 없었다'는 것이다. '오로지 정치적인 지위를 더 높이는 것, 그를 통해 재산을 축적하는 것만을 목적'으로 했다며 신랄하게 비판했다. 그러면서 이런 당쟁의 풍조가 조선이 일본의 침입에 무기력하게 무너진 가장 큰 요인이라고 진단했다.[3]

정치의 달인

이런 조선의 몰락은 임진왜란 수습 때부터 이미 예견되어 있었다. 선조는 임란 후 왜적을 물리치는 데 공을 세운 이순신, 권율 등 18명을 선무공신宣武功臣에 봉했다. 문제는 선조를 의주까지 호종扈從한 이항복, 정곤수 등 86명을 호성공신扈聖功臣에 봉한 것이었다. 혹시 숫자가 잘못된 것은 아닌지 몇 번을 확인했지만 아무리 봐도 18명과 86명이었다.

나는 믿을 수 없었다. 나라를 위해 목숨을 바친 수많은 장수와, 특히 자발적으로 나라를 구하기 위해 피 흘린 의병은 단 1명도 공신에 포함시키지 않으면서, 선조를 의주까지 호종했다는 이유로 내시 24명과 마부 6명까지 호성공신에 봉했다는 사실이. 이때 조선왕조가 아예 새로운 개혁왕조로 교체되었더라면 5,000년 민족사에 경술국치와 같은 오점은 남기지 않았을 것이다.

혹시 숫자가 잘못된 것은 아닌지 몇 번을 다시 확인했지만 18명과 86명이었다.

선조는 왜 이런 비열한 짓을 했을까? 명종이 후사가 없자 형들을 제치고 낙점될 만큼 영특한 선조가 아니었던가. 그 총명한 선조가 호성공신을 늘리고 선무공신을 줄인 것은, 임진왜란을 극복한 공을 목숨 바쳐 왜적과 싸운 장졸과 의병으로부터 명나라에 원군을 구걸한 자신에게로 돌리기 위함이었다. 결과적으로 조선이 명나라로부터 도움을 받은 것은 사실이다. 그것은 왜적이 조선과 명, 두 나라의 공동의 적이었기 때문이기도 했다.

그러나 분명한 것은 선조가 자신의 비겁하고 추한 모습을 눈가림하려고 충신과 의병의 공적을 폄하해 공신록을 왜곡했다는 사실이다. 당파의 이익을 위해서는 '아니 되옵니다'를 밥 먹듯 하던 조정의 벼슬아치들과 입만 열면 대의명분을 떠들어대던 선비들에게 분통이 치밀었다. 선조의 파렴치한 공신록 작성에 동조하거나 또는 방조한 이들이야말로 진정 국가와 민족의 이름으로 단죄해야 할 간신배들이 아닌가?

선조의 얄팍한 잔꾀가 제대로 먹혀든 것은 조선이 공리공론을 일삼던 명분 사회였기 때문이었다. 당연히 식물왕으로 전락해야 할 국난 초래의 원흉 선조가 국난 극복의 주역으로 둔갑한 것이다. 그럴듯한 명분으로 과過를 공功으로 탈바꿈시켜 국민을 감쪽같이 속이는 것이 곧 정치의 달인이 아닌가.

정치와 정책

국가통치와 관련된 행위 중 정권의 쟁취 또는 유지를 목적으로 한 행위를 '정치'라고 한다. 그리고 정치권력을 국가와 민족을 위해 행사하는 행위를 '정책'이라고 한다.

정치적 행위가 가치 지향적이고 이념적이라면, 정책적 행위는 가치 중립적이고 실무적이다. 정책적 관점에서는 보수도 진보도 중요치 않다. 그래서 정치와 정책은 서로 다르다. 이념지향적인 정치는 대의와 명분을 목표로 한다. 그러나 가치 중립적인 정책에는 민생과 실리가 목표다.

조선의 탕평책은 애당초 성공할 수 없는 것이었다. 정치적 명분과 신념에 충실한 정파 간의 타협은 곧 변절이고 배신이기 때문이다. 그래서 정치에 매몰된 정당 간에는 타협이 절대 불가능하다. 협치든 탕평이든 오직 국익과 민생을 우선으로 하는 정책, 정당 사이에서만 가능한 것이다.

정책을 만드는 것은 학자이고, 정책을 집행하는 것은 관료다. 그런데 학자를 등용하고 관료를 임명하는 것은 정치 권력이기 때문에 중립적이어야 할 정책이 권력에 휘둘려 정치적으로 편향되는 것이다. 다산 정약용의 '일표이서' 같은 정책이 빛을 보지 못한 채 망국을 자초한 조선조의 문제점은 단지 사색당파의 정치적 명분의 옳고 그름 때문만은 아니다. 민생을 위한 정책이 당리당략을 위한 정치에 오염되었기 때문이다.

얻은 것과 잃은 것

산업혁명 이후 근대경제는 확대재생산으로 시작된다. 자본이 기술과 자원과 결합하여 상품을 생산하면 시장에서 소비자에게 판매된다. 이 과정에서 이윤이 발생하고 자본과 기술이 축적된다. 이러한 내생적 성장은 처음에는 성장속도가 늦지만 갈수록 속도가 점점 더 빨라진다. 그래서 경제는 가속적으로 성장한다. 이것이 앞서 경제성장을 시작한 선발국과 뒤늦게 경제성장을 시작한 후발국간의 격차가 점점 더 확대될 수밖에 없는 이유다.

한강의 기적은 이런 후발국의 한계를 탈피하기 위해 정부가 경제정책을 통해 내생적 성장에 추가하여 외생적 성장을 강력하게 추진한 결과였다. 그러나 기술도 자본도 없는 상태에서 역사상 유례없는 고도 압축성장에는 성장통이 따르게 마련이다. 독재와 민주에 관한 정치적 성장통, 기업과 노동윤리에 관한 경제적 성장통, 그리고 부정부패와 반기업 정서에 관한 사회적 성장통이 바로 그것이다. 우리는 이러한 성장통을 극복하는 과정에서 과연 무엇을 얻었고 무엇을 잃었는가?

우리가 얻은 것이라면 단연 정치·사회적 민주화다. 민주화의 성과를 정의하기는 어렵다. 그래서 김대중, 노무현, 문재인 세 분 대통령의 민주화 관련 기념사에 언급된 민주화의 성과를 간추려보았다. '직선제 쟁취, 군사독재 종식, 여야 간 정권교체, 합법적·평화적 노동운동 보장, 교원노조와 노동자의 정치참여 허용, 절차적 민주주의 정착, 시민사회 성장, 사회 투명도 향상, 언론과 시민의 말할 자유, 민주주의 공간 확대, 독재에서 민주로 이동' 등이다. 미처 이루지 못한 아쉬움도 있었다. 상대방에 대한 존중, 대화와 타협, 양보와 합의의 관용문화, 규칙에 따른 정당한 경쟁, 지역주의와 집단이기주의 극복, 결과에 승복하는 문화 등을 통해 사회갈등을 극복하고 국가경쟁력을 높이는 것 등은 아직도 가야 할 길이다.

그렇다면 우리가 잃은 것은 무엇인가? 문민정부 이래 6개 정부 30여 년간 한국의 경제성장률은 대세 하락하고 있다. 이것은 대한민국이 경제성장동력을 상실하였음을 의미하는 것이다. 그래서 우리가 지금 내우외환에 시달리고 있다.

안에서 잃은 것, 즉 내우內憂는 다음과 같다. 코로나바이러스 감염증이 창궐하기 전에 이미 우리 현실은 자살공화국이었다. 통계청에 따르면 2018년 한 해 '자살 사망자 수는 1만 3,799명이었다. 하루 평균 37.8명. 표준인구 10만 명당 자살자는 24.6명으로 OECD 회원국 중에 최고였다. OECD 회원국 평균 자살률(11.3명)을 크게 웃도는 수준이니 말이다.[4] 3포 세대 청년은 연애와 결혼과 출산을 포기해 출산율 0.92(2019년)로 국가 소멸을 우려하기에 이르렀다. 또 노인 빈곤율은 OECD 평균의 4배 정도로 세계에서 노인이 가장 가난한 나라다. 헬조선이라 부르게 된 것을 누굴 탓하랴. 이 냉엄한 현실은 한국경제가 성장동력을 상실한 결과 그 이상도 이하도 아니다.

밖에서 잃은 것, 즉 외환外患은 다음과 같다. 한중수교 직후 1993년 중국과 한국의 총 국가생산은 4,447억 달러와 3,926억 달러[5], 국방비는 126억 달러와 124억 달러[6]로 큰 차이가 없었다. 비록 중국이 12억 명의 인구와 원자탄을 갖고 있지만, 어느 면에서도 한국은 중국이 일방적으로 혹은 위압적으로 마구 대할 만큼 만만한 상대는 아니었다. 중국의 인민해방군은 1988년 종전에 합의한 베트남과의 전쟁에서 사실상 완패한 수준 이상의 전력이 아니었다. 그런데 2018년 현재 중국과 한국의 국민총생산은 14조 달러와 1조 7,000억 달러로 8배, 국방비는 2,535억 달러와 431억 달러로 6배 가까이 차이를 보인다.

어쩌면 한반도의 미래가 중국의 결정에 좌지우지될지도 모르는 지경에 이르렀다. 사드사태를 맞이한 한중관계는 구한말 청나라 군대가 대원군을 납치하고 무참한 살상으로 갑신정변을 진압하던 시절을 상기시킨다. 구한말 조선처럼 부국강병을 포기하고 의지할 데 없는 행려병자처럼 우리의 운명을 또다시 열강에 구걸해야 할 처지로 되돌아가는 것은 아닐까? 이 구차한 현실 또한 한국경제가 성장동력을 상실했기 때문에 초래된 결과다.

이 기간 대한민국이 얻은 것과 잃은 것에 대한 엄중한 역사적 평가는 후손들의 몫으로 남겨두자. 한강의 기적 이래 6개 정부를 통해 경제성장률이 대세 하락을 계속하고 있는 것은 결과적으로 어느 한 쪽의 잘못만은 아니다. 소위 진보와 보수 또는 좌와 우의 의도치 않은 합작품인 셈이다. 왜냐하면 신자유주의 명분을 주장하던 보수는 '외생적 성장'을 버렸고, 사회민주주의 명분을 주장하던 진보는 '내생적 성장'을 버렸기 때문이다. 그 결과 이제 국가경제가 중진국의 함정에 빠져버린 것이다.

한국경제가 이러한 악순환을 벗어날 수 없었던 것은 보수와 진보 간에 절충과 타협이 없었기 때문이었다. 신자유주의와 사회민주주의라는 명분에는 각자 옳고 그름이 분명하기 때문에 절충이 되지 않는다. 그리고 명분이 신념화되어 화석처럼 굳어버리면 타협은 커녕 갈등과 분열과 대립으로 치달을 수밖에 없다.

기술과 정책이라는 뇌관

그나마 다행인 것은 우리의 성숙한 공동체 의식과 철저한 방역 노력이 코로나19의 확산을 효과적으로 저지함으로써, 국가적 자부심과 민족적 저력에 대한 신뢰와 자신감이 되살아나고 있다는 점이다.

그러나 방역은 응급조치이지 질병에 대한 근본적인 치유가 아니다. 마라톤에서 스타트가 빨랐다고 완주기록에 큰 도움이 되는 것은 아니다. 코로나19가 창궐한 이후 세계 각국은 양적완화로 돈을 풀어 대응하고 있다. 또한 전 세계가 최첨단 과학기술을 총동원하여 치료제 개발에 전력을 다하고 있다. 의료과학이 개입하기 이전에도 수십만 년 동안 인류와 바이러스의 동거는 항상 '타협점(compromise)'을 찾아 각자도생의 길을 걸어왔다.

코로나19의 종료는 결국 시간문제일 것이다. 이제 백신접종이 시작되었으니 세상은 조속히 이전의 상태로 복귀할 것이다. 1918년 2년간 전 세계적으로 약 5억 명이 감염되고 5,000만 명이 사망한 스페인독감처럼 언젠가 코로나19도 세인의 기억에서 잊혀질 것이다. 그리고 우리는 성장동력을 상실하여 중진국의 함정에 빠진 냉엄한 현실을 직면하게 될 것이다.

지금 우리가 해야 할 일은 코로나19 이후를 대비하는 것이다. 인류의 운명을 가른 1차 산업혁명에 이어 우리는 4차 산업혁명이라는 대분기를 맞고 있다. 4차 산업혁명의 성공 여부에 우리의 미래가 달렸다고 해도 과언이 아니다. 분명한 것은 4차 산업혁명 성공은 정치가 아니라 정책에 달려 있다는 사실이다.

한강의 기적을 이룬 산업혁명 시대에는 우리가 벤치마킹할 성공사례가 있었고 몇 개의 기간산업이 있었다. 하지만 4차 산업혁명 시대는 다르다. 인공지능, 빅데이터, 사물인터넷 등에서부터 생명공학기술, 나노기술에 이르기까지 산업혁명 기술은 수없이 많지만 우리가 다 할 수도 없고, 다 할 필요도 없다. 우리가 꼭 해야 할 기간산업도 없고 따라 할 성공사례도 없다. 아직 아무도 가보지 않은 미지의 세계로 우리가 선택한 길을 우리가 앞서 나가야 한다. 그래서 4차 산업혁명에서 정부와 정책의 역할은 더욱더 전방위적이다. 기술과 정책이라는 뇌관을 통해서만 4차 산업혁명이 폭발할 수 있기 때문이다.

명분보다 국익을 우선하는 리더

자유민주주의와 헌정질서가 수호되는 한, 진보든 보수든 서로 다른 정치일 뿐 좋고 나쁜 정치가 아니다. 그러나 정책을 희생시킨 정치만큼 나쁜 정치는 없다. 그런 정치가 공리공론 정치, 포퓰리즘 정치, 감언이설 정치 그리고 정말 나쁜 독재정치다. 우리가 4차 산업혁명에 성공하려면 '정치공화국'이 아니라 '정책공화국'이 되어야 한다. 진보도 보수도 명분을 희생하여 실리를 얻고, 그리고 신념을 양보해서 민생을 살찌우는 정책 정당이 되어야 한다.

한강의 기적 뒤에 숨겨진 3대 비밀이 있었다면 4차 산업혁명 성공에도 준비된 3가지 비책이 있다. 정부혁신, 사회혁신, 대외혁신이라는 3대 혁신은 이념에 치우친 정치가 아니라 '정책'이다. 오직 민생과 국민을 위한 정책이다. 4차 산업혁명과 과학기술에는 진보와 보수가 있을 수 없다. 이제 우리 다 함께 국론을 통일하고 국력을 결집하여 3대 혁신에 일로매진해야 한다. 이것은 정치가 아니라 정책에 의해 가능하다.

다시 강조하지만 정책이란 국가의 목표를 달성하기 위해서 국민에게 충성하는 것이다. 경제를 발전시켜 국민의 의식주를 풍요롭게 하는 것이고, 국방을 튼튼히 하여 외적의 침탈로부터 국민을 보호하는 것이다. 부국과 강병이 정책의 중간목표라면 국민대중의 행복은 정책의 최종 목표다. 그래서 최대한의 복지만이 진정한 복지다. 복지가 곧 국민행복이기 때문이다. 그러나 지속가능하지 않은 복지는 미래 후손의 행복을 팔아서 오늘 우리의 행복을 사는 행위일 따름이다.

국내정치 명분에는 절대 선도 절대 악도 없다.

오직 경제성장과 국민복지라는 실익practical benefits만이 있을 따름이다.

국제정치 사회에는 영원한 적도 영원한 우방도 없다.

국제경쟁과 국태안민이라는 국익national interests만이 있을 따름이다.

그림 찾아보기 · 주석

프롤로그 – 행복의 비밀, 패권의 비밀

1 KBS '역사저널 그날' https://www.youtube.com/watch?v=wWU1Y2kv43Q

2 KBS 1TV '취재파일4321', 교토대 박맹수 교수 인터뷰.

3 KBS 1TV '취재파일4321', 조선 정부군을 지휘하며 농민군 토벌작전을 벌인 19대대의
공식 사망자 수는 모두 36명, 그러나 전투 중 사망자는 스키노 상병이 유일하고 나머
지 35명은 전투가 아니라 질병 등으로 병원에서 숨졌다. https://news.kbs.co.kr/news/
view.do?ncd=2521721

4 필저 《경제성장론Economic Growth》(Springer, 2013)에서 밝힌 경제성장의 감속과 가속에
기반한 '사회선택설(theory of social selection)'.

——— PART 1 ———
산업혁명은 세상을 지배자와 피지배자로 나누었다

1 가쓰 가이슈, 에도 시대 일본의 군사학자, 〈해안 방위 의견서〉 중.

2 1866년에 프랑스가 강화도로 쳐들어온 사건. 당시 조선군은 강화도 문수산성에서 일어
난 싸움에서 패배했다. 그러나 양헌수 장군이 정족산성에서 프랑스군을 물리쳤는데 이
때 퇴각하면서 외규장각 도서 395권을 프랑스로 탈취해갔다.

3 1871년에 미국이 강화도로 침입한 사건. 당시 흥선대원군이 서양 및 일본과 통상을 거
부하는 정책을 폈다.

4 일본의 계몽가이자 교육가(1835~1901년) 1858년 에도(현재의 도쿄)에 네덜란드 어학교
인 난학숙蘭學塾을 열었는데 이것이 오늘날 게이오기주쿠대학의 기원이 되었다. 메이지

유신 후 신정부의 초빙을 사양하고 교육과 언론활동에만 전념, 실학을 장려하였으며, 부국강병을 주장하여 자본주의 발달의 사상적 근거를 마련했다.

5   선우징, '백인이 아이를 잡아먹는다는 怪소문', 〈조선일보〉 2011년 11월 08일 자.

6   일본은 이 불평등 조약으로 관세주권을 상실한다. 일본은 영국, 러시아, 네덜란드, 프랑스와도 통상조약을 체결한다.

7   1840~1842년 아편문제를 둘러싼 청과 영국 간의 전쟁. 영국이 대중국 무역적자를 해소하기 위해 아편무역을 합법화하려는 과정에서 일어난 전쟁이다. 중국에 밀매된 아편은 절대 빈곤층인 농민까지도 아편 중독자로 만들고, 국가재정도 궁핍하게 만들었다. 이에 중국이 아편밀수를 거부하자 영국은 판로확대를 원하며 1차 아편전쟁(1840~1842년)과 2차 아편전쟁(1856~1860년)을 일으켰다.

8   https://en.wikipedia.org/wiki/Nemesis_(1839)

9   Robert Montgomery Martin, 《China: Political, Commercial, and Social; In an Official Report to Her Majesty's Government》(Volume 2.), James Madden, 1847, pp. 80~82.

10   1860년 10월 베이징에서 청나라와 영국, 프랑스, 러시아 사이에 맺어진 조약.

11   Gregory Clark, 《A Farewell to Alms: A Brief Economic History of the World》, Princeton University Press, 2009.

12   John Eatwell, Murray Milgate, Peter Newman(Editor), 《The world of economics》, Springer, 1991, p. 331.

13   페르낭 브로델, 주경철 역, 《물질문명과 자본주의》(1권), 까치글방, 1997년, pp. 173~177.

14   John Eatwell, Murray Milgate, Peter Newman(Editor), 《The world of economics》, Springer, 1991, p. 331.

15   스펜서 웰스, 김한영 역, 《판도라의 씨앗: 농업 문명의 불편한 진실》, 을유문화사, 2012년.

16   라인강과 다뉴브강의 경계를 따라서 요새를 짓기 시작한 것은 아우구스투스(BC 63~AD 14년) 때가 맞지만, 아우구스투스가 명확하게 유언으로서 두 강을 넘지 말라고 했다는 자료는 발견되지 않았다. 하드리아누스(AD 76~138년)는 아우구스투스보다 훨씬 후대의 황제로서 그 역시 라인강과 다뉴브강 경계의 군사시설과 요새, 방벽을 강화했으나 이와 관련된 유언 혹은 명시적인 언급으로서 전해지는 자료는 발견되지 않았다. 한편 하드리아누스는 브리타니아(현재의 영국)에 하드리아누스 방벽이라고 불리는 방어요새선을 설치하여 로마제국의 최북단 국경을 확정한 것으로도 유명하다.

17   Angus Maddison, 《The World Economy: A Millennial Perspective》(OECD Development Centre Studies), OECD, Paris, 2001.

18   임현우, '한국 남자 평균 키 173cm… 조선시대보다 12cm 커졌어요!', 〈한국경제〉, 2017년 03월 31일 자.

19   https://freedomhouse.org

20   Tai-Yoo Kim, Seunghyun Kim and Jongsu Lee(2014), Accelarating Economic Growth in Industrial Societies: The Process of Expansive Reproduction, in Tai-Yoo Kim and Almas Heshmati(Eds.) Economic Theory: new perspectives for theory and policy, Springer-Verlag Berlin Heidelberg Figure 3.4.

21   성영조, '경제 이슈: 영국 산업혁명의 특징과 시사점: 공급망(Supply Chain) 관점에서', 경기연구원, 2017. https://www.gri.re.kr/gri-issue-brief/?uid=26740&mod=document

22   산업혁명이 시작되면서 90%에 가까웠던 절대 빈곤율이 1900년에는 72%로, 1974년엔 50%대로 떨어졌다. 2010년에는 13%로 내려가 적어도 인류에게 절대빈곤은 거의 사라진 셈이다. M. Kremer, "Population Growth and Technological Change: One Million BC. to 1990,", The Quarterly Journal of Economics 180: 3 (1993), pp. 681~716. ; OECD Development Centre, The World Economy: A Millennial Perspective(Paris, 2001) ; OECD Development Centre, The World Economy: Historical Statistics(Paris, 2003).

23   국립국어원 표준국어대사전.

24   철학사전편찬위원회, 《철학사전》, 중원문화, 2012년.

25   Geddes, P.(1915), Cities in evolution, William and Norgate Limited, London.

26   Landes, D. S.(1969), The Unbound Prometheus: Technological Change and Development in Western Europe from 1750 to the Present, Cambridge University Press.

27   Bell, D.(1973), The coming of post-industrial society: a venture in social forecasting, New York: Basic Books.

28   클라우스 슈밥, 송경진 역, 《클라우스 슈밥의 제4차 산업혁명》, 메가스터디북스, 2016년.

29   아래 세 장에 나오는 내용(그림)을 연결하여 만든 것.

1) Tai-Yoo Kim, Seunghyun Kim and Jongsu Lee(2014), Accelarating Economic Growth in Industrial Societies: The Process of Expansive Reproduction, in Tai-Yoo Kim and Almas Heshmati(Eds.) Economic Theory: new perspectives for theory and policy,

Springer-Verlag Berlin Heidelberg.

2) Tai-Yoo Kim, Seunghyun Kim and Jongsu Lee(2014), Accelarating Economic Growth in Industrial Societies: The Process of Expansive Reproduction, in Tai-Yoo Kim and Almas Heshmati(Eds.) Economic Theory: new perspectives for theory and policy, Springer-Verlag Berlin Heidelberg.

3) Tai-Yoo Kim, Mi-Ae Jung, Eungdo Kim, and Eunnyeng Heo(2014), The Faster Accelerating Growth of the Knowledge-Based Society, Tai-Yoo Kim and Almas Heshmati(Eds.) Economic Theory: new perspectives for theory and policy, Springer-Verlag Berlin Heidelberg.

30   제러미 리프킨은 2012년 《3차 산업혁명》에서 "역사상 위대한 경제적 변혁은 새로운 커뮤니케이션 기술이 새로운 에너지 체계와 만날 때 발생한다"고 주장했다. 그는 인터넷 기술의 발달과 재생에너지가 결합이 일으키고 있으며, 수많은 사람을 수평적으로 연결한 인터넷과 모든 사람이 함께 누릴 수 있는 재생에너지에 의해서 2차 산업혁명의 소유를 중심으로 한 수직적인 경제·사회 구조를 공유를 중심으로 한 수평적 권력 구조로 재편하는 것이 3차 산업혁명의 핵심이라고 정의했다.

클라우스 슈밥은 그의 저서에서 3차 산업혁명을 "1960년대 시작된 반도체와 메인프레임 컴퓨팅(1960년대), PC(1970~1980년대), 인터넷(1990년대)이 발달을 주도"한 시대로 정의하고 있다. 그는 모바일 인터넷, 더 저렴하면서 작고 강력해진 센서, 인공지능과 기계학습으로 4차 산업혁명의 특징을 묘사했다. 슈밥은 21세기에 출현한 이러한 변화가 첫 번째로 기하급수적 속도로 전개 중이며, 둘째로 디지털 혁명을 기반으로 다양한 과학기술을 융합해 패러다임 전환으로 유도하고 있으며, 셋째로 국가 간, 기업 간, 산업 간 그리고 사회 전체 시스템의 변화를 수반한다고 주장하고 있다.

31   노스웨스턴대 경제학과 석좌교수(거시경제, 사회경제)이며, 2016년 블룸버그 선정 '미국에서 가장 영향력 있는 인물 50' 중 36위에 올랐다.

32   로버트 J 고든, 이경남 역, 《미국의 성장은 끝났는가》, 생각의힘, 2017년, pp. 849~850.

33   매사추세츠공과대학(MIT) 경제학 교수로, 경제성장이론에 기여한 공로로 1987년 노벨 경제학상을 받았다. 케네디 행정부 대통령 경제자문위원, 존슨 행정부 대통령 기술자문위원 등을 역임했다. 주요 저서로는 《성장이론Growth theory: an exposition》(1970년) 등이 있다.

34   솔로우의 '컴퓨터 역설(1987년)'이라고 한다. "어디를 보아도 컴퓨터 시대를 실감할 수 있지만, 생산성 통계에서는 그 같은 사실을 실감할 수 없다."는 내용이 로버트 J. 고든

의 《미국의 성장은 끝났는가》(pp. 815~818)에 나온다.

35   Martin Wolf, 'Same as It Ever Was: Why the Techno-optimists Are Wrong', Foreign Affairs, Jul/Aug 2015, Vol. 94 Issue 4, p. 15-22.

36   Izabella Kaminska, Davos: Historians dream of fourth industrial revolutions, Financial Times, 2016. 01. 20.

37   영국의 경제학자 콜린 클라크는 1940년 그의 저서 《경제 진보의 제조건The conditions of Economic Progress》에서 2차 산업secondary industry은 1차 산업에서 얻은 생산물이나 천연자원을 가공하여 인간생활에 필요한 물건이나 에너지 등을 생산하는 산업(제조가공 산업)을 말하며 제조업, 건설업 등이 포함된다고 했다.

38   MIT 미디어랩 창시자인 니콜라스 네그로폰테는 교역의 핵심이 물질의 최소 처리단위인 '원자atom'인 기존 산업사회와 정보의 최소 처리단위인 '비트bit'로 구성되는 디지털 사회를 구분 지었다. 그는 "국제무역은 전통적으로 물질, 곧 아톰을 교환하는 것"이지만 디지털 사회에서는 정보가 전자자료로 변하여 광속으로 전달된다고 설명하면서 아톰이 아니라 비트와 작업을 하는 일이 점점 많아질 것이라고 전망했다(니콜라스 네그로폰테, 백욱인 역, 《디지털이다》, 커뮤니케이션북스, 1999년).

39   피터 드러커(1969)와 벨(1973)은 지식기반사회를 정책 결정이 지식에 기반하고, 정보를 창조하고 사용하는 지식노동자들이 더 중요해지는 사회로 정의했다. 영어로는 Knowledge-based Society 혹은 Knowledge Society다. 'Knowledge Society'는 피터 드러커가 1969년에 먼저 사용했고, 1990년대에 유명해졌다(Peter, D.(1969), The Age of Discontinuity: Guidelines to our changing society, Transactions Publishing).

40   Kim, T. Y., Jung, M. A., Kim, E., & Heo, E.(2014), The Faster Accelerating Growth of the Knowledge-Based Society, In Economic Growth(pp. 193~235), Springer, Berlin, Heidelberg.

   Romer, P. M.(1986), Increasing returns and long-run growth, Journal of political economy, 94(5), pp. 1002~1037.

   Schreyer, P.(2000), The contribution of information and communication technology to output growth.

   Kim, T. Y., Jung, M. A., Kim, E., & Heo, E.(2014), The Faster Accelerating Growth of the Knowledge-Based Society, In Economic Growth(pp. 193~235), Springer, Berlin, Heidelberg, pp. 212~215.

41   수익 기준 2018년 〈포춘〉 선정 세계 500대 기업 중 1위 애플, 6위 베리즌, 8위 AT&T,

12위 컴캐스트, 16위 마이크로소프트, 19위 페이스북, 25위 알파벳 등은 지식기반사회에서 새로 등장한 아톰 인더스트리 또는 아톰 인더스트리와 비트 인더스트리가 결합된 기업이다.

42 Tai-Yoo Kim, Seunghyun Kim and Jongsu Lee(2014), Accelarating Economic Growth in Industrial Societies: The Process of Expansive Reproduction, in Tai-Yoo Kim and Almas Heshmati(Eds.) Economic Theory: new perspectives for theory and policy, Springer-Verlag Berlin Heidelberg. Figure 3.4.

43 장 바티스트 세이Jean Baptiste Say가 1800년 《정치경제학 개론》에서 앙트레프레너를 '경제적 자원을 낮은 생산성 영역에서 높은 생산성 영역으로 이동시켜 더 큰 수확을 창출하는 사람'이라고 정의했다. 우리나라에서 '기업가'로 번역되고 있다. 네이버 사회학 사전에서는 이윤을 위해서 상품과 서비스를 판매하는 기업을 관리하는 일에 종사하는 자본의 소유주로 정의하고 있다.

PART 2
매판자본이 일으킨 기적

1 GDP 통계는 1970년부터 집계되었다. 1953년 한국의 1인당 GNP는 67달러로 기록돼 있다. 〈월간 조선〉 2010년 01월 호.

2 김천구, 〈보건지표를 이용한 북한 GDP 추정: 북한경제, 남한의 1970년대 수준〉, 현대경제연구원, 통일경제 2011년 2호.

3 김재훈, 〈1950년대 미국의 한국 원조와 한국의 재정금융〉, 1988년.

4 〈국가 및 지방 재정 70년 주요 변천사〉, KOSIS 국가통계포털, 국회예산정책처, 2018년.

5 '피와 땀으로 얼룩진 시련의 드라마_해외 인력파견', 국가기록원.
http://theme.archives.go.kr/next/koreaOfRecord/manpower.do

6 이현두, '1966년 김기수 한국복싱 첫 세계챔프', 〈동아일보〉 2008년 06월 25일 자.

7 심방은(1995년), 양영조(국방부군사편찬연구소) 개정(2013년), '베트남 전쟁 파병', 한국민족문화대백과사전, 1995년. https://encykorea.aks.ac.kr/Contents/Item/E0040962

8 정태선, '월남전 참전 50억 불 외화수입 효과', 〈조선일보〉, 2005년 08월 26일 자.

9 '대한민국 경제를 소개합니다', 법무부, 2016년 4월. http://www.moj.go.kr

10 '통계로 본 광복 74주년, 대한민국의 경제성장기', 통계청, 2019년 08월 14일.

11 '대한민국의 경제여건과 향후 금융 정책방향', 편집인협회 포럼, 2011년 09월 22일, 금융위원회 위원장 김석동 발표자료 중 재인용.

12 'GDP에서의 농림어업 및 제조업 비중', 국가통계포털, https://kosis.kr/index/index.do

13 스페인 바르셀로나 진화생물학협회 연구결과, 〈플로스원PLOS one〉, 2016년.

14 아래 두 장에 나오는 내용(그림)을 연결하여 만든 것.

1) Tai-Yoo Kim, Seunghyun Kim and Jongsu Lee(2014), Accelarating Economic Growth in Industrial Societies: The Process of Expansive Reproduction, in Tai-Yoo Kim and Almas Heshmati(Eds.) Economic Theory: new perspectives for theory and policy, Springer-Verlag Berlin Heidelberg.

2) Tai-Yoo Kim, Seunghyun Kim and Jongsu Lee(2014), Accelarating Economic Growth in Industrial Societies: The Process of Expansive Reproduction, in Tai-Yoo Kim and Almas Heshmati(Eds.) Economic Theory: new perspectives for theory and policy, Springer-Verlag Berlin Heidelberg.

15 아래 두 장에 나오는 내용(그림)을 연결하여 만든 것.

1) Tai-Yoo Kim, Seunghyun Kim and Jongsu Lee(2014), Accelarating Economic Growth in Industrial Societies: The Process of Expansive Reproduction, in Tai-Yoo Kim and Almas Heshmati(Eds.) Economic Theory: new perspectives for theory and policy, Springer-Verlag Berlin Heidelberg.

2) Tai-Yoo Kim, Seunghyun Kim and Jongsu Lee(2014), Accelarating Economic Growth in Industrial Societies: The Process of Expansive Reproduction, in Tai-Yoo Kim and Almas Heshmati(Eds.) Economic Theory: new perspectives for theory and policy, Springer-Verlag Berlin Heidelberg.

16 Penn World Table version 9.0

https://www.rug.nl/ggdc/productivity/pwt/pwt-releases/pwt9.0?lang=en

17 이진우, '워싱턴 컨센서스의 진화', 〈매일경제신문〉, 2019년 10월 28일 자.

워싱턴 컨센서스는 국제통화기금(IMF), 세계은행(WB) 등 워싱턴 DC에 본부를 둔 국제기구와 미국 재무부가 개발도상국에 제시한 미국식 신자유주의 또는 세계화로 확장된 신자유주의를 지칭한다.

18 '1인당 GDP(US 달러)', 월드뱅크 통계 활용.

https://data.worldbank.org/indicator/NY.GDP.PCAP.CD

19 Maddison Historical Statistics, 1인당 GDP 통계 활용.

https://www.rug.nl/ggdc/historicaldevelopment/maddison/?lang=en

20   '수출만이 살 길, 돈모에서 스마트폰까지', 국가기록원.

http://theme.archives.go.kr/next/koreaOfRecord/export.do

21   잠재실업은 조안 로빈슨Joan Robinson이 지적한 개념으로 외형상으로 취업상태에 있지만 한계생산력이 0에 가깝거나 0인 경우에 해당된다.

22   지표로 본 서울, 서울연구데이터서비스, 2010년. http://data.si.re.kr

23   1981년 11월 24일 자 〈동아일보〉 '헐값 출혈수출'이라는 기사에 아래와 같은 내용이 나온다. 아래 표에서 괄호 ( ) 안의 숫자는 달러 단위다.

품목	단위 (규격)	국산화율 (%)	수요(%)		국내 제조원가 (세전)	내수가격 (소비자가격)	수출가
			내수	수출			
컬러TV	14인치	80	26	74	177,446(253)	306,000(437)	(180~185)
흑백TV	14인치	90	10	90	46,097(66)	89,000(127)	(55)
라디오 카세트	대	70	7	93	40,223(57)	61,500(88) (공장도가격)	(24~27)
냉장고	180L	96	71	29	146,934(210)	264,900(378)	(165~180)
소형 승용차	대	93	75	25	2,950,845(4,215)	3,689,000(5,270)	(2,800)

24   정성진, '한국의 부패지수, 왜 나아지지 않나', 〈동아일보〉, 2013년 09월 05일 자.

'국가 청렴도와 국민소득의 상관관계', 서울시립대 반부패행정시스템 연구소.

25   김종년, 이성섭, 이정호, 정태수, '한국기업 성장 50년의 재조명', CEO information, 삼성경제연구소, 2005년 05월 11일.

26   이다일, '전국 일일생활권 연 국가대동맥, 경부고속도로', 〈경향비즈〉, 2010년 03월 26일.

27   최광승, 《박정희는 어떻게 경부고속도로를 건설하였는가》, 정신문화연구, 2010년.

28   최광승, 《박정희는 어떻게 경부고속도로를 건설하였는가》, 정신문화연구, 2010년.

29   박재찬, '기록으로 본 경부고속도로, km당 공사비용 일본의 10% 수준', 〈국민일보〉, 2010년 07월 07일 자.

http://theme.archives.go.kr/next/gyeongbu/roadCommemoration11.do

국민일보 기사 자료를 활용하여 일본의 공사비용을 1km당 7~10억 원으로 인용했다. 하지만, 행정안전부 국가기록원 자료에 보면 일본의 공사비용은 4.5~7.8배 수준으로 나타났다. 즉 일본 자료가 상이하여 국민일보 자료를 사용했으며, 미국, 이탈리아, 프랑스의 공사비 범위는 행정안전부 국가기록원 자료로 활용했다.

30   곽래건, 김효인, '50년 전前 경부고속도로, 화장실도 돈 내고 갔다', 〈조선일보〉, 2020년

07월 08일 자.

31 이다일, '전국 일일생활권 연 국가대동맥, 경부고속도로', 〈경향비즈〉, 2010년 03월 26일.

32 '연도별 도로종류별 도로현황(연장)', e-나라지표, 국토교통부(도로현황조서), 2020년 04월 27일 등록.

https://www.index.go.kr/potal/main/EachDtlPageDetail.do?idx_cd=1206

33 서울연구데이터서비스, http://data.si.re.kr/node/368

34 국가교통DB 교통연구원

https://www.ktdb.go.kr/www/selectBbsNttView.do?key=42&bbsNo=7&nttNo=2688

35 위키피디아, https://en.wikipedia.org/wiki/Yugo#In_the_United_States

https://en.wikipedia.org/wiki/Hyundai_Excel

36 '통계로 보는 우리나라 노동시장의 모습(대상별 현황)', 고용노동부.

https://policy.nl.go.kr/search/searchDetail.do?rec_key=SH2_PLC20190233515

37 강준만, '한국병 '빨리빨리' 예찬 대상?', 〈부산일보〉, 2012년 09월 14일 자.

───────────── PART 3 ─────────────

4차 산업혁명, 불사조는 살아 있다

1 OECD National Accounts.

2 South Korea GDP(PPP) evolution from 1911 to 2008 in millions of 1990 International dollars. Source: Angus Maddison.

3 임영태, 《돋보기 근현대사-41. 한국 외환위기》, 21세기북스, 2014년.

4 '노동손실일수·쟁의건수 가장 많은 한국', 한국경제연구원 보도자료, 2019년 12월 16일 등록.

5 '생산차질 눈덩이… 하루 2천억 원 웃돌아', 〈국정신문〉, 1997년 01월 13일 자.

6 안하늘, "노조공화국" 한국… 경영환경 악화 '모르쇠'", 〈아시아경제〉, 2019년 06월 17일 자.

7 뉴스큐레이션팀, 'IMF 20년… 몰락은 한순간, 사라진 너의 이름은', 조선일보, 2017년 11월 21일 자.

8 홍정규, 'IMF가 초래한 '한국의 비극'', 연합뉴스, 2019년 03월 10일 자 내용 참고.

https://www.yna.co.kr/view/AKR20190228085400002?input=1195m

9 구경우, '기초체력 믿고 구조조정 미루다 20년 전 IMF 자초… 文정부도 미래·산업고도

화 청사진 안 보여', 〈서울경제〉, 2017년 10월 10일 자.

10   구자윤, '우리나라, IMF 이후 실업자수 두 배 늘었다', 〈파이낸셜뉴스〉, 2019년 05월 16일 자.

11   ECOS 한국은행 경제통계시스템, https://ecos.bok.or.kr/flex/EasySearch.jsp

12   안재용, '한국, 12년 만에 1인당 GNI 3만 달러 달성…'30-50'클럽 평균 9.7년', 〈머니투데이〉, 2019년 03월 05일 자.

13   전효진, '3포 세대? 이제는 7포 세대!, 결혼·출산·내 집 마련 順 포기', 〈조선비즈〉, 2015년 04월 30일 자.

14   하정연, '은퇴 이후 가난해지는 삶… 노인 빈곤율 OECD 1위', 〈서울경제〉, 2020년 09월 28일 자.

15   '통계로 본 대한민국 광복 70년(보도자료용)', 통계청, 2015년 08월 10일 게시.
     http://kostat.go.kr/portal/korea/kor_nw/1/15/index.board?bmode=read&aSeq=347767&pageNo=24&rowNum=10&amSeq=&sTarget=&sTxt=

16   한미희, '한국, 2075년엔 생산인구 1.25명이 노인 1명 부양한다', 〈연합뉴스〉, 2017년 05월 25일 자. 노인부양비는 생산가능인구(15〜64세) 100명에 대한 고령인구(65세 이상)의 비율이다.
     https://www.index.go.kr/potal/main/EachDtlPageDetail.do?idx_cd=1430 참고.

17   곽민서, '작년 하루 평균 38명 자살…여성·20대 자살률↑', 〈연합뉴스〉, 2020년 09월 22일 자.

18   M. Kremer, "Population Growth and Technological Change: One Million B.C. to 1990," The Quarterly Journal of Economics 180: 3(1993), pp. 681-716. ; OECD Development Centre, The World Economy: A Millennial Perspective(Paris, 2001); OECD Development Centre, The World Economy: Historical Statistics(Paris, 2003).

19   Maddison Database(2018) 참조.

20   Maddison Database(2018) 참조.

21   Maddison Database(2018) 참조.

22   《Economic Growth》 Chapter 8. The Phoenix Factor Reexamined.

23   https://en.wikipedia.org/wiki/List_of_countries_by_motor_vehicle_production

24   문재용, 오찬종, '美 IT 공룡 강제분할論 힘받는데… 네이버는 어떻게?', 〈매일경제〉, 2017년 07월 25일 자.

PART 4

중진국 함정의 오해와 진실

1 문성봉, '4차 산업혁명, 기대보다 두려움이 앞서', Startuptoday, 2017년 11월 05일.
https://www.startuptoday.kr/news/articleView.html?idxno=1610

2 조양준, '4차 산업혁명 최대 부작용 양극화 심화·대량실업 꼽아', 〈서울경제〉, 2016년 05월
08일 자.

3 Hobsbawm 1952, p. 58: "The 12,000 troops deployed against the Luddites greatly
exceeded in size the army which Wellington took into the Peninsula in 1808."

4 Katie Allen, Technology has created more jobs than it has destroyed, says 140 years of
data, The Guardian, 2015. 8. 18.

5 이태규, 'AI 두뇌 일자리도 잠식··· 성장≠소득증대 디커플링시대 올 수도', 〈서울경제〉,
2016년 08월 29일 자.

6 https://en.wikipedia.org/wiki/Ford_Model_T#Price_and_production
Detroit Historical Society
https://detroithistorical.org/learn/encyclopedia-of-detroit/model-t

7 아디다스가 최근 미국과 독일의 공장을 중단하겠다고 해서 국내외 상당수 언론은 아
디다스의 스마트팩토리 실험이 실패했다고 평가했다. 하지만 아디다스 생각은 다르다.
"스마트팩토리를 통해 주문부터 배송까지 걸리는 시간을 대폭 줄일 수 있었다"면서 "두
공장의 목표를 달성했다"고 반박했다. 앞으로 중국과 베트남 공장에 스마트팩토리 기술
을 확대 적용할 계획이라고 밝혔다. 두 공장이 문을 닫았다고 해서 스마트팩토리 생산
방식이 실패했다는 결론은 성급한 것이다. 4차 산업혁명은 로봇과 인공지능, 사물인터
넷을 기반으로 제조업을 견인할 수밖에 없기 때문이다.

8 Ambient air pollution exposure country average(2016), Global Health Observatory data
repository, WHO.

9 World bank, OECD/GDP, https://kosis.kr/search/search.do

10 한국미디어패널조사(KISDI), 2019년.

11 Road Federation Press: Vernier Geneva, Switzerland, 2013.
Wu, T. Zhao, H. & Ou, X.(2014). Vehicle ownership analysis based on GDP per capita in
China: 1963–2050. Sustainability, 6(8), 4877-4899.

12 OECD iLibrary 참조.

https://www.oecd-ilibrary.org/social-issues-migration-health/doctors/indicator/
english_4355e1ec-en

13 '2019년 교통사고 사망자 3,349명, 전년 대비 11.4% 감소', 국토교통부 보도자료, 2020년
    03월 08일. https://www.korea.kr/news/pressReleaseView.do?newsId=156378977

14 원호섭, '가난, 인간의 뇌를 바꾼다', 〈매일경제〉, 2017년 08월 04일 자.

15 통계청, 가계동향조사. https://kosis.kr/index/index.do

16 래퍼 곡선은 미국의 경제학자 아서 B. 래퍼 교수가 제안한 이론으로 세율과 세수의 관
    계를 곡선으로 나타내고 설명한 이론이다. 세율이 높아질수록 세수가 계속적으로 증가
    하지 않고 일정 세율인 최적세부담율을 초과하면 오히려 세수가 줄어드는 현상이 나타
    나는데 이는 지나치게 세율이 올라가면 근로의욕이 감소 등이 원인이 되어 세원 자체
    가 줄어들기 때문이라고 설명한다. 따라서 세율의 증가로 인한 세수의 감소가 발생할
    때는 세율을 낮춤으로써 세수를 증가시킬 수 있다. Laffer, A. B.(2004), The Laffer curve:
    Past, present, and future, Backgrounder, 1765, 1-16.

17 Rethinking Macro Policy II: First Steps and Early Lessons, IMF 컨퍼런스, 2013년 04월.

18 World Wealth and Income Database.

---PART 5---

4차 산업혁명은 정책으로 일으키는 것이다

1 옥철, '규제총량 4년 새 2천 364건 늘었다', 〈연합뉴스〉, 2014년 03월 11일.

2 이진우, 송성훈, 박준형, 이덕주, 오찬종, 황순민, '대통령·총리 규제혁파 외치지만… 건
   수조차 공개 안하는 정부', 〈매일경제〉, 2020년 06월 28일 자.

3 필저 《정부의 유전자를 변화시켜라》(삼성경제연구소, 2009) 중 '미래형 공직인사, 어떻
   게 할 것인가'에서 발췌.

4 필저 《정부의 유전자를 변화시켜라》(삼성경제연구소, 2009) 중 '미래형 공직인사, 어떻
   게 할 것인가'에서 발췌.

5 필자의 기고문, '정부의 DNA를 변화시켜라', 〈한국경제〉, 2014년 05월 20일 자에서 일
   부 발췌.

6 임홍조, '268조 원 쓰고도 '0명대 출산율'', 〈머니투데이〉, 2020년 01월 08일 자.

7 필자의 기고문, '저출산 고령화, 세대 간 분업으로 풀자', 〈중앙일보〉, 2016년 12월 26일

자에서 일부 발췌.

8   Cattell, Raymond B. "Theory of Fluid and Crystallized Intelligence: A Critical Experiment." Journal of Educational Psychology, 54.1(1963): pp. 1~22. Horn, John L. "Age Difference in Fluid and Crystallized Intelligence." Acta Psychologica 26(1967): pp. 107~129.

Cummingham, Walter R., Vivian Clayton, Willis Overton "Fluid and Crystallized Intelligence in Young Adulthood and Old Age." Journal of Gerontology 30.1(1975): pp. 53~55.

Plemons, Judy L., Sherry L. Willis, Paul B. Baltes, "Modifiability of Fluid Intelligence in Aging: A Short-Term Longitudinal Training Approach." Journal of Gerontology33.2(1978): pp. 224~231.

Baltes, Paul B., Steven W. Cornelius, Avron Spiro, John R. Nesselroade, Sherry L. Willis, "Integration versus Differentiation of Fluid/Crystallized Intelligence in Old Age." Developmental Psychology16.6 (1980): pp. 625~635.

Hofland, Brian F., Sherry L. Willis, Paul B. Baltes, "Fluid Intelligence Performance in the Elderly: Intraindividual Variability and Conditions of Assessment." Journal of Educational Psychology73.4 (1981): pp. 573~586.

Horn, John L. "The Theory of Fluid and Crystallized Intelligence in Relation to Concepts of Cognitive Psychology and Aging in Adulthood." Aging and Cognitive Processes. New York: Springer US, 1982.

Crawford, John D., Lazar Stankov "Age Difference in the Realism of Confidence Judgements: A Calibration Study Using Tests of Fluid and Crystallized Intelligence." Learning and Individual Differences8.2 (1996): pp. 83~103.

Johnson, Wendy, Thomas J. Bouchard Jr. "The Structure of Human Intelligence: It is Verbal, Perceptual and Image Rotation(VPR), not Fluid and Crystallized" Intelligence 33.4(2005): pp. 393~416.

Batey, Mark, Thomas Chamorro-Premuzic, Adrian Furnham "Intelligence and Personality as Predictors of Divergent Thinking: The role of General, Fluid and Crystallised Intelligence." Thinking Skills and Creativity 4.1(2009): pp. 60~69.

Nusbaum, Emily C., Paul J. Silvia "Are Intelligence and Creativity Really so Different?: Fluid Intelligence, Executive Processes, and Strategy Use in Divergent Thinking"

Intelligence 39.1(2011): pp. 36~45.

9   이민종, '4차 산업혁명 정책, 제도개혁 없이 기술혁신에만 매몰', 〈문화일보〉, 2019년 04월
     12월 자, 필자의 인터뷰 내용 중 일부 발췌.

─────────── PART 6 ───────────
북극항로를 선점하라

1   필저 《한국의 미래, 러시아에 있다》(서울대학교출판문화원, 출간예정) 중 발췌.

2   로마의 귀족은 무늬 있는 비단인 능라綾羅와 자수 비단을 특별히 선호했다고 한다. 당
     시 로마에서 중국산 비단 수입에 지출한 비용이 총 얼마나 되었는지에 관한 자료는 남
     아 있지 않다.

3   필저 《한국의 미래, 러시아에 있다》(서울대학교출판문화원, 출간예정) 중 발췌.

4   유럽에 향신료를 공급한 가장 큰 손은 베네치아였다. 베네치아 상인들은 매년 알렉산드
     리아에서 400t, 베이루트에서 104t의 후추를 획득했다고 한다.

5   필저 《한국의 미래, 러시아에 있다》(서울대학교출판문화원, 출간예정) 중 발췌.

6   아랍 상인들이 독점유지를 위해 비밀에 부쳤던 향신료의 원산지가 유럽에 알려진 것은
     13세기 실크로드를 통해 중국에 갔던 마르코 폴로의 《동방견문록》이 15세기 독일어로
     번역 출간되면서다. 《동방견문록》이 늦게 출간된 것도 베니스 상인들이 향신료 무역 독
     점권을 오래 유지하기 위해서 출간을 지연시켰다는 말이 전한다.

7   류찬희, '기후변화의 '경고'… 2100년 한반도 해수면, 최대 73cm 높아진다', 〈서울신문〉,
     2021년 01월 26일 자.

8   김은비, '왜 북극항로인가?', Shippers journal, 2013년 08월 05일.
     http://www.shippersjournal.com/news/article.html?no=1588

9   해외수산해외산업정보포털, '북극해 항로 2018년 59척 항행. 컨테이너선, 크루즈선의
     시험 항해도 실시', 2019년 04월 01일.
     https://www.kmi.re.kr/globalnews/posts/view.do?rbsldx=33&idx=17419

10   이재철, '아디다스, 獨스마트공장 4년 실험 접고… 다시 중국행', 〈매일경제〉, 2019년
     11월 13일 자.

11   필저 《한국의 미래, 러시아에 있다》(서울대학교출판문화원, 출간예정) 중 발췌.

12   송광섭, '대우조선, 2조 규모 쇄빙 LNG선 수주', 〈매일경제〉, 2020년 10월 12일 자.

13   김영주, '삼성중공업 2.8조어치 LNG선 따내', 〈중앙일보〉, 2020년 11월 24일 자.

14   송승은, '북한 경유하는 러시아 PNG 꿈은 이루어질까', 〈지앤이타임즈〉, 2019년 07월 03일.

15   '미세먼지: 북한도 미세먼지 심각… 주 에너지원인 석탄, 갈탄 등 에너지 효율성 떨어져', BBC뉴스 코리아, 2019년 01월 14일.

16   북한의 주요 통계 지표, 통계청.

17   '미세먼지: 북한도 미세먼지 심각… 주 에너지원인 석탄, 갈탄 등 에너지 효율성 떨어져', BBC뉴스 코리아, 2019년 01월 14일.

18   필저 《한국의 미래, 러시아에 있다》(서울대학교출판문화원, 출간예정) 중 발췌.

19   우제윤, 박창영, '사드發 판매부진이 부른 예고된 쇼크', 〈매일경제〉, 2017년 08월 29일자.

20   2004년 중국의 후진타오 주석이 화평굴기(和平崛起, 화목하고 평온하게 우뚝 일어난다)라는 말을 제시한 데서 나왔다. 중국이 1등 국가가 된다, 중국이 우뚝 솟아오른다는 의미로 사용된다.

21   필저 《한국의 미래, 러시아에 있다》(서울대학교출판문화원, 출간예정) 중 발췌.

22   연합군사 훈련인 '해상연합-2015(1)'를 실시했고, 중국의 항일전쟁승리 70주년 행사로 2016년 9월 동해상에서 2번째 연합 군사훈련을 시행했다.

23   1985년 9월 뉴욕의 플라자 호텔에서 미국, 영국, 프랑스, 독일, 일본은 미 달러화 가치 하락을 유도하기 위해 공동으로 외환시장에 개입하는 데 합의했다. 플라자합의 이후 2년 간 엔화와 마르크화는 달러화에 대해 각각 65.7%와 57% 절상됐다. 그러나 그 후 달러화의 가치하락에도 불구하고 미국의 경상수지 적자는 개선되지 못했고, 독일과 일본 등이 국제경쟁력 상실을 우려해 자국 화폐의 절상에 주저했다. 그래서 플라자합의는 더 이상 이행되지 않았지만, 엔화 가치의 상승은 일본 기업의 수출경쟁력을 약화시켰고, '잃어버린 10년'의 원인을 제공했다는 평가를 받는다.

에필로그 - 이제 정치가 아니라 정책이다

1   Isabella L. Bird Bishop, Korea and Her Neighbours: A Narrative of Travel, with an Account of the Recent Vicissitudes and present position of the Country, London: John Murray, 1898.

2   W. E. 그리피스, 신복룡 역, 《은자의 나라 한국》, 집문당, 1999년. 원서는 《Corea: The

Hermit Nation》이라는 제목으로 1882년에 출간되었다.

3   H. B. 헐버트, 신복룡 역, 《대한제국멸망사》, 집문당, 1999년. 원서는 《The Passing of Korea》라는 제목으로 1906년에 출간되었다.

4   곽민서, '작년 하루 평균 38명 자살…여성·20대 자살률↑', 연합뉴스, 2020년 09월 22일.

5   국가통계포털 국제기구통계(GDP, 인구) 참고.

6   세계은행, http://data.worldbank.org/indicator/MS.MIL.XPND.CD

지은이 소개

김태유

서울대학교 공과대학을 졸업하고 미국 웨스트버지니아 대학에서 경제학 석사학위를, 콜로라도 CSM대학에서 자원경제학 박사학위를 받았다. 미국 컬럼비아 대학 박사 후 과정, 아이오나 대학 경영시스템학과 교수, 서울대학교 자원공학과와 산업공학과 교수를 역임했다. 한국자원경제학회 회장, 한국혁신학회 회장, 외교통상부 에너지·자원 대외직명대사 등을 두루 거쳤다. 초대 대통령정보과학기술보좌관으로 신성장동력산업의 지정과 육성, 이공계 공직 진출, 과학기술부총리 제도 신설, 기술혁신본부 설치, 이공계 박사 5급 특채 등의 정책을 기획하고 추진했다.

에너지·자원경제학, 기술경제학, 정보통신정책, 산업정책 등의 분야에 많은 논문을 썼다. 공학, 경제학, 역사학의 학문적 경계를 넘나들면서 국가발전과 산업혁명을 중심으로 한 인류 문명사 연구에 전념하고 있다.

저서로는 《Economic Growth》(Springer, 2013), 《The Secrets of Hegemony》(Springer, 2017, 한국어판 《패권의 비밀》), 《국부의 조건》, 《은퇴가 없는 나라》, 《정부의 유전자를 변화시켜라》 등이, 역서로는 《자원의 지배》, 《황금의 샘 Ⅰ,Ⅱ,Ⅲ》 등이 있다.

김연배

서울대학교 공과대학에서 자원경제 전공으로 석사학위와 박사학위를 취득했다. 한국전자통신연구원 선임연구원을 거쳐 현재 서울대학교 협동과정 기술경영경제정책전공 및 공학전문대학원 교수로 재직 중이다. 신기술 사업화, 특허전략, 기술이전 창업 그리고 기술혁신적 제도·정책·문화 등에 관한 여러 편의 논문을 썼고, 에너지·환경·IT·BT 등 신기술의 사회경제적 맥락에 대한 연구와 강의도 진행 중이다. 현재 공학한림원 정회원, 기술경영경제학회 이사, 한국혁신학회 부회장, 한국모빌리티학회 부회장, 한국자원경제학회 국제학술협력위원장 등을 역임하고 있다.

한국의 시간

2021년 4월 30일 1쇄 | 2024년 11월 22일 15쇄 발행

지은이 김태유, 김연배
펴낸이 이원주

기획개발실 강소라, 김유경, 강동욱, 박인애, 류지혜, 이채은, 조아라, 최연서, 고정용
마케팅실 양근모, 권금숙, 양봉호, 이도경 **온라인홍보팀** 신하은, 현나래, 최혜빈
디자인실 진미나, 윤민지, 정은예 **디지털콘텐츠팀** 최은정 **해외기획팀** 우정민, 배혜림, 정혜인
경영지원실 홍성택, 강신우, 김현우, 이윤재 **제작팀** 이진영
펴낸곳 (주)쌤앤파커스 **출판신고** 2006년 9월 25일 제406-2006-000210호
주소 서울시 마포구 월드컵북로 396 누리꿈스퀘어 비즈니스타워 18층
전화 02-6712-9800 **팩스** 02-6712-9810 **이메일** info@smpk.kr

ⓒ 김태유(저작권자와 맺은 특약에 따라 검인을 생략합니다.)
ISBN 979-11-6534-338-5 (03320)

쌤앤파커스(Sam&Parkers)는 독자 여러분의 책에 관한 아이디어와 원고 투고를 설레는 마음으로 기다리고 있습니다. 책으로 엮기를 원하는 아이디어가 있으신 분은 이메일 book@smpk.kr로 간단한 개요와 취지, 연락처 등을 보내주세요. 머뭇거리지 말고 문을 두드리세요. 길이 열립니다.